DE CERO AL INFINITO

Aprende a programar en Python

SILVIA GUARDATI BUEMO
OSVALDO CAIRÓ BATTISTUTTI

Datos catalográficos:
Silvia Guardati Buemo
Osvaldo Cairó Battistutti
De cero al infinito. Aprende a programar en Python.
Primera edición.
ISBN: 978-987-86-5399-0 (libro de bolsillo)
ISBN: 978-987-86-5406-5 (libro electrónico)
Año de publicación: 2020.

Guardati, Silvia del Carmen
De cero al infinito. Aprende a programar en Python / Silvia del Carmen Guardati ; Osvaldo Gabriel Cairó. - 1a ed . - Gobernador Crespo : Osvaldo Gabriel Cairó, 2020.
312 p. ; 25 x 17 cm.

ISBN: 978-987-86-5399-0

1. Lenguaje de Programación. I. Cairó, Osvaldo Gabriel. II. Título.
CDD 005.133

Diseño de portada:
DG. Lisandro Lazzaroni Battistutti (lisandrolazzaroni@gmail.com)

MC. Silvia Guardati Buemo
Departamento Académico de Computación
Instituto Tecnológico Autónomo de México (ITAM)

Dr. Osvaldo Cairó Battistutti
Departamento Académico de Computación
Instituto Tecnológico Autónomo de México (ITAM)
Miembro del Sistema Nacional de Investigadores (SNI), Nivel II

A nuestro hijo

TABLA DE CONTENIDO

PREFACIO

Este libro es el resultado de muchos años de enseñanza de materias en las cuales el objetivo principal es despertar en los alumnos el gusto por resolver problemas usando algoritmos. La idea de enseñar a programar debe ir más allá de enseñar un lenguaje de programación, debe desarrollar la capacidad de análisis, despertar el interés por diseñar soluciones eficaces y eficientes, promover la escritura de código agradable de leer y, por lo tanto, fácil de mantener y evolucionar. Además, debe demostrar y convencer acerca de la fundamental importancia de probar todos los algoritmos, asegurándose que funcionan correctamente.

La solución de problemas mediante algoritmos y la programación de estos, no debe verse solo como una habilidad técnica que se adquiere con estudio y práctica por aquellos que quieren dedicarse profesionalmente al desarrollo de software, sino también como una materia intelectualmente interesante y estimulante. Fomenta la disciplina y la capacidad para analizar y resolver problemas de nuestra vida cotidiana, aunque estos no se puedan implementar por medio de un programa. También permite desarrollar nuestro ingenio, ya que en muchos problemas hay más de una manera de llegar a una buena solución. En el salón de clase, todos los semestres, algún alumno nos sorprende y nos maravilla con una solución novedosa que combina los conocimientos adquiridos con su ingenio.

El objetivo principal de este libro es introducir al lector en la solución algorítmica de problemas, enfatizando el análisis, el diseño, la implementación y la prueba de las soluciones. Se trata de ir desarrollando la capacidad de analizar un problema y, una vez entendido, diseñar el algoritmo que representa la mejor solución para este problema. Como, además, se busca desarrollar la capacidad de programar, los problemas planteados son de una naturaleza tal que permiten que los algoritmos diseñados puedan ser implementados por medio de un lenguaje de programación, en el caso de este libro se usará Python.

Este libro es el primero de una serie de libros que usa Python como lenguaje de programación. El enfoque del libro es ir introduciendo aquellos elementos del lenguaje que se requieren para implementar los conceptos relacionados a la solución de problemas que sea tema de estudio en cada capítulo. Apoyándonos en conceptos de la ingeniería de software, podemos decir que este libro sigue un enfoque *iterativo-incremental*. Es decir, el proceso de aprendizaje se divide en partes –las *iteraciones*- y, en cada iteración, se presentan algunos conceptos -los *incrementos*-, los cuales se usan en la solución de problemas y, posteriormente, pasamos a la siguiente iteración. En la nueva iteración se agregan otros conceptos. Estos, junto con los anteriores, se usan en la solución de problemas para después pasar a otra iteración que traerá nuevos incrementos. Como en cada iteración se incorporan nuevos conceptos a los ya estudiados, se dice que es *incremental*. De esta manera se siguen utilizando en la solución de los problemas desde los primeros temas estudiados hasta los más recientes, alcanzando así un mayor dominio de estos. A su vez, a medida que contamos con más elementos, el nivel de complejidad de los problemas va aumentando.

El libro está pensado para un público muy variado ya que no exige tener conocimientos previos de computación o de programación porque empieza con conceptos muy simples e incorpora más elementos de forma gradual. Todo aquel que tenga el interés y las ganas de aprender podrá utilizar este libro para llegar a dominar las bases del pensamiento algorítmico, la solución de problemas y su implementación.

El libro también se ajusta muy bien a materias de ciencias de la computación dedicadas a la enseñanza del desarrollo de algoritmos y su implementación usando lenguajes de programación. Específicamente, puede ser un libro de texto de las primeras materias de cualquier plan de estudios que incluya esta área del saber.

El libro está organizado en cinco capítulos. Los cuatro primeros están dedicados a los conceptos básicos de la solución algorítmica de problemas. Cada uno de los temas tratados se complementa con ejemplos y ejercicios. También, se desarrollaron varios videos en los cuales se ofrece la solución de algunos de los problemas, lo que permite al alumno seguir el razonamiento que se aplicó y, de esta manera, ir desarrollando su propio pensamiento algorítmico. El último capítulo está dedicado, principalmente, a dos temas: la solución de problemas por medio de la división de estos en subproblemas y el manejo de datos desde archivos. Ambos de mucha utilidad cuando los problemas tratados son de cierta complejidad. Se procura presentar todos los conceptos de manera general, sin restringirse al lenguaje Python. Sin embargo, en el momento que se implementa, necesitamos ajustarnos a la sintaxis del lenguaje elegido.

Un aspecto importante de este libro es el énfasis en las pruebas. El concepto de prueba hace referencia a diversas técnicas desarrolladas para asegurar que cualquier producto relacionado al software esté libre de errores. Cuando se habla de un producto de software esto implica, no solo el programa, sino también el diseño y toda la documentación que se genera. En el campo de la ingeniería de software está comprobado que cuanto antes se detecte un error, más barato será corregirlo. Por lo tanto, es de suma importancia validar y verificar en cada una de las etapas: análisis, diseño e implementación, cada uno de los productos generados.

Todos los programas presentados como ejemplos o como solución a los problemas pueden consultarse en el repositorio de GitHub: https://github.com/ebookscg-python/Libro1-python. En todos los programas se incluyeron comentarios describiendo el problema que resuelve. Sin embargo, en el libro y por razones de espacio, se suprimieron muchos de ellos. Es importante destacar que, en el libro, la falta del comentario no afecta porque el programa aparece junto al enunciado del problema.

AGRADECIMIENTOS*

Agradecemos el apoyo recibido para la realización de este libro al Dr. Alejandro Hernández, Vicerrector del ITAM, al Dr. Ante Salcedo, director de la División Académica de Ingeniería del ITAM y al Dr. Fernando Esponda, jefe del Departamento Académico de Computación del ITAM. Contamos con su entusiasmo y su confianza en la consecución de este proyecto desde el primer momento.

Nos gustaría, además, agradecer a nuestros alumnos. Son ellos los que mantienen viva nuestra pasión por la enseñanza, los que nos permiten experimentar, una y otra vez, el placer de entrar al salón de clases para contribuir en el descubrimiento de sus habilidades y su desarrollo como individuos y, con un poco de suerte, en la construcción de un mundo mejor.

También agradecemos al DG Lisandro Lazzaroni por el diseño de la portada de este libro; por ponerle sal, pimienta y algo más al mundo de los algoritmos.

* Apoyo financiero otorgado por parte de la Asociación Mexicana de Cultura, A.C.

ACERCA DE LOS AUTORES

MC. Silvia Guardati Buemo es profesora del Departamento Académico de Computación, del Instituto Tecnológico Autónomo de México (ITAM) desde 1988. Sus principales áreas de enseñanza son: algoritmos, estructuras de datos e ingeniería de software. También ha participado en proyectos de diseño de procesos y control de calidad, relacionados a la industria del software.

Es autora de varios libros de texto, entre los que se destacan "Estructuras de Datos" (ed. Mc Graw Hill), "Estructuras de Datos: Algoritmos en C++" (ed. Pearson) y "Estructuras de Datos Básicas. Programación Orientada a Objetos con Java" (ed. Alfaomega).

El Dr. Osvaldo Cairó Battistutti es Profesor-Investigador del Instituto Tecnológico Autónomo de México (ITAM) desde 1988 y miembro del Sistema Nacional de Investigadores (SNI) de México. Es autor de varios libros de texto, entre ellos algunos que se han convertido en clásicos como, por ejemplo: Metodología de la Programación, Estructuras de Datos y Piensa en C.

Sus trabajos de investigación se enfocan en el área de Inteligencia Artificial, principalmente en los campos relativos al conocimiento, la cognición y la inteligencia. Ha participado en proyectos de investigación con financiamiento de CONACYT y Naciones Unidas. Es miembro de la Sociedad Mexicana de Inteligencia Artificial (SMIA), árbitro de CONACYT, del Programa de Becas Fullbright-García Robles, par consultor del CONICET (Argentina), consultor de la CEPAL, Naciones Unidas, y miembro revisor de múltiples revistas internacionales.

Años atrás recibió el Premio al Mérito Académico, distinción que se otorga en México al mejor académico en el área de ingenierías.

Capítulo 1

ALGORITMOS, DIAGRAMAS DE FLUJO Y PROGRAMAS

1.1 Algoritmos

Un algoritmo es un conjunto de pasos, instrucciones, procedimientos o reglas bien definidas, ordenadas y finitas que permiten alcanzar un resultado o resolver un problema. Los primeros algoritmos datan del siglo noveno en Asia Central, en una región conocida como Corasmia o Jorasmia (Khwarazm en inglés), que se encuentra a lo largo de las fronteras de Turkmenistán y Uzbekistán. Muhammad ibn Musa al-Khwarizmi, astrónomo, geógrafo y matemático, conocido particularmente por sus contribuciones al estudio del álgebra, fue el que le dio al latín la palabra algoritmi. al-Khwarizmi escribió un libro en árabe sobre los números arábigos-hindús, titulado en latín *Algoritmi de numero Indorum*. La palabra *algorithm,* derivada del latín, pasó al idioma inglés y se difundió rápidamente.

Figura 1.1 Estampilla (sello postal) emitido en la Unión Soviética en 1983, para conmemorar los 1200 años del nacimiento de Muhammad ibn Musa al-Khwarizmi

En la vida cotidiana aplicamos algoritmos en forma prácticamente continua. En la mayoría de los casos lo hacemos de manera automática, sin darnos cuenta de ello, porque es una actividad que hemos realizado decenas, cientos o miles de veces. Por ejemplo, cuando nos bañamos, desayunamos o simplemente tomamos un vaso de agua estamos aplicando un algoritmo: un conjunto de pasos que nos permiten alcanzar un resultado específico. Por ejemplo, para tomar un vaso de agua debemos: primero buscar un vaso, luego abrir el grifo, llenar el vaso y, por último, beber el agua. Los pasos importan y el orden en el cual se ejecutan también importa.

Otros algoritmos que se puede identificar muy fácilmente son los manuales de usuario para el automóvil o electrodomésticos, las recetas de cocina, y los pasos que se siguen para calcular el promedio de una serie de números, la nómina de una empresa o para aplicar el método de Gauss para calcular un sistema de ecuaciones lineales.

> Un algoritmo es un conjunto de pasos, instrucciones, procedimientos o reglas bien definidas, ordenadas y finitas que permiten alcanzar un resultado o resolver un problema.

Algunos algoritmos pueden ser muy simples y otros muy complejos. Es obvio que existe una gran diferencia entre los pasos necesarios para preparar el desayuno, ordenar una serie de números y enviar una sonda espacial a Marte. Para algunos requerimos conocimientos simples y para otros conocimientos extensos y profundos sobre uno o varios dominios del conocimiento.

Un algoritmo también se puede definir como un proceso específico que toma algún valor o conjunto de valores como entrada (datos) y produce un valor o un conjunto de valores como salida (resultados). Es importante señalar que el término proceso, en el área de la ingeniería de software, es mucho más complejo ya que implica, entre otros elementos, la entrada, la salida y las actividades que forman el algoritmo. Sin embargo, se suelen usar como sinónimos.

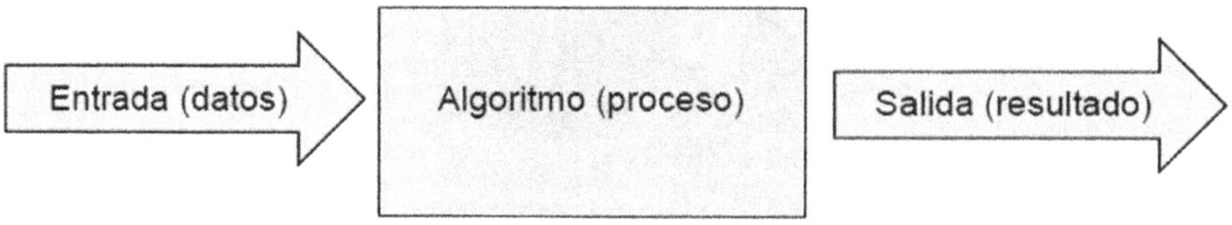

Figura 1.2 Esquema de un algoritmo

Se muestra un ejemplo a continuación:

Entrada: Una secuencia de n números ($temp_1$, $temp_2$, $temp_3$, ..., $temp_n$) que representan las temperaturas registradas durante el mes anterior.

Salida: El promedio mensual de temperatura (un número).

Algoritmo: Secuencia de pasos necesarios para calcular el promedio: sumar los n números y luego dividir la suma obtenida entre n.

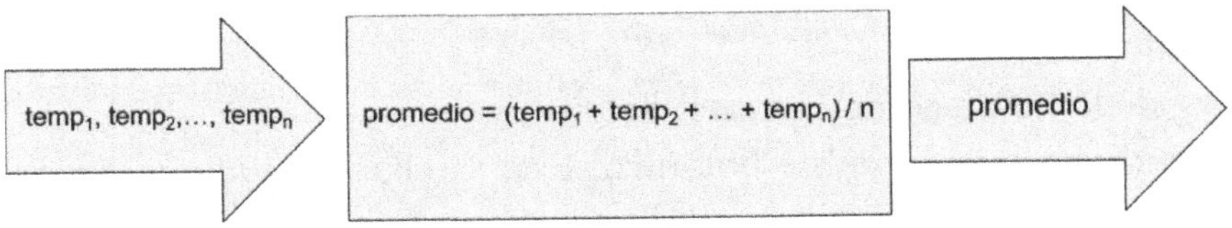

Figura 1.3 Ejemplo: cálculo del promedio de n temperaturas

Los algoritmos se pueden clasificar como correctos e incorrectos. Un algoritmo es correcto si para toda instancia de entrada se detiene con la salida correcta. Por otra parte, un algoritmo es incorrecto si no se detiene para algunas instancias de entrada o bien regresa una respuesta incorrecta.

> Un algoritmo es correcto si para toda instancia de entrada se detiene con la salida correcta.

> Un algoritmo es incorrecto si no se detiene para algunas instancias de entrada o bien regresa una respuesta incorrecta.

En general, todo algoritmo debe reunir estas tres características:

- **Precisión:** los pasos deben ser muy claros, no debe existir ningún margen de ambigüedad.
- **Determinismo:** para cada conjunto de datos de entrada siempre debe arrojar los mismos resultados.
- **Finitud:** debe tener longitud finita.

Ejemplo 1.1: Cochinita pibil
La cochinita pibil es una comida típicamente de Yucatán, en México, que se preparaba originalmente durante el festejo del día de los muertos (Xanal Pixan, comida de las

almas en lenguaje Maya) en la península yucateca. En época prehispánica este platillo se preparaba con carne de faisán, jabalí o venado y se cocinaba en un horno *pib* (horno de tierra). En la actualidad la carne de los animales de caza fue sustituida por carne de cerdo.

Ingredientes (para 10 personas): es la entrada del algoritmo

- 2 hojas de plátano (banana) pasadas por el fuego para ablandarlas.
- 1.5 kg de pierna de cerdo (se puede reemplazar por bondiola o cabeza de lomo de cerdo).
- 0.5 kg de lomo de cerdo con costilla.
- 200 g. de achiote (nombre botánico: Bixa Orellana, urucú en Argentina, rocú, onoto o bija en la América tropical).
- 1 taza de jugo de naranja agria (toronja) o mitad de vinagre blanco de manzana y mitad de jugo de naranja dulce.
- ¼ de cucharadita de comino en polvo.
- 1 cucharadita de orégano seco.
- 1 cucharadita de pimienta blanca en polvo.
- ½ cucharadita de pimienta negra en polvo.
- ½ cucharadita de canela en polvo.
- 3 dientes de ajo molidos o exprimidos.
- ½ cucharadita de chile piquín.
- Sal a gusto.
- 125 g de manteca de cerdo.

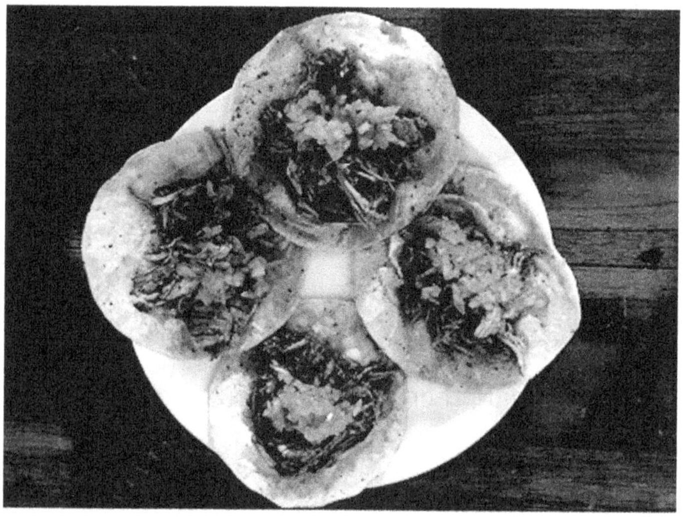

Figura 1.4 Tacos de cochinita pibil

Crédito: https://blog.seccionamarilla.com.mx/cochinita-pibil-cerdo-pelon-yaxunah-yucatan/

Salsa para acompañarla:

- 8 rabanitos finamente picados.
- 1 cebolla morada, finamente rebanada.
- 4 chiles habaneros picados finamente.
- ¼ de taza de cilantro picado muy fino.
- 1 taza de jugo de naranja agria (toronja).
- Sal a gusto.

Preparación: es el algoritmo
Colocar la carne sobre una fuente. Disuelve el achiote en el jugo de naranja agria, agrega las especias, remueve bien y baña la carne con la mezcla. Deja marinar durante 8 horas o de un día para el otro en el refrigerador. Coloca adecuadamente las hojas de plátano sobre una mesada y agrega sobre ella la carne marinada. Añade a la carne la manteca derretida. Envuelve bien la carne con las hojas. Posteriormente tápalas con papel de aluminio y cocina en un horno a 175 grados durante una hora y media aproximadamente. Lo ideal es que la carne se pueda deshacer con las manos después de la cocción. Si tiene horno a leña puede cocinar la carne, envuelta como se describió anteriormente, durante 10-12 horas a fuego lento (75 a 90 grados).

Para la salsa hay que mezclar todos los ingredientes y dejar reposar al menos tres horas, pero toda una noche o un día completo es mejor.

Presentación: el plato preparado es la salida del algoritmo
Sirve la cochinita pibil, y acompáñala con la salsa y tortillas de maíz preferentemente recién hechas. Se puede maridar con un vino blanco afrutado, perfumado y con la acidez suficiente que dan los climas fríos.

1.2 Diagramas de Flujo

El diagrama de flujo es la representación gráfica de un algoritmo. Se compone principalmente de óvalos, rectángulos y rombos para definir conceptos, procesos y toma de decisiones, junto con flechas conectoras que establecen el flujo de los datos y la secuencia de las operaciones.

> Un diagrama de flujo es la representación gráfica de un algoritmo.

En la figura 1.5 presentamos un ejemplo de un diagrama de flujo. En este diagrama se leen dos números enteros, se calcula el promedio de estos y se imprime el resultado.

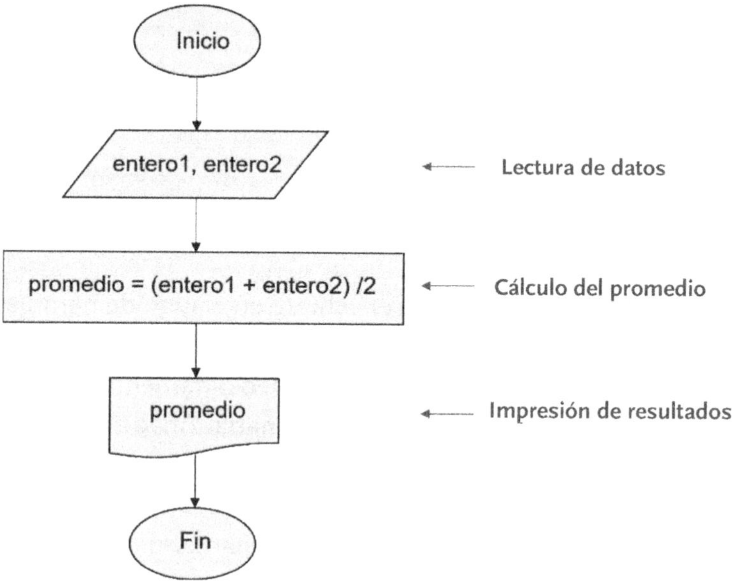

Figura 1.5 Ejemplo de diagrama de flujo

Aunque la idea de los diagramas de flujo fue presentada inicialmente en 1921 por Frank Gilbreth, en la Sociedad Americana de Ingenieros Mecánicos (ASME), no fue hasta la década del 40 cuando el matemático Herman Goldstine (1913-2004), de la Universidad de Michigan en EUA, junto con el laureado matemático John Von Neumann, que en ese entonces se encontraba trabajando en el Proyecto Manhattan para la construcción de la primer bomba atómica, los que comenzaron a utilizarlos para el desarrollo de programas informáticos. En la figura 1.6 podemos apreciar una imagen en la que aparecen juntos Julian Bigelow, Herman Goldstine, Robert Oppenheimer y John Von Neumann.

Cuando se elabora un diagrama de flujo parece que la tarea primordial es resolver un problema modelándolo gráficamente. Sin embargo, subyace otra labor, esencial y casi mágica: la transferencia de ***conocimiento tácito*** (está en nuestra mente y refiere al conocimiento que usamos para solucionar el problema) a ***conocimiento explícito***. Los modelos mentales que nos formamos para resolver un problema se convierten en conceptos en el diagrama de flujo. Cuando el conocimiento se hace explícito a través del diagrama, se hace más visible y accesible tanto para el desarrollador como para otras personas.

Este proceso es sustancial porque trasciende lo que estamos acostumbrados a realizar. Nos permite movernos desde lo invisible, el conocimiento tácito, a lo visible, el conocimiento explícito.

Figura 1.6 Julian Bigelow, Herman Goldstine, Robert Oppenheimer y John Von Neumann, en el Instituto de Estudios Avanzados de Princeton (USA). Crédito: https://commons.wikimedia.org/w/index.php?curid=19030040

Una vez que tenemos el algoritmo o el diagrama de flujo, el paso siguiente es escribir el **programa**. Más adelante se explorará más a detalle lo que este concepto significa, pero por ahora basta con saber que un programa es la traducción del algoritmo en un conjunto de instrucciones, utilizando un lenguaje de programación.

1.2.1 Símbolos del diagrama de flujo

Cuando uno comienza a resolver problemas y a modelarlos gráficamente mediante diagramas de flujo, se observa fácilmente que estos adquieren formas diferentes. Estas diferencias se producen básicamente porque los problemas son de distinta naturaleza y para solucionarlos se realizan acciones o etapas en el proceso que implican el uso de símbolos diferentes.

Aunque existen decenas de símbolos, con fines didácticos utilizaremos solamente los más importantes junto con las líneas y flechas, que se usan para indicar el flujo (la secuencia lógica de pasos) en el diagrama. En la siguiente tabla se presentan los símbolos.

Tabla 1.1 Símbolos utilizados en el diagrama de flujo

Símbolo	Función del símbolo
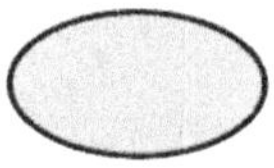	*Inicio / fin*. Se utiliza para indicar el *inicio* y el *fin* del diagrama de flujo. Contiene alguna de estas palabras.
	*Lectura*. Se usa para leer los datos de entrada.
	*Proceso*. En su interior se representan las asignaciones, las operaciones aritméticas, los cambios de valor de las celdas de memoria, etc.
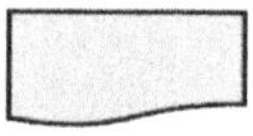	*Escritura*. Se utiliza para mostrar la impresión de resultados.
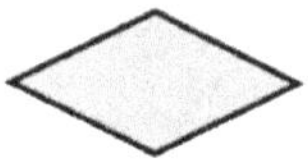	*Decisión*. En su interior se almacena una condición y al evaluarse, dependiendo si el resultado es verdadero o falso, se sigue por uno de los caminos. Este símbolo se usa en las estructuras selectivas *if* e *if-else*, así como en las estructuras repetitivas *for* y *while*.
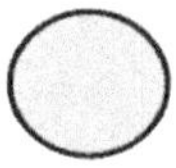	*Conector en página*. Se utiliza para indicar una conexión dentro de la misma página de desarrollo.
	*Conector entre páginas*. Se usa para indicar una conexión entre distintas páginas de desarrollo.
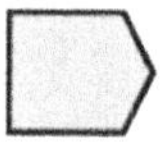	*Módulo o subproblema*. Se utiliza para indicar un subproblema que hay que resolver antes de continuar con el flujo normal del diagrama.
	*Flujo*. Expresan la dirección del flujo en el diagrama. Solo pueden indicar direcciones hacia arriba, abajo, derecha e izquierda.

1.2.2 Reglas para la construcción del diagrama de flujo

El diagrama de flujo es la representación gráfica del conjunto de pasos, instrucciones o reglas bien definidas que permiten alcanzar un resultado o resolver un problema. Por otra parte, para que esta representación gráfica sea considerada válida y, por lo tanto, no exista ningún grado de ambigüedad o distorsión con el algoritmo, los símbolos y conectores se deben colocar en forma correcta. A continuación, se presentan las reglas que deben aplicarse para el desarrollo de los diagramas de flujo.

1. Todo diagrama de flujo debe tener un inicio y un final.

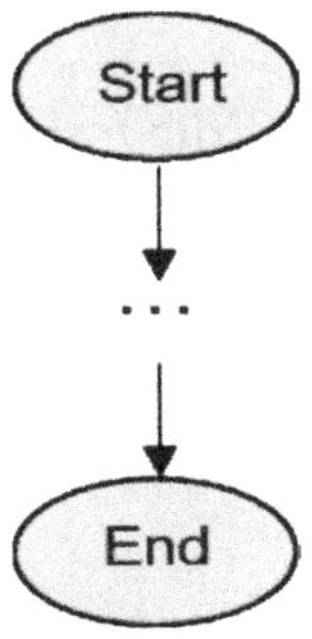

2. Las líneas que se utilizan para representar el flujo en el diagrama deben ser verticales u horizontales. No se pueden utilizar líneas oblicuas, cruzadas o curvas.

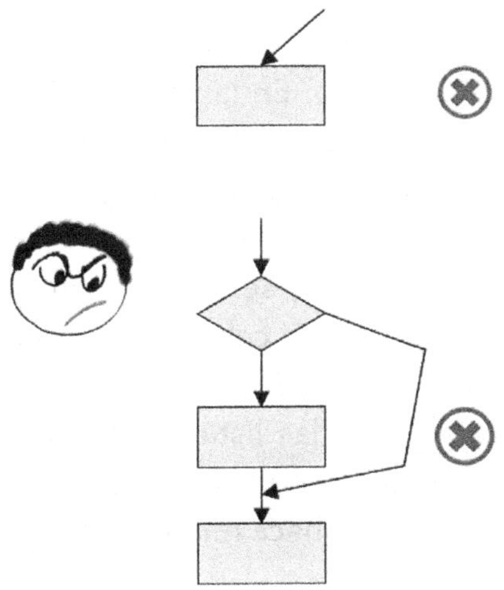

3. El diagrama de flujo se construye de arriba hacia abajo y de izquierda a derecha. Además, a un símbolo no puede llegar más de un conector.

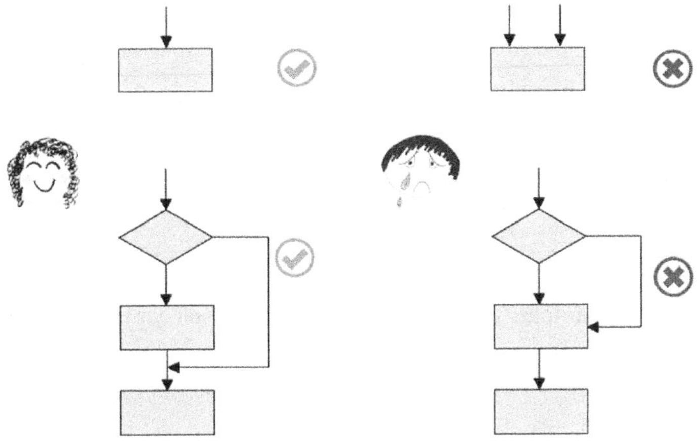

4. Si el diagrama de flujo requiere más de una hoja para su construcción es necesario utilizar los conectores adecuados y, además, enumerar las hojas correspondientes.
5. La notación que se utiliza en el diagrama de flujo debe ser independiente del lenguaje de programación.
6. El diagrama de flujo debe poder ser comprendido por cualquier individuo con conocimientos del tema, independientemente del idioma que habla y del lenguaje de programación que utilice para su implementación.

1.3 Tipos de datos

Los tipos de datos que se pueden utilizar o procesar en un lenguaje de programación se clasifican en **simples** y **estructurados**. Los simples tienen la particularidad de que utilizan una sola casilla o celda de memoria y, por lo tanto, solo se puede hacer referencia a un valor a la vez. Dentro de los datos de tipo simple encontramos los números, tanto enteros como reales y el tipo booleano. En la figura 1.7 a) podemos observar un dato simple, un número entero, identificado con el nombre de *edad* que ocupa una sola casilla de memoria y hace referencia a un único valor, en este caso 10.

Los datos estructurados, por otra parte, se caracterizan por el hecho de que con un nombre se hace referencia a un grupo de celdas o casillas de memoria y, por lo tanto, puede almacenar más de un valor. Dentro de este tipo de datos encontramos los números complejos, las cadenas de caracteres, las listas, los conjuntos, etc. En la figura 1.7 b) podemos observar un dato estructurado que es una cadena de caracteres, identificado con el nombre de *nombre_mascota* que hace referencia a un grupo de caracteres, en este caso charrúa.

Por ahora, solo se usarán datos estructurados tipo cadenas de caracteres, llamados *str* en Python. Los caracteres que forman la cadena deben encerrarse entre comillas dobles (") o comillas simples ('). Si la cadena contiene más de una línea, entonces se encierra entre tres comillas dobles (""") o comillas simples ('''). Más adelante se retoma el tema de cadenas de caracteres.

Figura 1.7 Datos simples y estructurados: a) dato simple y b) dato estructurado

Otra manera de clasificar a los datos en Python es en **inmutables** y **mutables**. La primera categoría hace referencia a aquellos que no pueden cambiar o modificar su valor una vez asignado, mientras que los datos mutables sí pueden variar.

Dentro del grupo de los inmutables están los números (enteros, reales y complejos), las cadenas de caracteres y los booleanos, entre otros. Como se mencionó más arriba, un valor inmutable no puede actualizarse una vez definido. Observe el ejemplo de la figura 1.7 b). La variable *nombre_mascota* tiene el valor "charrúa", el cual se quiere cambiar por "Charrúa" por tratarse de un nombre propio. Sin embargo, esto no es posible; es decir, no hay manera de modificar el primer carácter de la cadena.

Figura 1.8 Datos inmutables – cadena de caracteres

Otro aspecto importante de los inmutables es que pueden ser usados como claves ya que tienen un valor único que los identifica y que no cambia. Este valor único se obtiene a partir de un concepto que se conoce como tabla hash o tabla de dispersión, por lo que también se dice que estos datos son *hashable*. Por la importancia de este tema, el mismo será tratado con mayor profundidad en libros subsecuentes.

Por otra parte, dentro del tipo mutable se encuentran las listas y los diccionarios, entre otros. De manera simple se define una lista como un dato estructurado formado por cero, uno o más valores. Sin embargo, es relevante destacar que, por la importancia del tema, en el siguiente libro se tratan estos tipos de datos y algunos otros. En la figura 1.9 a) se presenta un ejemplo de lista con los días laborables en la cual se omitió el valor "miércoles". Por medio de métodos que se estudiarán más adelante, es posible modificar la lista de tal manera que ahora incluya el valor faltante, b).

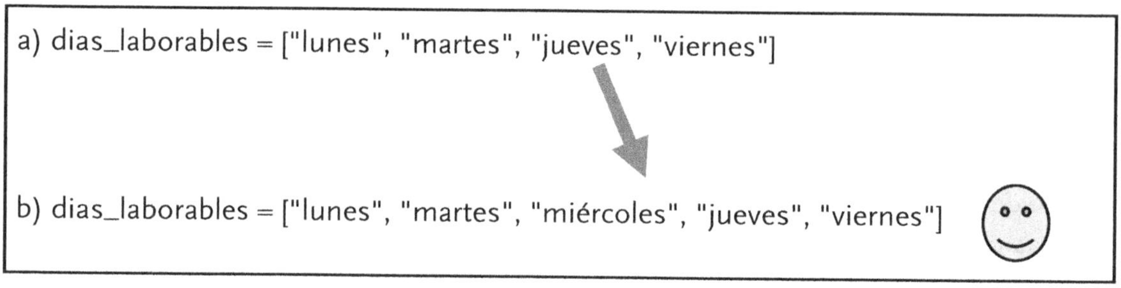

Figura 1.9 Datos mutables – lista

En la tabla 1.2 se presentan los tipos de datos simples del lenguaje de programación Python. Es importante que el lector observe y analice cuidadosamente la tabla, pero al mismo tiempo es fundamental que no intente memorizar el contenido de esta. La tabla es una buena referencia y siempre será una guía para casos de duda. Los ejemplos que iremos presentando a lo largo del libro serán suficientes para que todos estos conceptos queden entendidos.

Tabla 1.2 Tipos de datos simples de Python

Tipo de dato	Rango de valores
int	Precisión ilimitada. Tamaño dependiendo de la memoria de la máquina
float	$\pm 2{,}2250738585072020 \times 10^{-308}$ a $\pm 1{,}7976931348623157 \times 10^{308}$
bool	True, False

Es importante hacer notar que los números enteros pueden expresarse en notación decimal, binaria, hexadecimal y octal. Mientras que los números reales también pueden expresarse en notación científica.

1.3.1 Identificadores

Un identificador es un conjunto de caracteres alfanuméricos que se utiliza para nombrar las entidades tanto del diagrama de flujo como del programa. Estas entidades pueden ser variables, constantes, clases y métodos que explicaremos más adelante. En la figura 1.7 aparecen dos identificadores, uno, *edad*, que se usa para identificar un tipo de dato simple y el otro, *nombre_mascota*, que se utiliza para identificar un tipo de dato estructurado.

Un identificador se forma con letras y, también, puede incluir números y el carácter de subrayado (_), pero siempre debe comenzar con una letra. En Python, el PEP 8 (Python Enhancement Proposal #8)[1], propone los lineamientos a seguir para identificar a cada uno de los tipos de entidades.

> Un identificador es un conjunto de caracteres alfanuméricos que se utiliza para identificar las entidades tanto del diagrama de flujo como del programa.

A continuación, se presentan algunas recomendaciones para tener en cuenta al elegir un identificador:

- Utilizar solo letras. El nombre debe ser legible y apropiado.
- El uso de mayúsculas y minúsculas depende del tipo de la entidad que está identificando.
- Debe describir lo que representa.
- No se deben utilizar abreviaciones crípticas ni ambiguas.
- Debe expresar qué hace en lugar de como lo hace.

Es importante observar que hay algunas palabras que no se pueden utilizar como identificadores porque son **palabras reservadas** del lenguaje de programación. En la tabla 1.3 se muestran esas palabras. A medida que se vayan requiriendo se explicarán y se utilizarán.

Tabla 1.3 Palabras reservadas del lenguaje Python

False	None	True
and	as	assert
async	await	break

[1] Es una de las tantas propuestas de mejoras del lenguaje Python. En particular, la PEP 8, es una guía de estilo para escribir código en el lenguaje Python. El uso del estándar favorece el mantenimiento del software y la colaboración entre desarrolladores que utilizan el mismo lenguaje. Se puede consultar en: https://www.python.org/dev/peps/pep-0008/

class	continue	def
del	elif	else
except	finally	for
from	global	if
import	in	is
lambda	not	or
pass	raise	return
try	while	with
yield		

1.3.2 Variables

Las variables son entidades que pueden cambiar el valor durante la ejecución del programa. Estas se reconocen por su nombre que es su identificador y pueden ser de distintos tipos de datos. De acuerdo al PEP 8, se escriben siempre con minúsculas y, cuando el identificador está formado por dos o más palabras, estas se separan con un guión bajo (_).

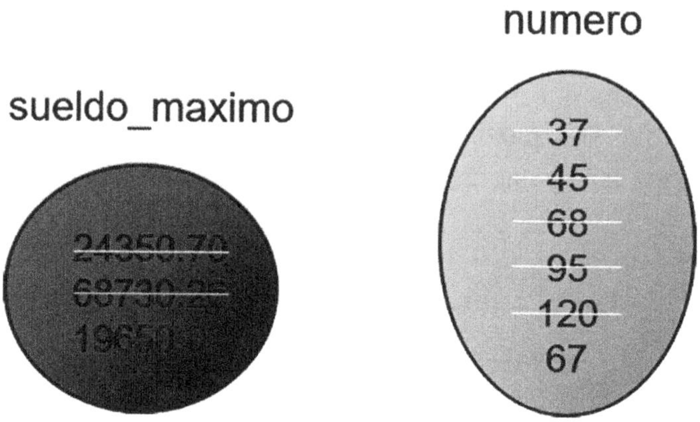

Figura 1.10 Ejemplos de variables

En la figura 1.10 se pueden observar dos variables: *sueldo_maximo* que es una variable de tipo real y ha recibido tres valores durante la ejecución del programa; *numero,* por otra parte, es una variable de tipo entero y ha recibido seis valores durante la ejecución del programa. Ambas conservan lógicamente el último valor asignado, 19650.00 y 67, respectivamente.

> Una variable es una entidad que puede cambiar el valor durante la ejecución del programa.

Como se mencionó, las variables se usan para almacenar valores durante la ejecución del programa. Se conoce como *asignación* a la operación que permite darle esos valores. Esta es una operación destructiva, ya que al asignar un valor se pierde cualquier otro valor que pudiera tener previamente. El formato de la asignación es el siguiente:

variable = expresión o valor

Retomando el ejemplo presentado en la figura 1.8, como las cadenas de caracteres son datos inmutables, si se quiere modificar el valor de la variable *nombre_mascota*, se debe asignar la cadena deseada a la variable y, de esta manera, lograr el efecto buscado. La línea de código para hacer esta operación es la siguiente:

```
nombre_mascota = "Charrúa"
```

Como el valor asignado es una cadena de caracteres se encierra entre comillas. Recuerde que también se pudo escribir:

```
nombre_mascota = 'Charrúa'
```

En Python es posible realizar una asignación múltiple que consiste en darle valores a más de una variable en una misma línea de código.

```
color, precio = 'azul', 10.25
```

A la variable *color* se le asigna el valor azul, mientras que a la variable *precio* el valor 10.25. Este tipo de operaciones puede ser muy útil aplicadas a conceptos que se estudiarán más adelante. También facilitan el intercambio de valores entre variables. Observe las siguientes líneas:

```
alumno1, alumno2 = 'Miguel', 'Mariano'
alumno2, alumno1 = alumno1, alumno2
```

Luego de ejecutar la primera asignación, la variable *alumno1* almacena el nombre Miguel y *alumno2* el nombre Mariano. La segunda línea realiza el intercambio de los valores entre las variables, ya que *alumno1* queda con el valor de Mariano y *alumno2* con Miguel. Otra forma de lograr lo mismo, pero que requiere una variable extra y un paso más es:

temporal = alumno1
alumno1 = alumno2
alumno2 = temporal

Si bien la ventaja de este tipo de asignación queda evidente en el ejemplo, es recomendable no abusar de las asignaciones múltiples. Se genera un código más legible si hacemos cada asignación en una línea diferente.

A partir de Python 3.8 se cuenta con un nuevo operador de asignación (:=) llamado walrus (morsa) porque evoca los ojos y colmillos de una morsa. Este tipo de asignación provoca que el valor asignado se redefina dinámicamente, lo cual tiene sentido, por ejemplo, en ciclos. Debido a sus características será explicado y usado en capítulos posteriores.

1.3.3 Constantes

Las constantes son entidades que no cambian su valor durante la ejecución del programa. Estas se reconocen por su nombre, que es su identificador, y pueden ser de distintos tipos de datos. Los nombres de las constantes siempre se escriben con mayúsculas. Esto permite que en el código podamos distinguir claramente cuando estamos utilizando una constante y cuando una variable. Si el identificador está formado por dos o más palabras, estas se separan con guión bajo (_).

> Una constante es una entidad que no cambia su valor durante la ejecución del programa.

1.4 Operadores

Los operadores son elementos que permiten realizar acciones sobre uno o más operandos en una operación, expresión o instrucción. A su vez, los operandos son números, constantes o variables. Existen diferentes tipos de operadores mismos que analizaremos a continuación.

1.4.1 Operadores aritméticos

Los operadores aritméticos son los más comunes y los que, en general, nos permiten realizar operaciones aritméticas. Estos operadores trabajan con números y dan, como resultado, también un número, entero, real o complejo. Existen dos tipos de operadores aritméticos: unarios y binarios. Los operadores unarios afectan a un solo operando, mientras que los binarios a dos.

Hay algunos símbolos en los lenguajes de programación que son diferentes a los estudiados en álgebra. Por ejemplo, el asterisco (*) se utiliza para la multiplicación, la barra diagonal (/) para la división, doble barras diagonales para la división entera (//), doble asterisco para la potencia (**) y el símbolo de porcentaje (%) se utiliza para obtener el módulo entre dos números. La razón de este cambio es poder escribir la instrucción en línea recta. En la tabla 1.4 puede observar claramente estas diferencias.

Tabla 1.4 Operadores aritméticos en álgebra y en lenguajes de programación

Álgebra	Lenguaje de programación
$\frac{a}{b}$	a/b
mx + y	m * x + y
$\frac{mx}{b}$	m * x / b
a^n	a ** n

Los diferentes operadores aritméticos se presentan en la siguiente tabla.

Tabla 1.5 Operadores aritméticos de Python

Operador	Operación	Descripción
+	Suma	Suma los operandos.
-	Resta	Resta los operandos.
*	Multiplicación	Multiplica los operandos.
/	División	Divide los operandos. El resultado siempre es un real.
//	División entera	Divide los operandos y el resultado siempre es un número sin decimales: entero, si ambos operandos son enteros, real en caso contrario.

Operador	Operación	Descripción
%	Módulo o residuo	Regresa el resto o residuo de la división entera entre dos números. Siempre que los números sean no divisibles entre sí, la operación arrojará un residuo diferente de cero.
**	Potencia	Eleva el primer operando a la potencia dada por el segundo operando.

Es importante observar que el operador más (+) también se utiliza para concatenar (unir) cadenas y el operador de multiplicación (*) para repetir cadenas, lo cual se presentará más adelante.

La prioridad de aplicación de los operadores aritméticos es la misma que se usa en matemática. También es importante tener en cuenta que, si se quiere alterar esa prioridad, entonces se debe usar paréntesis para encerrar la expresión a la cual se le quiere aumentar la prioridad. En el caso de operadores que tienen la misma prioridad, se ejecutan de izquierda a derecha. Observe la siguiente tabla.

Tabla 1.6 Jerarquía de los operadores aritméticos

Operador	Nombre	Jerarquía
( )	Paréntesis	+
**	Potencia	
*, /, //, %	Multiplicación, división, división entera, módulo	-
+, -	Suma, resta	

En Python existen ciertas reglas para convertir automáticamente el tipo de los datos usados en una expresión cuando los mismos no son iguales:

- Si uno de los datos es un número complejo, entonces el otro se convierte a complejo.
- Si no hay complejo, pero uno de los datos es un número real, entonces el otro se convierte a real.
- Si no hay complejo ni número real, se supone que ambos son números enteros y, por lo tanto, no se requiere conversión.

En la tabla 1.7 presentamos algunos ejemplos que ayudan a comprender como funcionan estas reglas junto a los operadores de la tabla anterior. Por ahora no se utilizarán números complejos, solo números enteros o reales.

Tabla 1.7 Ejemplos de uso de los operadores aritméticos

Operador	Ejemplo	Resultado	Explicación
+	14 + 5 14.5 + 7.5 14.5 + 5 int(14.5 + 5.2)	19 22.0 19.5 19	Ver a.
-	14 − 5 14.5 − 7.5 14.5 − 5 int(14.5 − 5.2)	9 7.0 9.5 9	
*	14 * 5 14.5 * 7.5 14.5 * 5 int(14.5 * 5.2)	70 108.75 72.5 75	
/	20 / 5 14.5 / 7.5 14.5 / 5 int(14.5 / 5.2)	4.0 1.9333333333333333 2.9 2	Ver b.
//	20 // 5 20 // 5.0 14.5 // 7.5 14.5 // 5 int(14.5 // 5.2)	4 4.0 1.0 2.0 2	Ver c.
%	20 % 5 14.5 % 7.3 14.0 % 4 int(14.5 % 5.2)	0 7.2 2.0 4	
**	8 ** 2 6.5 ** 2.2 6.5 ** 2 int(6.5 ** 5.2)	64 61.43408363401714 42.25 16871	

a. A pesar de que suma dos números reales, el resultado final es un entero debido al uso de int(). De esta manera se fuerza a convertir lo que está entre los () a un valor entero. Se pierden los decimales. En las demás operaciones también se incluyó un ejemplo de conversión explícita de tipo.
b. Aunque los datos son enteros y el resultado también es un entero (porque 20 es múltiplo de 5), el resultado final es un real porque el operador / siempre da un resultado de este tipo.
c. En este caso el resultado es un real por la regla que se aplica en Python que, si uno de los datos es un real, entonces el resultado es real. Si se observa, se tienen los mismos datos que en el ejemplo previo, sin embargo, en uno se escribió 5 (entero) y en el otro 5.0 (real) por lo tanto, la división entera da como resultado un dato tipo real.

1.4.2 Operadores relacionales

Los operadores relacionales se utilizan para comparar constantes o variables que pueden ser números, caracteres o cadenas de caracteres. El resultado es un valor de verdad (booleano), verdadero o falso. En la tabla 1.8 presentamos los diferentes operadores relacionales.

Tabla 1.8 Operadores relacionales de Python

Operador	Operación	Descripción
==	Igual a	Determina si los operandos son iguales.
!=	Distinto a	Determina si los operandos son distintos.
<	Menor que	Determina si un operando es menor que otro.
>	Mayor que	Determina si un operando es mayor que otro.
<=	Menor o igual que	Determina si un operando es menor o igual que otro.
>=	Mayor o igual que	Determina si un operando es mayor o igual que otro.

En la tabla 1.9 presentamos algunos ejemplos que ayudan a comprender como funcionan estos operadores.

Tabla 1.9 Uso de los operadores relacionales

Operador	Ejemplo	Resultado	Explicación
==	4 == 4.0	True	Ver a.
	8 == 6.4	False	
	'*' == '-'	False	Ver b.
	"hojas" == "hojas"	True	Ver c.
!=	4 != 4.0	False	
	8 != 6.4	True	
	'*' != '-'	True	
	"hojas" != "hojas"	False	
<	4 < 6.2	True	
	'b' < 'a'	False	Ver d.
	'B' < 'b'	True	Ver e.
	"casa" < "caza"	True	Ver f.
>	25 > 31	False	
	't' > 't'	False	
	"FLORES" > "flor"	False	Ver g.
	"casas" > "casamiento"	True	Ver h.
<=	4<= 6.2	True	
	'b' <= 'b'	True	
	'B' <= 'b'	True	
	"casa" <= "caza"	True	Ver i.
>=	25 >= 31	False	
	't' >= 't'	True	
	"FLORES" >= "flor"	False	
	"casas" >= "casamiento"	True	Ver j.

a. Se compara si son iguales, independientemente del "tipo" de dato de cada uno de los números que se comparan.

b. Cuando se comparan caracteres se utiliza el valor Unicode de estos, porque las computadoras sólo entienden números. En este caso el resultado es *False* porque el código del carácter '*' es 42 y el del carácter '-' es 45 y, por lo tanto, no son iguales.

c. Las dos cadenas de caracteres son iguales porque tienen exactamente los mismos caracteres y en el mimo orden.
d. En este caso el resultado es *False* porque el código del carácter 'b' es 98 y el de 'a' es 97.
e. En este caso el resultado es *True* porque el código del carácter 'B' es 66 y el de 'b' es 98. Las letras mayúsculas están antes que las minúsculas en el estándar Unicode y, por lo tanto, tienen asociado un valor más pequeño.
f. El resultado da como valor *True* porque el valor Unicode del tercer carácter de la cadena, 's', es 115 y el de la 'z' es 122. Observe que con los dos primeros caracteres no se puede decidir si la cadena "casa" es menor que la cadena "caza". Es el tercero el que decide que sí es menor y por lo tanto regresa True.
g. En esta operación el resultado es *False* porque, a pesar de que la cadena "FLORES" es de mayor longitud que "flor", la segunda está en minúsculas y, como ya se mencionó, las minúsculas tienen valores más grandes que las mayúsculas. En este caso, el valor *False* queda decidido al comparar el primer carácter de ambas cadenas (F con f).
h. El resultado es *True* porque, a pesar de que la cadena "casas" es de menor longitud que la cadena "casamiento", el quinto carácter de la primera, 's', es mayor que el quinto de la segunda, 'm'. Por lo tanto, al ser comparados queda decidido que la primera es mayor que la segunda.
i. El resultado es *True* por la misma razón que fue *True* la operación explicada en f, ya que el operador menor o igual es más general que el menor. Estamos preguntando si es menor o igual y ya habíamos explicado porqué es menor (relación que existe entre estas dos cadenas).
j. El resultado es *True* porque, si bien los primeros cuatro caracteres son iguales, en el quinto, al comparar la 's' con la 'm', se decide que casas es mayor o igual que casamiento por el valor de dichos caracteres. Recuerde que en estos casos no importa la longitud de la cadena, si no el valor asociado a sus caracteres.

1.4.3 Operadores lógicos

Los operadores lógicos se utilizan para combinar condiciones (o predicados) y generar condiciones más complejas. Operan sobre datos booleanos y producen un resultado booleano, verdadero o falso. Estos operadores pueden ser unarios o binarios. El operador lógico unario es el de negación (*not*). Este operador se utiliza para cambiar el valor de verdad de una variable o expresión booleana. Los operadores lógicos binarios, por otra parte, son el de conjunción (*and*) y el de disyunción (*or*).

Existen otros operadores lógicos que se utilizan en casos especiales. Si en algún momento llegamos a necesitarlos los explicaremos a detalle. En la tabla 1.10 se presentan los tres operadores lógicos mencionados.

Tabla 1.10 Operadores lógicos de Python

Operador	Operación	Descripción
not	Negación	Cambia el valor de verdad de la variable o expresión lógica
and	Conjunción	El resultado es verdadero si ambos operandos son verdaderos
or	Disyunción	El resultado es verdadero si, al menos, uno de los operandos es verdadero.

La tabla de verdad de estos operadores se presenta a continuación. A los efectos de la tabla, vamos a considerar que *p* y *q* son variables que almacenan valores booleanos (*True*/*False*).

Tabla 1.11 Tabla de verdad de los operadores lógicos

p	q	not p	not q	p or q	p and q
True	True	False	False	True	True
True	False	False	True	True	False
False	True	True	False	True	False
False	False	True	True	False	False

A continuación, en la tabla 1.12 se muestran diferentes ejemplos que ayudan a comprender como funcionan estos operadores. Vamos a considerar que las variables *p* y *q* almacenan los valores booleanos *True* y *False* respectivamente, es decir:

p = True
q = False

Tabla 1.12 Aplicaciones de los operadores lógicos

Operador	Ejemplo	Resultado	Explicación
not	r = not p r = not q	False True	Ver a.
and	r = True p and r (not(p and q) and r)	 True True	 Ver b.
or	r = False q or r not(not(p or r) and q)	 False True	 Ver c.

a. A la variable r se le asigna el valor booleano negado de la variable p y, en la segunda línea, de la variable q. Así, en el primer caso r toma el valor *False* ya que p tiene el valor *True*, mientras que en el segundo se le asigna el valor *True*.
b. El resultado final es True porque, si bien el resultado de la conjunción entre p y q da *False*, al negarse se obtiene *True*. Por lo tanto, se opera ese valor con r (*True* and *True*).
c. El resultado de la primera disyunción es *True*, pero al negarse se obtiene *False*. Por lo tanto, la conjunción con q da *False* y, al negarse, se obtiene *True* como resultado final de la expresión.

1.4.4 Operadores simplificados de asignación

Los operadores simplificados de asignación son muy útiles en los lenguajes de programación porque permiten simplificar el código uniendo dos operadores, uno aritmético o lógico con el operador de asignación (=), con el objeto de eliminar uno de los operandos. El operando que se elimina a la derecha del signo igual es idéntico a la variable que se encuentra a la izquierda de la asignación. En la tabla 1.13 podemos observar claramente el objetivo y el funcionamiento de los operadores simplificados de asignación.

Es importante mencionar que los operadores simplificados de asignación también se pueden utilizar con operadores de bits. Su uso es mucho menos común. Si consideramos que son útiles para abordar ciertos problemas, los explicaremos más adelante.

Tabla 1.13 Operadores simplificados de asignación

Operador	Operación	Operador simplificado	Ejemplo de uso	Equivalencia
+	Suma	+=	x += y	x = x + y
-	Resta	-=	x -= y	x = x – y
*	Multiplicación	*=	x *= y	x = x * y
/	División	/=	x /= y	x = x / y
//	División entera	//=	x //= y	x = x // y
%	Módulo	%=	x %= y	x = x % y
**	Potencia	**=	x **= y	x = x ** y

1.4.5 Operadores de identidad y de membresía

Los operadores de **identidad** permiten comprobar si dos datos son el mismo objeto; es decir, son exactamente "lo mismo". No debe confundirse con el operador de igualdad, el cual compara si dos variables almacenan los mismos valores. Los operadores de identidad son *is* e *is not*. Observe los ejemplos presentados en la tabla 1.14. Una vez introducido el concepto de objeto, estos operadores adquieren más sentido.

Por su parte, los operadores de **membresía** determinan si un dato pertenece o no a una cierta colección. Los operadores de membresía son *in* y *not in*. Se presentan algunos ejemplos en la tabla 1.14. Cuando se estudien colecciones de datos, se verá la gran utilidad de estos operadores.

Tabla 1.14 Operadores de identidad y membresía de Python

Operador	Datos	Ejemplo de uso	Resultado	Explicación
is	n1 = 10 n2 = 10	n1 is n2	True	Ver a.
	n1 = 10 n2 = 10.0	n1 is n2	False	Ver b.
	nom_alum = "Karen" nom_maes = "Karen"	nom_alum is nom_maes	True	Ver c.
is not	n1 = 10 n2 = 10.0	n1 is not n2	True	
in	numeros = [2, 6, 4, 1, 8, 7]	1 in numeros 3 in numeros	True False	Ver d.
not in	dias = ["lunes", "jueves"]	"martes" not in dias	True	Ver e.

a. En las dos variables, *n1* y *n2*, se asigna el mismo objeto (el número 10). Por lo tanto, el resultado del operador *is* es *True* porque son el mismo objeto.
b. Como uno de los números es un entero y el otro es un real, se construyeron dos objetos distintos, uno para el entero 10 y otro para el real 10.0. Como consecuencia, el resultado del operador es *False*.
c. Este caso es similar al (a) ya que Python construye un solo objeto con el valor "Karen", aunque el mismo es referenciado por dos variables. Por lo tanto, el resultado del operador *is* es *True*.
d. La variable *numeros* referencia a una lista (es una colección de datos) la cual está formada por algunos números enteros. El 1 está en la lista, por eso da el valor *True*, mientras que el 3 no está en la lista y, por lo tanto, regresa el valor *False*.
e. En este caso, *dias* es una lista de cadenas de caracteres formada con los elementos "lunes" y "jueves", por lo tanto, al aplicar el operador *not in* para determinar si la cadena "martes" no está en la lista, se obtiene el valor *True*.

1.4.6 Prioridad de los operadores

En los lenguajes de programación las expresiones se evalúan de izquierda a derecha. Por otra parte, conocer la prioridad o jerarquía de los operadores es fundamental porque esto determina el resultado de la expresión. Además, hay que tomar en cuenta que en una misma expresión se pueden utilizar operadores de diferentes tipos. En la tabla 1.15 presentamos la jerarquía de todos los operadores estudiados.

Tabla 1.15 Jerarquía de los operadores

Operador	Nombre	Jerarquía
( )	Paréntesis	
-num, not	Cambio de signo, negación	
**	Potencia	
*, /, //, %	Multiplicación, división, división entera, módulo	
+, -	Suma, resta	
>, <, >=, <=, ==, !=, is, is not, in, not in	Mayor, menor, mayor o igual, menor o igual, igual, distinto, identidad, membresía	
and	Conjunción	
or	Disyunción	
=, +=, -=, *=, /=, //=, %=, **=	Asignación	

En la tabla 1.16 se presentan algunos ejemplos relativos a la jerarquía de los operadores con los resultados correspondientes. El lector puede tapar la columna derecha en la que se presentan los resultados, resolver los diferentes problemas y posteriormente compararlos. Si los resultados de la comparación son favorables significa que ha entendido perfectamente los conceptos estudiados hasta ahora, si tiene algunos errores debe revisar cuidadosamente el problema y detectar la razón por la que se produjo la falla.

Tabla 1.16 Aplicaciones de la jerarquía de operadores

Operador	Resultado
3 * 5 % 2 + 12 / 3 – -2 + 12 % 5	9.0
30 / 15 <= 8 % 3	True
True and False or False and True or True	True
(86 – 2 ** (3 + 1) + 37 // 4) % 10 * 3 >= 36	False
not (7 > 15) or False or False	True
5 * 3 + 7 % 2 <= 32 / 2 or False	True
True or False and False	True
(18 % 5 * 2 – 3) < (5 * 3 – 10) or False == False	True

1.5 Programas

Un programa de computadora es un conjunto de instrucciones escrito para una computadora, usando un lenguaje de programación con el objetivo de resolver un problema y alcanzar un resultado deseado. También se puede definir un programa como la codificación formal, utilizando un lenguaje de programación, del algoritmo o diagrama de flujo desarrollado para resolver un problema.

A su vez, el lenguaje de programación es un lenguaje formal compuesto por un conjunto de instrucciones y reglas sintácticas y semánticas que permiten que la codificación obtenida, *el programa*, ponga en práctica algoritmos específicos diseñados para resolver problemas. Las reglas sintácticas son las encargadas de la sintaxis y las que en definitiva determinan si las instrucciones son válidas. Las reglas semánticas especifican el significado de esas instrucciones.

> Un programa de computadora es un conjunto de instrucciones escrito para una computadora, usando un lenguaje de programación con el objetivo de resolver un problema y alcanzar un resultado deseado.

El primer lenguaje de programación, aunque no se conocía como tal en aquella época, fue desarrollado por Joseph Marie Jacquard en 1801 y tenía como propósito tejer patrones en la tela siguiendo las especificaciones de tarjetas perforadas. Cada tarjeta perforada correspondía a una línea del diseño y su colocación junto con otras tarjetas determinaba el patrón que se iba a tejer.

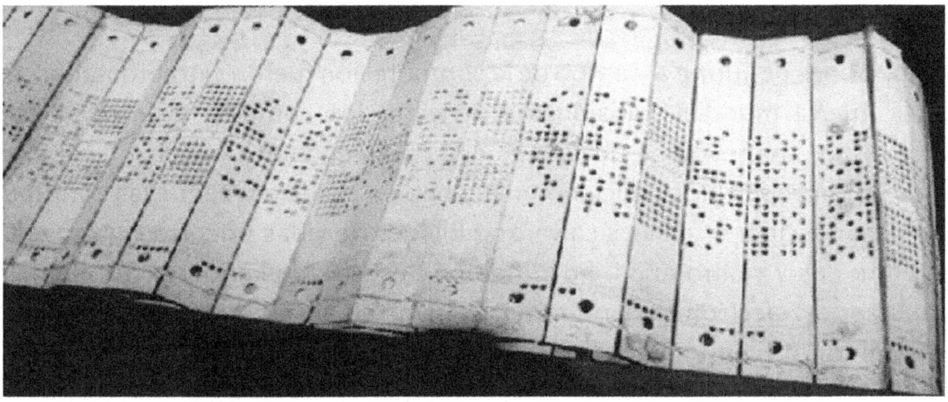

Figura 1.11 Tarjetas perforadas del telar de Jacquard

En 1842, Augusta Ada Byron, más conocida como Ada Lovelace, tradujo las memorias del matemático italiano Menabrea sobre la máquina analítica propuesta por Babbage y le agregó un conjunto de notas que en definitiva son las que dieron origen a su fama. En esas notas Ada Lovelace explicó los conceptos de bucle y subrutina, definió un plan para calcular los números de Bernoulli y definió el uso de tarjetas perforadas para programar la máquina analítica. Por esa razón, Ada Lovelace, "*la encantadora de números*" como le decía Charles Babbage, se reconoce como la primera programadora de la historia.

En los años 30 del siglo anterior, el matemático y lógico americano, Alonzo Church (1903-1995), padre de la computación teórica, desarrolló el cálculo lambda, que posteriormente tuvo una gran influencia en los lenguajes de programación LISP y Haskell. El cálculo lambda, diseñado para investigar la definición de la función, la aplicación de funciones y la recursividad, fue utilizado para resolver el *Entscheidungsproblem* propuesto por David Hilbert: "*dada una proposición en un sistema formal, ¿existe un algoritmo tal que pueda decidir si la proposición es cierta o, por el contrario, falsa?*" En 1936, Alonzo Church y Alan Mathison Turing, en forma independiente, demostraron la imposibilidad de escribir tal algoritmo.

El matemático, lógico, filósofo y maratonista británico Alan Turing (1912-1954), considerado como uno de los precursores de la ciencia de la computación, formalizó los conceptos de algoritmo y computación con la famosa *Máquina de Turing*, que se utilizó también para tratar de resolver el *Entscheidungsproblem*. La máquina de Turing, un modelo matemático de un dispositivo que se comporta como un autómata finito, manipula símbolos sobre una cinta de longitud infinita de acuerdo con un conjunto de reglas. En 1936, Turing propuso su propia versión de lo que hoy se conoce como la tesis de *Church-Turing*.

Las contribuciones de Turing al campo de la computación fueron extraordinarias. Durante la segunda guerra mundial trabajó para descifrar los códigos nazis de la poderosa máquina *Enigma*, una máquina de rotores que podía encriptar y descodificar mensajes. El profesor neozelandés Jack Copeland, mencionó en el año 2012, que las contribuciones de Turing para descifrar mensajes salvaron millones de vidas y acortó la segunda guerra mundial entre dos y cuatro años. Poco tiempo después de la guerra, Turing desarrolló dos computadoras electrónicas programables. Una en el Laboratorio Nacional de Física del Reino Unido (ACE en 1946) y otra en la Universidad de Manchester (Mark I).

Figura 1.12 Alan Turing y Alonzo Church

Unos años más tarde, en la década del 40, se crearon las primeras computadoras modernas con alimentación eléctrica que fueron programadas con el lenguaje ensamblador de bajo nivel. Este lenguaje consistía en un conjunto de nemónicos que representaban instrucciones básicas que interpretaban las computadoras, microprocesadores, microcontroladores y otros circuitos integrados programables. El lenguaje ensamblador se escribía prácticamente sobre el hardware, se aproximaba al lenguaje de máquina de ceros y unos, pero era muy engorroso de interpretar por los humanos. Además, los errores que se producían al escribir el código eran muy difíciles de corregir. En la figura 1.13 se puede observar una parte de código en el lenguaje ensamblador.

```
; hello-DOS.asm - single-segment, 16-bit "hello world" program
;
; assemble with "nasm -f bin -o hi.com hello-DOS.asm"

  org 0x100        ; .com files always start 256 bytes into the segment

  ; int 21h is going to want...

  mov dx, msg      ; the address of or message in dx
  mov ah, 9        ; ah=9 - "print string" sub-function
  int 0x21         ; call dos services

  mov ah, 0x4c     ; "terminate program" sub-function
  int 0x21         ; call dos services

  msg db 'Hello, World!', 0x0d, 0x0a, '$'   ; $-terminated message
```

Figura 1.13 "Hello world" en lenguaje ensamblador. Crédito: https://montcs.bloomu.edu/Information/LowLevel/Assembly/hello-asm.html

Los primeros lenguajes modernos, que son los precursores de los que utilizamos hoy en día, fueron recién desarrollados en la década del 50. FORTRAN, un lenguaje de programación de alto nivel muy cercano a las aplicaciones matemáticas y cálculos científicos, fue desarrollado por John Backus en 1955, y ha estado en uso continuo más de cincuenta años. LISP, un lenguaje de programación funcional y simbólico, fue desarrollado por John McCarthy en 1958, y ha sido hasta nuestros días el favorito para las aplicaciones de la inteligencia artificial. COBOL, un lenguaje de programación universal, fue desarrollado en 1959 con el objetivo de que pudiera ser utilizado en los negocios y en cualquier computadora.

En la actualidad, según el índice TIOBE, los lenguajes de programación más populares son: Java, C, Python, C++ y C#. Aunque, cabe aclarar, que el ranking sufre modificaciones periódicamente. El índice TIOBE (The Importance of Being Earnest) es un informe mensual que presenta la empresa holandesa TIOBE Software BV sobre la popularidad de los lenguajes de programación. La empresa analiza aproximadamente 300 millones de líneas de código (queries) de los principales motores de búsqueda (Google, Yahoo!, MSN, Baidu, Wikipedia, YouTube) y de esta forma señala el software más utilizado en el mundo.

Los lenguajes de programación mencionados más arriba se denominan de alto nivel porque utilizan sintaxis comprensible para las personas, pero no para las computadoras. Por lo tanto, antes de ejecutarse los programas deben ser traducidos a un lenguaje de bajo nivel. Es decir, un lenguaje que la computadora pueda entender. De acuerdo con la manera en la que se lleva a cabo esa traducción, se dice que los lenguajes de programación son compilados o interpretados. Los lenguajes Java y C++ son ejemplos de lenguajes compilados, mientras que Python es un lenguaje interpretado.

En el caso de los lenguajes compilados, el programa requiere un paso intermedio entre su escritura y su ejecución, dicho paso se conoce como la *compilación*. Una vez compilado (o traducido) puede ser ejecutado. Así, como se muestra en la figura 1.14 el compilador recibe el programa escrito en Java o C++, lo traduce y genera el programa compilado, el cual será ejecutado.

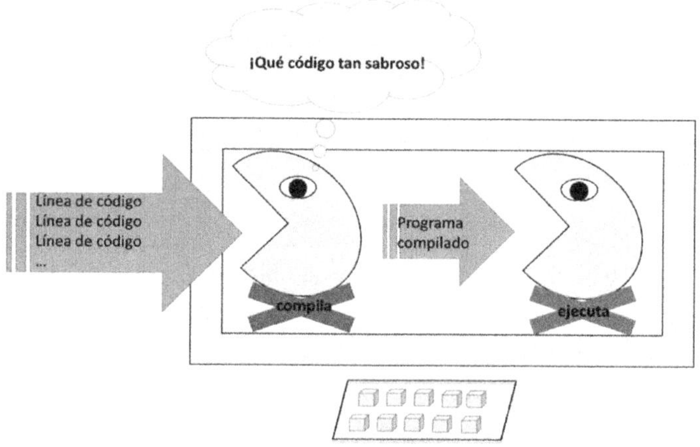

Figura 1.14 Compilador

En cambio, si el lenguaje es interpretado, cada línea de código se va traduciendo y ejecutando por medio del intérprete. Es importante mencionar que no siempre la división entre compilado e interpretado está bien definida, pero, a los efectos de este libro, alcanza con lo explicado. Como se representa en la figura 1.15, cada línea de código es tomada por el intérprete, el cual la traduce y la ejecuta.

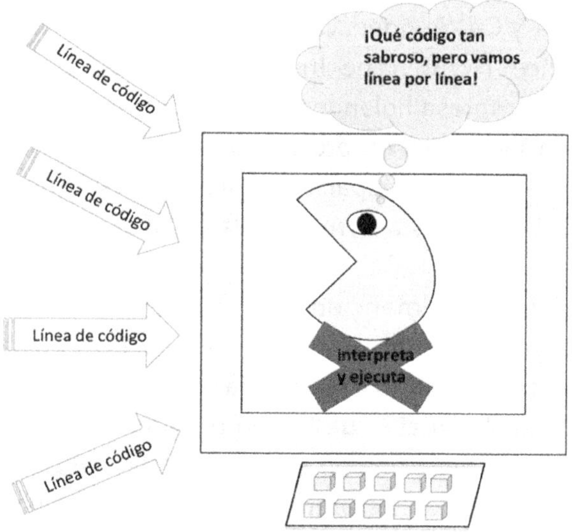

Figura 1.15 Intérprete

1.5.1 Los entornos de desarrollo en Python

En esta sección vamos a desarrollar los primeros programas en el lenguaje de programación Python. Como ya se mencionó más arriba, el lenguaje Python es un lenguaje interpretado, lo cual quiere decir que cada línea de código se traduce y se ejecuta a medida que el intérprete la va leyendo.

Para traducir e interpretar las instrucciones escritas en Python se puede usar algún intérprete en línea, sin necesidad de instalar software en nuestra computadora. Por ejemplo, en la liga: https://www.python.org/shell/ se encuentra disponible un intérprete en el sitio oficial de Python.

Por otra parte, existen varios entornos de desarrollo (IDE, por sus siglas del inglés *Integrated Development Environment*) que facilitan la codificación, depuración y prueba de los programas escritos en el lenguaje Python. Algunos de los más conocidos son: Spyder, Canopy y Eclipse + PyDev. En este libro usaremos Spyder por ser uno de los más empleados en estos momentos con Python 3. Una de las principales ventajas que ofrece es que integra algunas bibliotecas esenciales en ciencias de datos, tales como NumPy, Pandas, Matplotlib, entre otras. Es importante mencionar que Spyder es una de las herramientas incluidas en el software Anaconda. La misma se puede obtener en: https://www.anaconda.com/distribution/#download-section.

1.5.2 Spyder

A continuación, presentamos el conjunto de pasos que se deben seguir para escribir el primer programa en Python usando Spyder. Es importante mencionar que, para cada problema o ejemplo, escribiremos programas individuales (módulos), guardados cada uno en un archivo diferente con extensión ".py". Otra opción es definir proyectos, formados por varios programas. Una vez instalado Spyder en la computadora deberá seguir los siguientes pasos:

1. Para ejecutar Spyder se debe hacer doble click en el ícono:

Figura 1.16 Ícono de Spyder

2. Se abrirá y desplegará una pantalla como la que se muestra más abajo. Como se puede observar, se distinguen tres partes. La de la izquierda es la reservada para editar el código. Automáticamente se nombró "Sin título 0.py" y se incluyó algo de documentación como la fecha y hora en la que fue creado y el nombre del autor. La ventana superior derecha ofrece a su vez, tres usos: explorar las variables usadas, explorar los archivos o para recibir ayuda. Por último, la inferior derecha es una terminal en la cual se irán viendo los resultados de los programas ejecutados o bien, en la cual se puede usar el intérprete directamente.

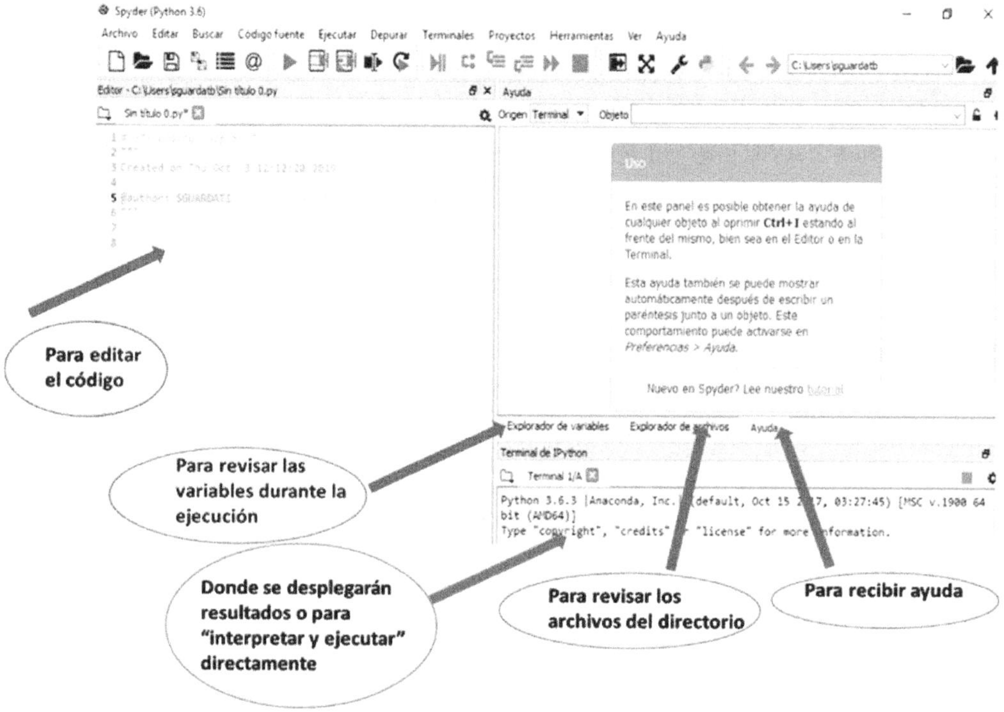

Figura 1.17 Ventana inicial de Spyder

3. Ya podemos escribir nuestro primer programa en Python, el cual será muy simple. En la ventana de la izquierda vamos a capturar:

```
print("Mi primer programa en Python")
```

4. Para ejecutar hay que hacer click en la flecha verde que aparece en la barra de menús que se encuentra arriba.

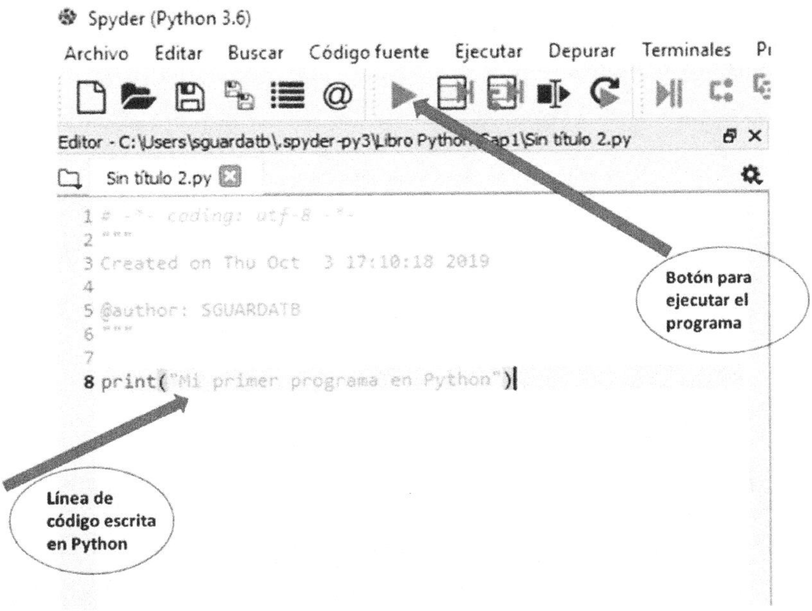

Figura 1.18 Ejecución del programa

5. Si todavía no hemos guardado el programa, entonces se abrirá una nueva ventana en la cual podremos darle nombre al archivo y elegir la carpeta en la cual queremos que se guarde. Seleccionamos la carpeta, capturamos el nombre y damos click en el botón Guardar. En nuestro caso se guardó en la carpeta LibroPython\Cap1 con el nombre Programa 1_1.py, como se muestra en la figura 1.19.

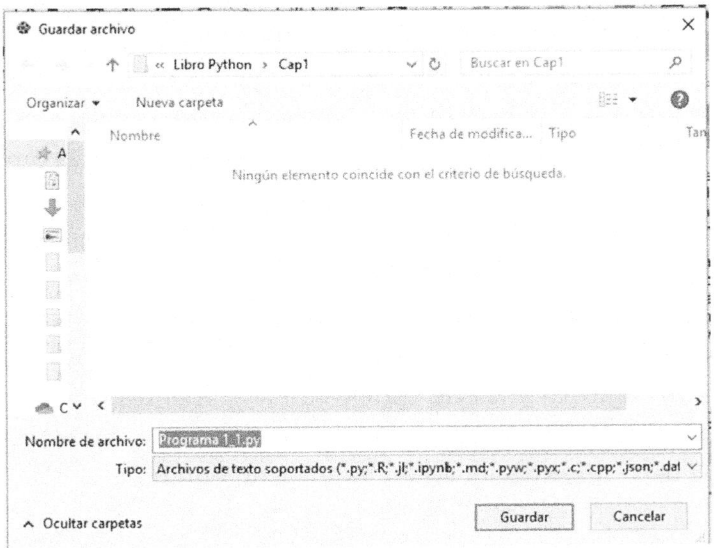

Figura 1.19 Guardar el programa

6. Se guarda y se ejecuta, apareciendo en la ventana correspondiente a la terminal la siguiente información.

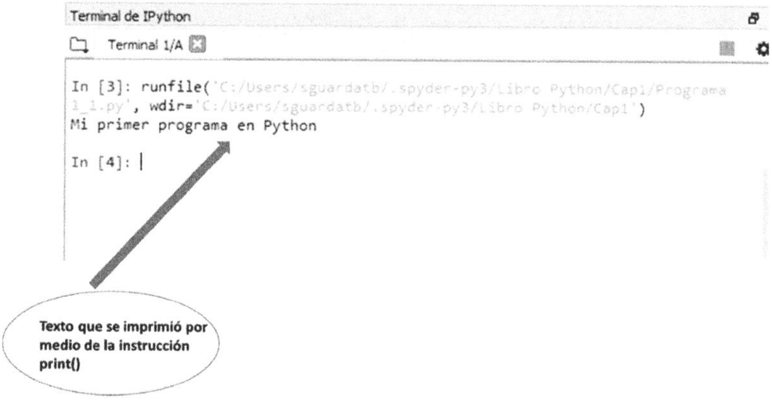

Figura 1.20 Ventana Terminal en la cual se muestran resultados

En el primer programa se incluyó la instrucción *print()* sin dar detalles de su uso. En las próximas secciones presentamos algunas variantes de cómo puede emplearse en un programa para desplegar información de diversos tipos y con diferentes formatos.

1.5.3 Documentación de los programas

Todo programa debe contar con documentación la cual provee información para los que vayan a darle mantenimiento al programa o para los que lo vayan a usar posteriormente. Es decir, los programas, además de que estén escritos siguiendo buenas prácticas como, por ejemplo, darles nombres adecuados a las variables, deben incluir información adicional que ayude a entender qué se hizo, porqué se hizo de cierta manera y cómo se debe usar. Es importante destacar que los comentarios se escriben para las personas, no para la computadora.

Existen dos maneras de escribir comentarios en Python. El primero de ellos, precedido por el símbolo #, se emplea cuando el comentario ocupa una sola línea. Puede acompañar: una línea de código (ver ejemplo 1_1), o puede usarse precediendo un módulo o una sección del código (ver ejemplo 1_3). Si es el primer caso debe dejarse, al menos, 2 espacios entre la línea de código y el # y, además, un espacio entre el # y el comentario. Si se usa antes de un módulo debe dejarse el mismo margen que en el código y, además, dejar un espacio entre el # y el comentario.

Por otra parte, cuando el comentario ocupa más de una línea, entonces se utilizan tres comillas (simples o dobles) para encerrar todo el comentario, tal como se muestra en los programas de la siguiente sección. Hay un uso especial de este tipo de comentarios (llamados *docstring*), mismo que se retomará en el capítulo 5 cuando se presenten las funciones.

Los comentarios siempre deben coincidir con lo que están comentando. Es decir, si el código se modifica, el comentario correspondiente debe reflejar la nueva versión del código. Si el comentario contradice al código, entonces se tiene el efecto contrario al buscado.

Los comentarios son muy importantes porque:

1. Ayudan a recordar y a entender lo que hicimos cuando leemos nuevamente el código de un programa.
2. Permite a otros individuos leer y entender el código que alguien más desarrolló.
3. Facilita el mantenimiento del software, ya sea para corrección o evolución de este.

1.5.4 Formato de impresión

En Python se despliega un mensaje o los resultados obtenidos por medio de la instrucción *print()*. Está ampliamente aceptado usar el término imprimir aunque, estrictamente, no se imprima sino que se muestre en la pantalla. En una sola impresión se pueden combinar textos y contenido de variables. En el ejemplo 1_1 se presentan algunos ejemplos y, por medio de comentarios, se explica cada impresión. Posteriormente se muestra qué se vería en la pantalla una vez ejecutado el código.

Al inicio de todos los programas y ejemplos codificados en Python se incluyen comentarios. Sin embargo, por cuestiones de espacio no se muestran en el libro aunque en el repositorio se puede consultar la versión completa.

Ejemplo 1_1.py

```
edad = 83
print("Hola otoño")
print('Edad del abuelo: ', edad)
# Por omisión separa con espacio en blanco.
print("verde", "rojo", "azul")
# Se establece como separador el -
print("verde", "rojo", "azul", sep = "-")
# Se establece como separador el -->
print("verde", "rojo, amarillo o café", "se cae", sep = " --> ")
# Por omisión termina con un salto de línea.
print("dulce", "amargo", "ácido")
# Se establece que, al terminar, no baje de renglón.
print("Hola", end = "")
# Se establece que, al terminar, no baje de renglón y escriba :)
print('otoño, estación de los colores opacos', end = ":)")
```

Es fundamental probar el código desarrollado y analizar la salida que se obtiene para asegurarnos que la solución diseñada e implementada es la correcta. Los resultados mostrados en la terminal son los siguientes:

```
Hola otoño
Edad del abuelo:  83
verde rojo azul
verde-rojo-azul
verde --> rojo, amarillo o café --> se cae
dulce amargo ácido
Holaotoño, estación de los colores opacos:)
```

Aprovechando el manejo de las cadenas que hace Python, se puede lograr darle formato a lo que se imprime. En el ejemplo 1_2 se presentan algunos ejemplos y, por medio de comentarios, se explica cada impresión.

Ejemplo 1_2.py

```python
# Pasa a mayúscula la primera letra.
print("los días son cortos".capitalize())
# Centra considerando 20 espacios.
print("Primavera".center(20))
# Centra y rellena con * a izquierda y derecha.
print("Primavera".center(20,'*'))
print("Primavera".ljust(20))  # Justifica a izquierda.
# Justifica a izquierda y rellena con * a derecha.
print("Primavera".ljust(20, '*'))
print("Primavera".rjust(20))  # Justifica a derecha.
# Justifica a derecha y rellena con * a izquierda.
print("Primavera".rjust(20, '*'))
```

Al ejecutar el código precedente se obtiene la siguiente salida en terminal:

```
Los días son cortos
     Primavera
*****Primavera******
Primavera
Primavera***********
           Primavera
***********Primavera
```

Además, por medio del método str.*format()* se puede formatear las impresiones. En general se usa la siguiente sintaxis para imprimir valores numéricos enteros:

"texto {i:jd}".format(variable o expresión entera)

Donde:

- i: es un número entero, indica el primer valor a imprimir, el segundo, etc.
- j: es un número entero, indica la cantidad de espacios reservados para el número y se justifica a derecha.
- d: es la letra d, indica que se trata de un número entero lo que se imprimirá.

Por ejemplo, si escribimos:

print("Edad del abuelo: {0:5d} ".format(edad))

Se imprime el texto que está entre " " y lo que encierran las {} es para darle formato al número que deberá imprimirse justo en la posición en la que están las {}. El 0 hace referencia al primer dato que se imprimirá, el 5 que se deben usar 5 espacios para imprimir el dato (justificando a derecha) y la d que se trata de un número entero. Entre los () del *format* se pone la variable cuyo contenido se quiere imprimir. También se puede poner una constante o una expresión que, al evaluarse, genere un número entero.

En el caso de los números reales, la manera de darles formato varía un poco porque esta incluye las especificaciones sobre la cantidad de decimales que se tomarán en cuenta. En general se usa la siguiente sintaxis:

"texto {i:j.kf} ".format(variable o expresión real)

Donde:

- i: es un número entero, indica el primer valor a imprimir, el segundo, etc.
- j: es un número entero, indica la cantidad de espacios reservados para el número y se justifica a derecha. Este elemento es opcional; si no se da o su valor es más pequeño que la cantidad de dígitos que tiene el número, entonces el número se escribe justificado a izquierda, sin perder ninguno de sus dígitos.
- k: es un número entero, indica la cantidad de decimales que se imprimirán. Completa con 0 si es necesario.
- f: es la letra f, indica que se trata de un número real lo que se imprimirá.

Por ejemplo, si escribimos:

```
print("El precio del pan es: {0:10.3f} ".format(precio))
```

Se imprime el texto que está entre " " y lo que encierran las {} es para darle formato al número que deberá imprimirse justo en la posición en la que están las { }. El 0 hace referencia al primer dato que se imprimirá, el 10 que se deben usar 10 espacios para imprimir el dato (justificando a derecha), el 3 que se deberán imprimir 3 decimales y la f que se trata de un número real. Entre los () del *format* se pone la variable cuyo contenido se quiere imprimir. También se puede poner una constante o una expresión que, al evaluarse, genere un número real.

En todos los casos previos, se usaron *argumentos posicionales*. Es decir, por medio del primer elemento puesto entre {} se indica en qué posición se imprimirán los datos. Otra manera de hacerlo es por medio de *argumentos nombrados*. Es decir, entre las {} se da el nombre del argumento que será sustituido por el dato a imprimir. Basándonos en los ejemplos dados más arriba:

```
print("Edad del abuelo: {edad:5d} ".format(edad = 88))
print("El precio de la fruta es: ${fruta:.2f} ".format(fruta = 12.5))
```

Si se requiere imprimir datos no numéricos, también se usa el método *format* y argumentos posicionales o nombrados, según lo que se necesite. Por ahora sólo se usarán con datos tipo cadenas de caracteres. Por ejemplo:

```
print('Este {herramienta} es de color {color}.'.format(herramienta = 'martillo', color = 'gris'))
```

El argumento *herramienta* toma el valor martillo cuando se imprime el texto, y el argumento *color* el valor gris.

```
print('Este {0} es de color {1}.'.format('martillo', 'gris'))
```

En el caso de arriba, donde está el 0 se reemplaza con martillo y el valor gris ocupa la posición del 1.

En el ejemplo 1_3 se presentan algunas impresiones y, por medio de comentarios, se explica cada una de ellas.

Ejemplo 1_3.py

```
edad = 83
# Imprime el texto y el valor de la variable ocupando 5 espacios.
print("Edad del abuelo: {0:5d}".format(edad)) # Argumento posicional.
print("Edad del abuelo: {edad:5d}".format(edad = 88)) # Argumento nombrado.
'''
Al dato indicado con el 0 lo sustituye el numero1 y al indicado con el 1,
el numero2 multiplicado por 20. Es decir, primero se multiplica y el
resultado es el que se imprime. Se reservan 10 espacios y el resultado
se imprime justificado a derecha.
'''
numero1 = 1258
numero2 = 8920
# Argumentos posicionales.
print('{0:1d} {1:10d}'.format(numero1, numero2 * 20))
# Argumentos nombrados.
print('{numero1:1d} {numero2:10d}'.format(numero1 = 1234, numero2 = 987))
precio = 2.23
# Deja 3 decimales: completa con 0.
print("El precio del pan es: ${0:.3f}".format(precio))
# Reserva 10 espacios para el número y justifica a derecha.
print("El precio del pan es: ${0:10.3f}".format(precio))
print("El precio de la fruta es: ${fruta:.2f}".format(fruta = 12.5))

'''
En el primer ejemplo se usan argumentos nombrados, ya que entre {}
se da el nombre del argumento que se incluirá en esa posición.
En el segundo ejemplo se utilizan argumentos posicionales;
es decir, se indica con un número si se debe reemplazar con el
primer dato, el segundo, etc.
'''

print('Este {herramienta} es de color {color}.'.format(herramienta = 'martillo', color
= 'gris'))

print('Este {0} es de color {1}.'.format('martillo', 'gris'))
```

```
# Al usar dos veces {0} se utiliza la palabra martillo en ambas posiciones.
print('Este {0} es de color {0}.'.format('martillo', 'gris'))

'''
Ejemplo usando variables en lugar de constantes.
En este caso solo se pueden usar argumentos posicionales.
'''
animal1 = "gatos"
animal2 = "perros"
print('Existe la creencia de que los {0} y los {1} no pueden
convivir.'.format(animal1, animal2))
```

Se muestra lo que se despliega en la terminal, al ejecutar el programa precedente.

```
Edad del abuelo:   83
Edad del abuelo:   88
1258    178400
1234       987
El precio del pan es: $2.230
El precio del pan es: $     2.230
El precio de la fruta es: $12.50
Este martillo es de color gris.
Este martillo es de color gris.
Este martillo es de color martillo.
Existe la creencia de que los gatos y los perros no pueden convivir.
```

A partir de Python 3.6 se cuenta con un nuevo recurso para dar formato a las impresiones: la interpolación de cadenas, llamadas de manera simple los *f-strings*. Estas permiten agregar expresiones dentro de cadenas. Un *f-string* en Python es una cadena precedida por la letra f y que contiene expresiones entre {}. Las expresiones son reemplazadas por valores en tiempo de ejecución.

En el ejemplo 1_4 se presentan algunos ejemplos y, por medio de comentarios, se explica cada impresión.

Ejemplo 1_4.py

```
valor = 'edad'
edad = 83
print(f'La {valor} del abuelo es {edad} años')

valor = 'altura'
altura = 1.72
print(f'La {valor} del abuelo es {altura:.1f} m')  # Da formato al número.

nombre = 'Alberto'
print(f'Mi abuelo se llama {nombre}.')

# El !r provoca que el valor de nombre se escriba entre ''.
print(f'Te dije que se llama {nombre!r}.')  # Se verá 'Alberto'.

# Con <10 se reservan 10 espacios para el valor de la variable.
formato1 = f'{valor:<10} = {altura:.2f}'
print(formato1)

formato2 = f'{valor!r:<10} = {altura:.2f}'
print(formato2)

# Ejemplo combinando f-string con formato de cadenas.
formato3 = f'{"peso".capitalize()} = {59.605:.2f}'
print(formato3)
```

A continuación, se muestra lo que se despliega en la terminal, una vez ejecutado el código.

```
La edad del abuelo es 83 años
La altura del abuelo es 1.7 m
Mi abuelo se llama Alberto.
Te dije que se llama 'Alberto'.
altura     = 1.72
'altura'   = 1.72
Peso = 59.60
```

1.5.5 Secuencias de escape de Python

Las secuencias de escape se utilizan en los lenguajes de programación para mejorar la calidad de la impresión de los resultados. Estas permiten, por ejemplo, realizar acciones como bajar una línea, incluir una tabulación o escribir el texto entre comillas o apóstrofes. En la tabla 1.17 presentamos las secuencias de escape más importantes de Python.

Tabla 1.17 Secuencias de escape

Secuencia de escape	Descripción
\n	Baja un renglón.
\\	Incluye un \
\t	Tabula horizontalmente.
\"	Escribe entre comillas.
\'	Escribe entre apóstrofes.
\a	Suena un timbre.

En el ejemplo 1_5 mostramos diferentes instrucciones de impresión con secuencias de escape que ayudarán a comprender mejor al lector el funcionamiento de estas.

Ejemplo 1_5.py

```
print("\nHola otoño")  # Baja un renglón e imprime Hola otoño.
print("\\Hola otoño")  # Imprime \Hola otoño.
print("Saludo: \t¡Hola otoño!")  # Tabula horizontalmente e imprime Hola otoño.
print("\"Hola otoño\"")  # Imprime "Hola otoño".
print("\'Hola otoño\'")  # Imprime 'Hola otoño'.
print("\aHola otoño")  # Imprime Hola otoño y suena un timbre.
```

Los resultados tal y como aparecen en la pantalla se muestran a continuación.

```
Hola otoño
\Hola otoño
Saludo:         ¡Hola otoño!
"Hola otoño"
'Hola otoño'
Hola otoño
```

1.6 Tipado dinámico de variables

En Python se les asigna a las variables el tipo de manera dinámica. Es decir, su tipo queda definido por el tipo del valor asignado, pudiendo cambiar este durante la ejecución del programa. No todos los lenguajes de programación se comportan de esta manera. Por ejemplo, en Java es necesario darle un tipo a cada variable antes de usarla.

En el ejemplo 1_6 puede observarse que a la variable *numero* se le asigna un número entero y, por lo tanto, al consultar su tipo se obtendrá 'int'; mientras que luego de la segunda asignación se desplegará 'float'. Por su parte, a la variable *nombre_mascota* se le asignó una cadena de caracteres y, posteriormente, un valor booleano. El método *type*(variable) regresa el tipo de la variable escrita entre los ().

Ejemplo 1_6.py

```
numero = 45  # Se asigna un valor entero.
print('\nVariable \"numero\" es de tipo: ', type(numero))

numero = 45.16  # Se asigna un valor real.
print('¡Cambió! Ahora \"numero\" es de tipo: ', type(numero))

nombre_mascota = "Charrúa"  # Se asigna una cadena de caracteres.
print('\nVariable \"nombre_mascota\" de tipo: ',type(nombre_mascota))

nombre_mascota = True  # Se asigna un valor booleano.
print('¡Cambió! Ahora \"nombre_mascota\" es de tipo: ', type(nombre_mascota))
```

La palabra número, utilizada como nombre de variable en el ejemplo, lleva acento. Sin embargo, es importante hacer notar que en los programas es conveniente no usar acentos ni caracteres especiales (por ejemplo, la letra ñ) que pudieran afectar la traducción o la generación de documentación.

Se muestra la salida obtenida en la terminal, luego de ejecutar el programa.

```
Variable "numero" es de tipo:  <class 'int'>
¡Cambió! Ahora "numero" es de tipo:  <class 'float'>

Variable "nombre_mascota" de tipo:  <class 'str'>
¡Cambió! Ahora "nombre_mascota" es de tipo:  <class 'bool'>
```

1.7 Lectura de datos

En todos los ejemplos previos, se le fue dando valores a las variables según lo que se pretendía mostrar. Sin embargo, esta manera de proporcionar datos a un programa es muy poco flexible ya que habría que modificar el código para entradas distintas. En Python existe una función, *input()*, que permite al usuario ingresar los datos por medio del teclado. En estos casos, el programa detiene la ejecución cuando encuentra el *input*() esperando que se capturen los datos y, cuando se presiona la tecla *<Return>* o *<Enter>*, entonces se continúa con la ejecución.

Para lograr una interacción más amigable con el usuario, es importante que antes se imprima algún mensaje indicando qué información se está esperando. Esto se puede hacer por medio del *print*() de acuerdo a lo visto anteriormente o bien, el mismo *input*() admite, como argumento, un texto que se desplegará junto a la línea en la cual se espera que se den los datos.

El resultado de la función *input()* es una cadena. Por lo tanto, cuando se quiere ingresar un dato numérico, entero o real, será necesario convertirlo al tipo deseado. Si el usuario se equivoca e ingresa un dato que no se pueda convertir al tipo deseado, entonces se tendrá un error en tiempo de corrida. Existen maneras de manejar este tipo de errores, las cuales serán estudiadas más adelante. En el ejemplo 1_7 se presentan varios ejemplos.

Ejemplo 1_7.py

```
print("\n¿Cómo te llamas? ")  # Se solicita el nombre por medio de un print().
nombre = input()

# Se solicita el lugar de residencia incluyendo un mensaje en el input().
ciudad = input("¿Dónde vives? ")

# Se solicita la edad. En este caso será necesario convertir a
# entero el dato ingresado.
edad = int(input("¿Cuántos años tienes? "))

# Se solicita la altura en metros. Se convierte a real el dato ingresado.
altura = float(input("¿Cuánto mides -en metros? "))

# Se muestran todos los datos leídos.
print(f'\nLa persona de nombre {nombre} vive en {ciudad}.'
      f'\nTiene {edad} años y mide {altura} m')
```

Se muestran los resultados obtenidos al ejecutar el código precedente. Observe el efecto de pedir el nombre combinando un *print*() y un *input*() y, en los otros casos, el efecto de usar un mensaje incluido en el *input*() para guiar al usuario.

```
¿Cómo te llamas?
David
¿Dónde vives? Panamá
¿Cuántos años tienes? 24
¿Cuánto mides -en metros? 1.78
La persona de nombre David vive en Panamá.
Tiene 24 años y mide 1.78 m
```

1.8 ZEN de Python

A medida que el desarrollo de software fue evolucionando hacia una labor ingenieril y, además, aumentó la preocupación de la comunidad por generar código de alta calidad, fueron surgiendo metodologías y estándares en los cuales apoyarse. Por otra parte, los lenguajes de programación fueron estableciendo estándares propios los cuales pueden seguirse para escribir código fácil de entender y, por lo tanto, más fácil de mantener, al menos por otros programadores que dominen dicho lenguaje. Python no es la excepción y provee mucha documentación sobre cómo escribir buenos programas. A continuación, se presenta parcialmente lo que se conoce como el ZEN de Python, el cual consiste en un conjunto de reglas que contribuyen a generar código de calidad. La información completa puede consultarse en: https://www.python.org/dev/peps/pep-0020/#id3

- Bello es mejor que feo.
- Explícito es mejor que implícito.
- Simple es mejor que complejo.
- Complejo es mejor que complicado.
- Plano es mejor que anidado.
- Espaciado es mejor que denso.
- La legibilidad es importante.
- Los casos especiales no son lo suficientemente especiales como para romper las reglas.
- La practicidad le gana a la pureza.

- Los errores nunca deberían pasar silenciosamente.
- A menos que se silencien explícitamente.
- En caso de ambigüedad, rechaza la tentación de adivinar.
- Debería haber una y, preferentemente, solo una manera obvia de hacerlo.
- A pesar de que esa manera no sea obvia a menos que seas holandés. (broma)
- Ahora es mejor que nunca.
- A pesar de que nunca, a veces, es mejor que "ahora" mismo.
- Si la implementación es difícil de explicar, es una mala idea.
- Si la implementación es fácil de explicar, puede que sea una buena idea.
- Los espacios de nombres (namespaces) son una gran idea. ¡Tengamos más de esos!

Capítulo 2

LOS PRIMEROS PROGRAMAS Y ALGO MÁS

2.1 Introducción

En este capítulo vamos a resolver los primeros problemas y a escribir sus correspondientes programas en Python. La complejidad de los problemas aumentará en forma gradual y esto permitirá a cada lector avanzar a su propio ritmo. Lo importante es que el avance sea sostenido. La intensidad de la práctica se encuentra directamente relacionada con el grado de avance. Es como aprender a caminar. Se empieza con pasos inseguros, ayudados por alguna mano generosa y recorriendo distancias cortas. Pero, con constancia, se logra caminar seguro, grandes distancias, sin tropiezos y llega el día que resulta igualmente fácil correr.

Por otra parte, Internet y las nuevas herramientas de educación digitales ofrecen una gran cantidad de recursos pedagógicos que permiten completar la enseñanza. Los videos digitales son un ejemplo de ello, ayudan a adquirir conocimientos y son fundamentales en el proceso de aprendizaje. Además de ser muchas veces entretenidos, son dinámicos y se pueden ver tantas veces como se requiera hasta entender la idea.

En este capítulo también se estudian algunos datos estructurados como las cadenas de caracteres, los números complejos y las tuplas. Cada uno con sus características, nos permiten abordar una mayor variedad de problemas ya que nos libera de la restricción de resolver problemas que involucren solo números aislados. Esto nos da muchas ventajas cuando estamos diseñando e implementando soluciones algorítmicas a los problemas que se nos presentan.

2.2 Solución de problemas

En cada uno de los problemas que plantearemos, se dará una descripción de estos, señalaremos cuáles son los datos del problema y el resultado esperado. Además, presentaremos el diagrama de flujo, el programa correspondiente y los resultados que produce el mismo para uno o varios datos de entrada. Cuando lo consideremos conveniente explicaremos alternativas de solución e incorporaremos comentarios que facilitarán la comprensión de estas.

Es fundamental que el lector lea cuidadosamente el enunciado, analice el problema, diseñe la solución y, cuando esté seguro de que es correcta, la implemente utilizando Python.

Otro aspecto de gran importancia son las **pruebas del software**. Hemos hablado de analizar el problema para formular el algoritmo o el diagrama de flujo correspondiente e implementar la solución por medio de un programa. Eso es básico, pero no suficiente. Hay que asegurarse que la solución encontrada es correcta, completa y eficiente entre varias cualidades esperadas. Las pruebas deben realizarse en cada una de las etapas del desarrollo de software, desde la inicial cuando estamos intentando entender el problema hasta cuando se instala el software para su operación.

A los efectos de este libro, en los primeros problemas que son muy simples, limitaremos las pruebas a los programas. Es decir, una vez codificada la solución, haremos diferentes pruebas para comprobar si los resultados son o no correctos. En algunos problemas iremos señalando posibles inconvenientes que pueden presentarse y alternativas para su manejo.

En algunos problemas presentaremos un video en el que podrá observar y escuchar las líneas de razonamiento que sigue el profesor para resolver el mismo.

Problema 2.1

Dados como datos 2 valores enteros, realice un diagrama de flujo y el programa correspondiente que calcule el promedio de los números e imprima el resultado.

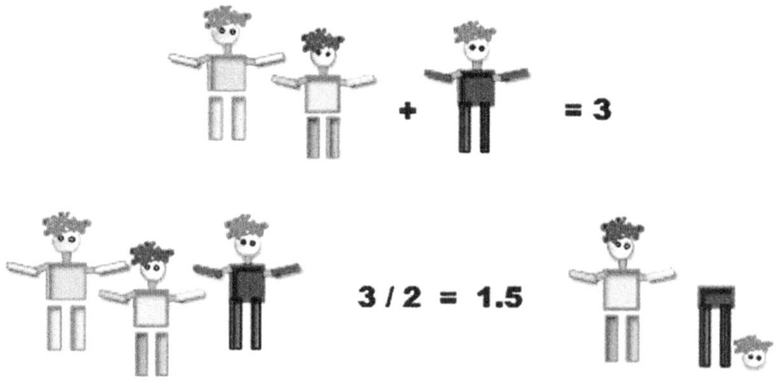

Figura 2.1 Promedio de dos números

Datos: entero1, entero2
Resultado: promedio de los números

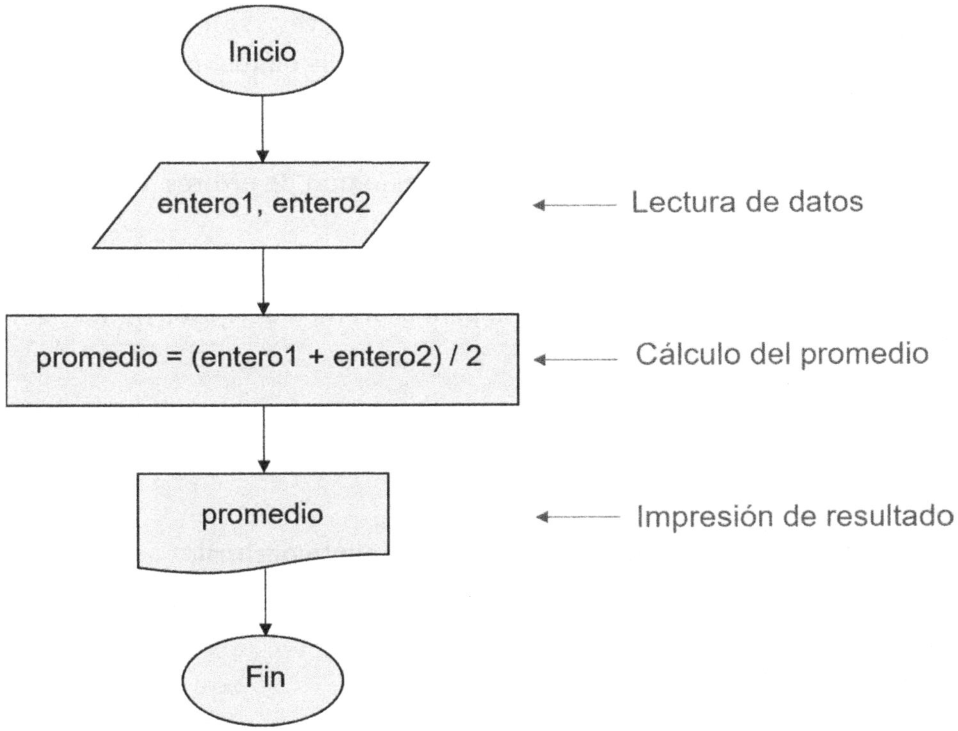

Diagrama de flujo 2.1

Programa 2_1.py

```
entero1 = int(input('Ingrese un número entero: '))
entero2 = int(input('Ingrese un número entero: '))
promedio = (entero1 + entero2) / 2
print('\nPromedio:', promedio)
```

A continuación, realizamos algunas precisiones sobre este primer programa.

1. Los valores ingresados por medio del *input()* se convierten a enteros porque el problema pide el promedio de dos enteros.
2. El resultado es un real porque, como se vio en el capítulo anterior, el operador / siempre da un resultado real.

Se presentan los resultados de algunas pruebas aplicadas al programa. En la primera de ellas (CP1, Caso de Prueba 1) se dan dos números enteros y se obtiene el resultado esperado. En la segunda (CP2) se ingresa un entero y un real, ocasionando un error en tiempo de ejecución ya que el segundo dato no puede convertirse a entero. En la ventana donde se despliegan los resultados aparecen varias líneas dando información del error, incluyendo la línea y el tipo de error presentado. Se omitieron parte de los mensajes; sin embargo, se sugiere al lector hacer varias pruebas y comprobar lo mencionado. En el siguiente capítulo se retoma el manejo de este tipo de errores, conocidos como excepciones.

CP1: se ingresan 2 números enteros. Se espera el promedio de esos números.

```
Ingrese un número entero: 10
Ingrese un número entero: 10
Promedio: 10.0
```

CP2: se ingresan 1 número entero y 1 número con punto decimal.

```
Ingrese un número entero: 18
Ingrese un número entero: 45.3

Traceback (most recent call last):

... Algunas líneas omitidas y, por último:

File "C:/Users/guard/.spyder-py3/Libro Python/Cap2/Programa 2_1.py", line 11, in <module>
entero2 = int(input("Ingresa un número entero: "))
ValueError: invalid literal for int() with base 10: '45.3'
```

Problema 2.2

Dados como datos 4 valores enteros, desarrolle un diagrama de flujo y el programa correspondiente que los imprima en forma inversa. Es decir, si ingresa 1, 2, 3 y 4 debe imprimirlos de la siguiente forma: 4, 3, 2 y 1.

Datos: entero1, entero2, entero3, entero4
Resultado: entero4, entero3, entero2, entero1

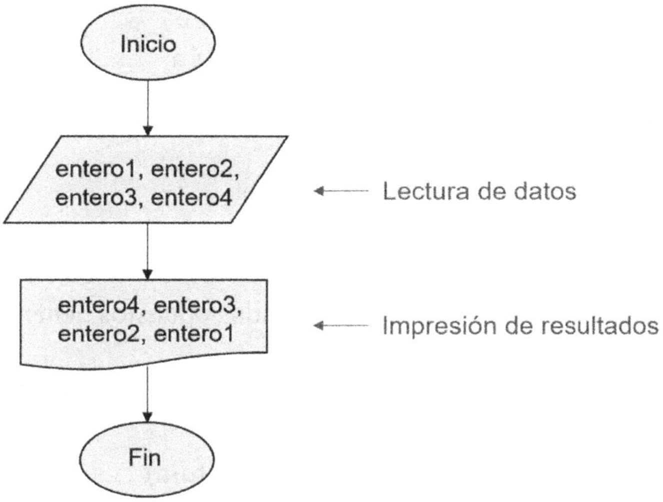

Diagrama de flujo 2.2

A continuación, presentamos el programa correspondiente.

Programa 2_2.py

```
entero1 = int(input('Ingrese un número entero: '))
entero2 = int(input('Ingrese un número entero: '))
entero3 = int(input('Ingrese un número entero: '))
entero4 = int(input('Ingrese un número entero: '))
print("\n", entero4, '\t', entero3, '\t', entero2, '\t', entero1)
```

Se muestra el resultado de una de las pruebas.

```
Ingrese un número entero: 1
Ingrese un número entero: 2
Ingrese un número entero: 3
Ingrese un número entero: 4
 4     3     2     1
```

Problema 2.3

Dados como datos la base y la altura de un rectángulo, desarrolle un diagrama de flujo y el programa correspondiente que calcule e imprima el perímetro y el área de este.

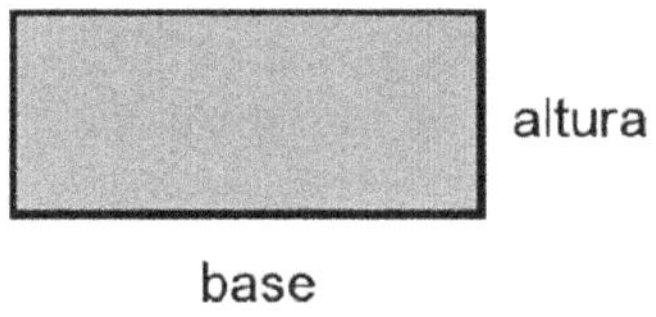

Figura 2.2 Rectángulo

Un rectángulo es un paralelogramo cuyos cuatro lados forman ángulos rectos entre sí. Esta figura geométrica tiene la particularidad de que los lados opuestos tienen la misma longitud.

El perímetro es la suma de todos sus lados y también se puede expresar como:

perímetro = 2 * (base + altura)

El área se calcula como el producto de dos de sus lados contiguos.

área = base * altura

Datos: base, altura
Resultados: perímetro y área del rectángulo

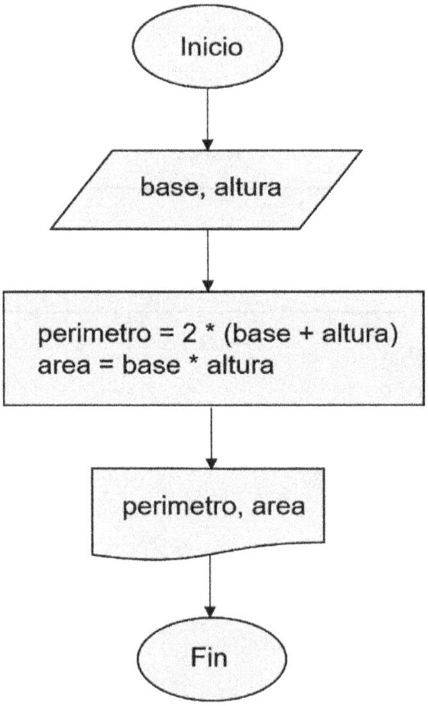

Diagrama de flujo 2.3

A continuación, presentamos el programa correspondiente.

Programa 2_3.py

```
base = float(input('Ingrese la base del rectángulo: '))
altura = float(input('Ingrese la altura del rectángulo: '))
perimetro = 2 * (base + altura)
area = base * altura
perim_rect = 'Perímetro del rectángulo'
area_rect = 'Área del rectángulo'
print(f'\n{perim_rect} = {perimetro:8.2f} \n{area_rect} = {area:8.2f}')
```

Se muestra el resultado de una de las pruebas realizadas.

```
Ingrese la base del rectángulo: 12.18
Ingrese la altura del rectángulo: 25.41

Perímetro del rectángulo =    75.18
Área del rectángulo =   309.49
```

Problema 2.4

Dados como datos los tres lados de un triángulo, realice un diagrama de flujo y el programa correspondiente que calcule su área.

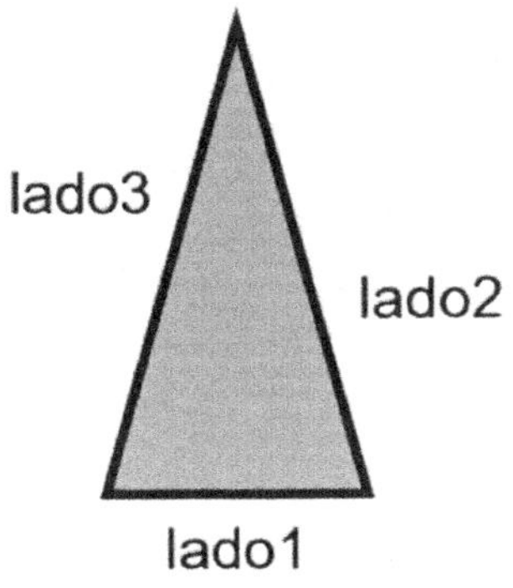

Figura 2.3 Triángulo

La fórmula para calcular el área de un triángulo es un tanto peculiar porque la misma cambia según el triángulo sea equilátero, isósceles o escaleno. La fórmula de Herón permite calcular el área de cualquier triángulo si se conoce cuanto mide cada lado. Primero debemos calcular el semiperímetro:

$$sp = (lado1 + lado2 + lado3) / 2$$

El área se calcula ahora como:

$$área = \sqrt{sp * (sp - lado1) * (sp - lado2) * (sp - lado3)}$$

Datos: lado1, lado2, lado3
Resultado: área del triángulo

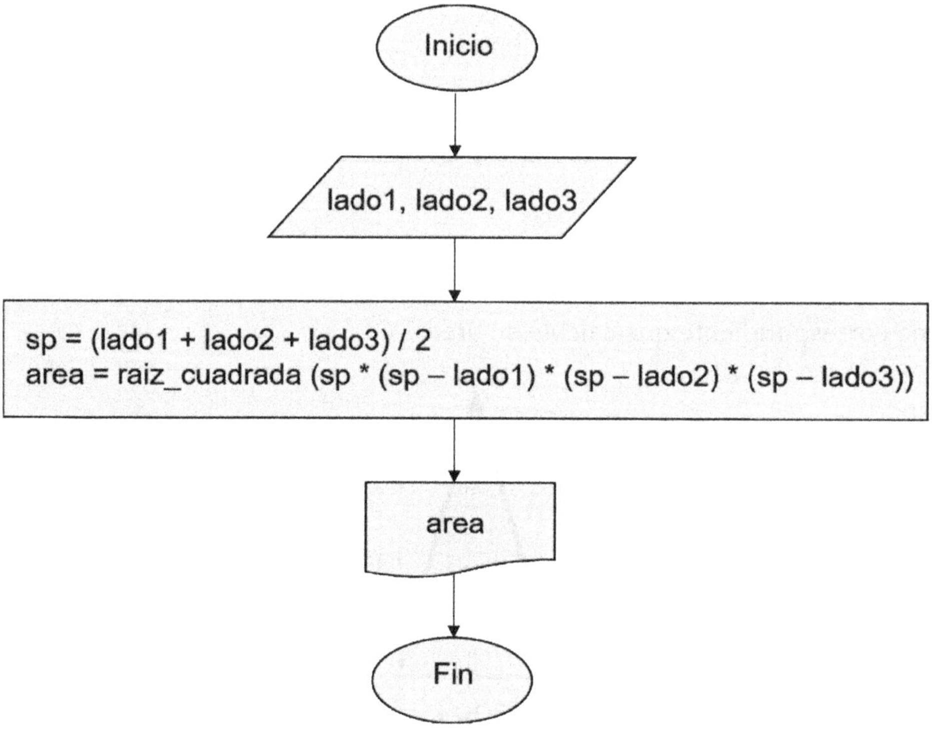

Diagrama de flujo 2.4

El programa correspondiente se muestra a continuación.

Programa 2_4.py

```
# Módulo math necesario para calcular la raíz cuadrada (sqrt).
import math
lado1 = float(input('Ingrese el primer lado del triángulo: '))
lado2 = float(input('Ingrese el segundo lado del triángulo: '))
lado3 = float(input('Ingrese el tercer lado del triángulo: '))
sp = (lado1 + lado2 + lado3) / 2
area = math.sqrt(sp * (sp-lado1) * (sp-lado2) * (sp-lado3))
print(f'\nEl área del triángulo es = {area:.2f}')
```

Se muestran los resultados de una de las pruebas realizadas.

```
Ingrese el primer lado del triángulo: 3.5
Ingrese el segundo lado del triángulo: 3.5
Ingrese el tercer lado del triángulo: 3.5

El área del triángulo es = 5.30
```

Observe que en la primera línea del programa 2_4 se incluyó:

import math

La palabra *import* es una de las palabras reservadas presentadas en el capítulo 1 y se utiliza para que el programa pueda usar funciones que almacena el módulo que se está importando, en este caso el módulo *math*. Incluir módulos a nuestro código es muy útil porque permite reusar código previamente desarrollado y probado. Además del reúso, los módulos también ayudan a estructurar mejor nuestros programas, como se verá en otros capítulos.

Para calcular la raíz cuadrada se usó la función *sqrt()* del módulo *math*. Este módulo tiene una gran variedad de funciones muy útiles. Presentamos en la siguiente tabla algunas de las más importantes.

Tabla 2.1 Algunas funciones del módulo *math*

Función	Descripción
math.fabs(x)	Regresa el valor absoluto de x.
math.ceil(x)	Regresa el menor de los enteros que sea mayor o igual a x.
math.floor(x)	Regresa el mayor de los enteros que sea menor o igual a x.
math.factorial(x)	Regresa el factorial de x. El resultado es un entero.
math.gcd(x, y)	Regresa el máximo común divisor de los enteros x y y.
math.pow(x, y)	Regresa la potencia de x elevada a la y. Es equivalente a hacer x ** y.
math.log(x, y)	Regresa el logaritmo de x con base y. Existen varias alternativas para el cálculo de logaritmos.
math.sqrt(x)	Regresa la raíz cuadrada de x.
math.cos(x)	Regresa el coseno de un ángulo. El argumento se debe expresar en radianes. La fórmula para convertir de grados a radianes es: *(ángulo en grados * π / 180)*.
math.sin(x)	Regresa el seno de un ángulo. El argumento se debe expresar en radianes.
math.tan(x)	Regresa la tangente de un ángulo. El argumento se debe expresar en radianes.
math.degrees(x)	Regresa el valor del ángulo x de radianes a grados.
math.radians(x)	Regresa el valor del ángulo x de grados a radianes.
math.pi	Es la constante π = 3.141592653589793
math.e	Es la constante e = 2.718281828459045

Problema 2.5

Dados como datos las coordenadas de dos puntos, desarrolle un diagrama de flujo y el programa correspondiente que permita calcular la distancia entre los mismos.

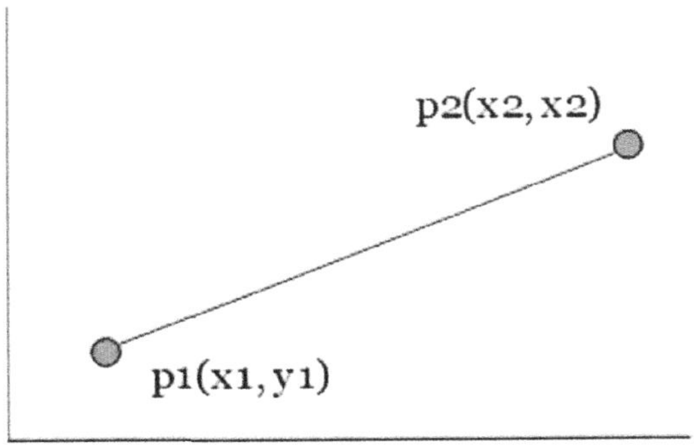

Figura 2.4 Distancia entre dos puntos

La fórmula para calcular la distancia entre dos puntos, conociendo sus coordenadas es la siguiente:

$$\text{distancia} = \sqrt{(x1 - x2)^2 + (y1 - y2)^2}$$

Datos: x1, y1, x2, y2
Resultado: distancia entre los 2 puntos

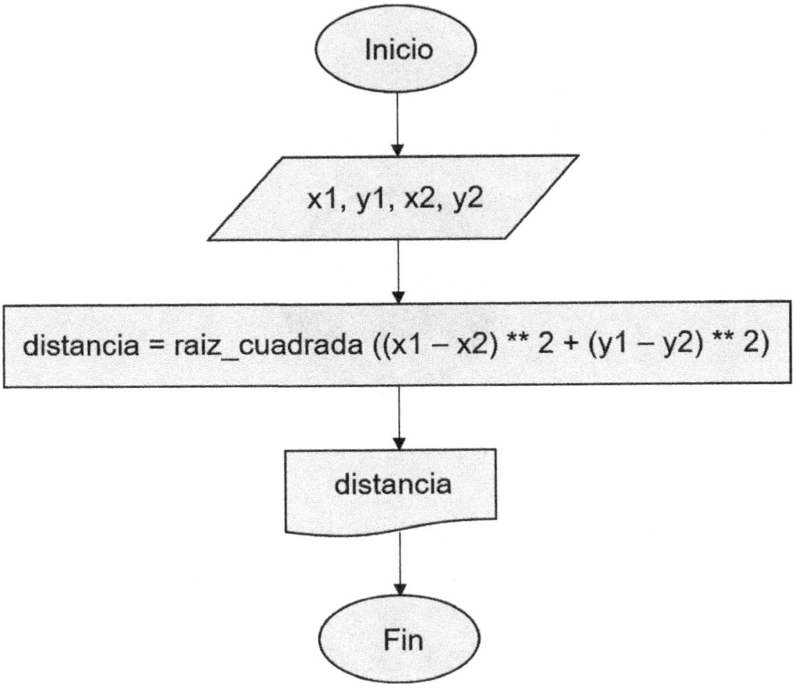

Diagrama de flujo 2.5

El programa correspondiente se muestra a continuación.

Programa 2_5.py

```
import math # Módulo math para usar la función raíz cuadrada (sqrt).
x1 = float(input('Ingrese la coordenada x del primer punto: '))
y1 = float(input('Ingrese la coordenada y del primer punto: '))
x2 = float(input('Ingrese la coordenada x del segundo punto: '))
y2 = float(input('Ingrese la coordenada y del segundo punto: '))
distancia = math.sqrt((x1 – x2) ** 2 + (y1 – y2) ** 2)
print(f'\nLa distancia entre los puntos es: {distancia:.2f}')
```

Se muestran los resultados de una de las pruebas realizadas.

```
Ingrese la coordenada x del primer punto: 1.32
Ingrese la coordenada y del primer punto: 2.28
Ingrese la coordenada x del segundo punto: 7.89
Ingrese la coordenada y del segundo punto: 6.31
La distancia entre los puntos es: 7.71
```

Problema 2.6

Dado como dato el radio de una esfera, desarrolle un diagrama de flujo y el programa correspondiente que permita calcular e imprimir el área y su volumen.

Figura 2.5 Esfera

La esfera es un sólido geométrico formado por un conjunto de puntos del espacio que equidistan de un punto llamado centro. El área se calcula como:

$$\text{área} = 4 * \pi * \text{radio}^2$$

El volumen como:

$$volumen = 1/3 * \pi * radio^3$$

Dato: radio
Resultados: área y volumen de la esfera

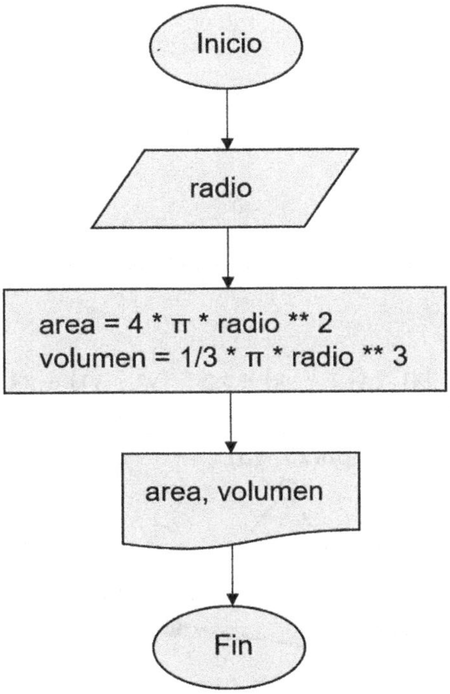

Diagrama de flujo 2.6

El programa correspondiente se muestra a continuación.

Programa 2_6.py

```
import math  # Módulo math para usar la constante π (pi)
radio = float(input('Ingrese el radio de la esfera: '))
area = 4 * math.pi * radio ** 2
volumen = math.pi * radio ** 3 / 3
print(f'\nÁrea de la esfera = {area:5.2f}')
print(f'Volumen de la esfera = {volumen:4.2f}')
```

Se muestran los resultados de una de las pruebas realizadas.

```
Ingrese el radio de la esfera: 4.18

Área de la esfera = 219.56
Volumen de la esfera = 76.48
```

Problema 2.7

Dados como datos las coordenadas de los puntos p1, p2 y p3 que representan los vértices de un triángulo, realice un diagrama de flujo y el programa correspondiente que permita calcular su superficie.

La fórmula para calcular el área de un triángulo teniendo las coordenadas de los tres vértices es la siguiente:

$$\text{área} = \frac{1}{2} * |x1 * (y2 - y3) + x2 * (y3 - y1) + x3 * (y1 - y2)|$$

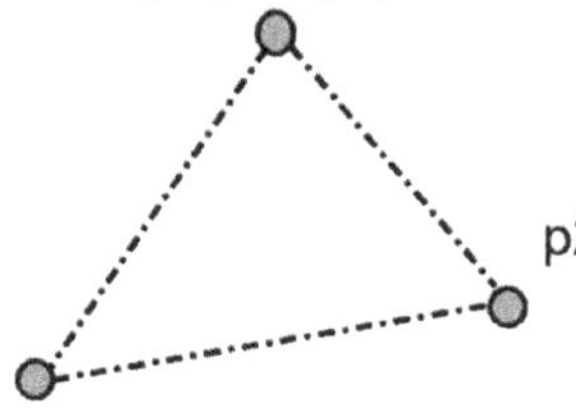

Figura 2.6 Vértices de un triángulo

Datos: x1, y1, x2, y2, x3, y3
Resultado: área del triángulo

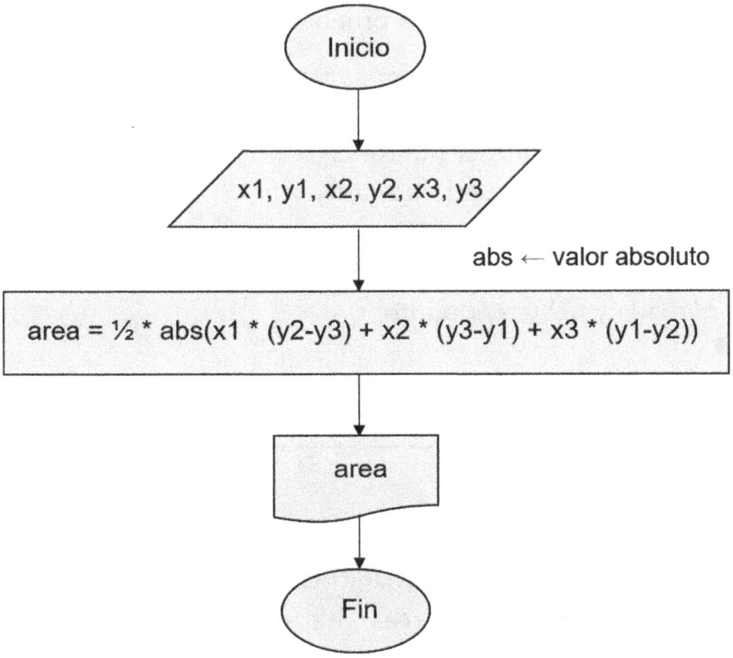

Diagrama de flujo 2.7

El programa correspondiente se muestra a continuación.

Programa 2_7.py

```
x1 = float(input('Ingrese la coordenada x del primer punto: '))
y1 = float(input('Ingrese la coordenada y del primer punto: '))
x2 = float(input('Ingrese la coordenada x del segundo punto: '))
y2 = float(input('Ingrese la coordenada y del segundo punto: '))
x3 = float(input('Ingrese la coordenada x del tercer punto: '))
y3 = float(input('Ingrese la coordenada y del tercer punto: '))
area = abs(x1 * (y2 - y3) + x2 * (y3 - y1) + x3 * (y1 - y2)) / 2.0
print(f'\nÁrea del triángulo: {area:.2f}')
```

Para el cálculo del área se usó *abs()* en lugar de *math.fabs()*. Ambos métodos calculan el valor absoluto del número que se le proporcione, la diferencia es que el primero regresa un número del mismo tipo que el dado; mientras que el segundo siempre regresa un número real (tipo *float*).

Se muestran los resultados de una de las pruebas realizadas.

```
Ingrese la coordenada x del primer punto: 2.5
Ingrese la coordenada y del primer punto: 2.5
Ingrese la coordenada x del segundo punto: 3.9
Ingrese la coordenada y del segundo punto: 3.9
Ingrese la coordenada x del tercer punto: 3
Ingrese la coordenada y del tercer punto: 5

Área del triángulo: 1.40
```

Problema 2.8

Las unidades de superficie en Estados Unidos se basan en la yarda cuadrada, yd^2. Dado como dato el número de hectáreas (ha) que tiene una estancia que compró un ganadero americano en la Patagonia, Argentina, desarrolle un diagrama de flujo y el programa correspondiente que determine cuantas yardas cuadradas (yd^2), rod cuadrados (rd^2), acres (ac), homesteads y millas cuadradas (mi^2) tiene esa estancia. Recuerde que:

- 1 hectárea = 10,000 m^2
- 1 yarda cuadrada (yd^2) = 0.83612736 m^2
- 1 rod cuadrado (rd^2) = 30.25 yd^2
- 1 acre (ac) = 160 rd^2
- 1 homestead = 160 ac
- 1 milla cuadrada (mi^2) = 4 homesteads

Dato: ha

Resultados: total de yd^2, rd^2, ac, homesteads y mi^2 tiene la estancia comprada

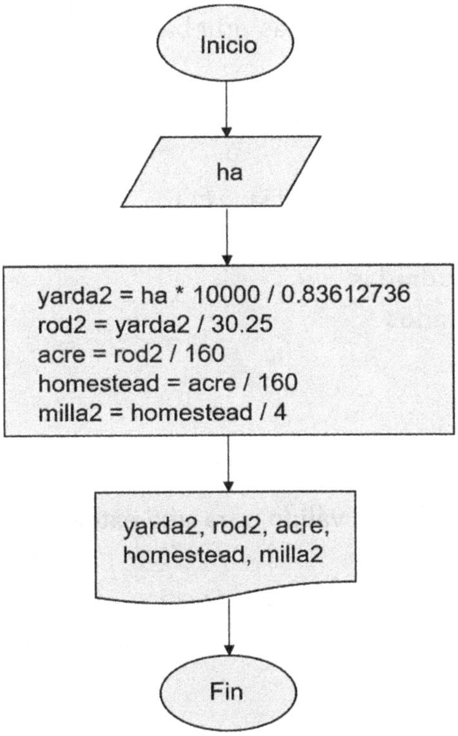

Diagrama de flujo 2.8

El programa correspondiente se muestra a continuación.

Programa 2_8.py

```
ha = float(input('Ingrese total de hectáreas de la estancia: '))
yarda2 = ha * 10000 / 0.83612736
rod2 = yarda2 / 30.25
acre = rod2 / 160
homestead = acre / 160
milla2 = homestead / 4
print('\nLa estancia tiene:'.upper())
print(f'{yarda2:14.2f} yardas cuadradas')
print(f'{rod2:14.2f} rods cuadrados')
print(f'{acre:14.2f} acres')
print(f'{homestead:14.2f} homesteads')
print(f'{milla2:14.2f} millas cuadradas')
```

Se muestran los resultados de una de las pruebas realizadas.

CP1: se proporciona un valor válido para una extensión de tierra.

```
Ingrese total de hectáreas de la estancia: 2524
LA ESTANCIA TIENE:
  30186788.77 yardas cuadradas
    997910.37 rods cuadrados
      6236.94 acres
        38.98 homesteads
         9.75 millas cuadradas
```

CP2: se proporciona un valor no válido para una extensión de tierra.

```
Ingrese total de hectáreas de la estancia: -6500

LA ESTANCIA TIENE:
 -77739353.01 yardas cuadradas
  -2569895.97 rods cuadrados
    -16061.85 acres
      -100.39 homesteads
       -25.10 millas cuadradas
```

En el CP2 se proporcionó un número negativo que generó resultados también negativos y, por lo tanto, incorrectos para expresar extensión de tierra. Con lo visto hasta el momento, no es posible prever y manejar este tipo de errores. En los siguientes capítulos se volverá sobre este tema.

Problema 2.9 V

Un cliente de un banco vendió un auto en pesos mexicanos y quiere saber cuánto dinero podría obtener en euros, dólares americanos, dólares canadienses y francos suizos si hace el cambio correspondiente. Diseñe un diagrama de flujo tal que, dado como dato la cantidad en pesos, calcule lo que recibiría el cliente en las cuatro monedas enunciadas anteriormente.

Los valores son estimativos, pero a los efectos del problema puede considerar lo siguiente para el tipo de cambio:

Figura 2.7 Casita de cambio

Solución del diagrama de flujo: https://youtu.be/rRoNTxFtXLk
Solución Programa 2_9: https://github.com/ebookscg-python/Libro1-python/tree/master/Cap2

Problema 2.10 V

En un refugio para perros hay 10 adultos tamaño grande, 12 adultos tamaño mediano y 6 cachorros tamaño mediano. Se sabe que los primeros comen 450 g por día, los segundos 380 g y los terceros 230 g. El refugio necesita calcular cuánto debe gastar por mes para darle de comer a todos los perros. El precio del alimento lo dan por kilo y, como puede variar, será un dato que deberá proporcionar el usuario.

Dado como datos el precio por kg del alimento para perros adultos y para cachorros, desarrolle un diagrama de flujo y realice el programa correspondiente, que calcule el costo de los alimentos por mes, considerando que este tiene 30 días.

Solución diagrama de flujo: https://youtu.be/UDymicbbWrs
Solución Programa 2_10: https://github.com/ebookscg-python/Libro1-python/tree/master/Cap2

Problema 2.11 V

Un horticultor decidió ocupar su huerto para plantar lechuga. En un pequeño invernadero sembró las semillas y ya tiene las plántulas listas para trasplantar. Sabe que la distancia entre plantas debe ser de 25 cm y la distancia entre líneas debe ser de 30 cm. Con esta información realice un diagrama de flujo y el programa correspondiente para calcular cuántas plántulas podrá plantar en su terreno.

Solución diagrama de flujo: https://youtu.be/Rph44AoU05Q
Solución Programa 2_11: https://github.com/ebookscg-python/Libro1-python/tree/master/Cap2

2.3 Cadenas de caracteres (str)

Un tipo de dato importante son las cadenas de caracteres, representadas por el tipo *str* en Python. Estas son datos estructurados (recuerde la distinción entre dato simple y dato estructurado que se hizo en el primer capítulo) que permiten almacenar una secuencia de caracteres en una misma variable. Los caracteres que la forman pueden ser letras, dígitos o caracteres especiales como signos de puntuación y espacios, entre otros. El total de caracteres nos da la longitud de la cadena y hay que considerar que los caracteres, internamente, se enumeran a partir de 0. Por ejemplo, en una cadena de longitud 3 el primer carácter está en la posición 0, el segundo en la 1 y el tercero en la 2. Volveremos sobre este punto cuando presentemos algunas de las funciones con las que cuenta Python para el manejo de cadenas.

Es importante destacar que, en Python, a diferencia de otros lenguajes de programación, no existe un tipo de datos para representar un solo carácter. Por lo tanto, si se requiere almacenar un solo carácter se tendrá una cadena de longitud 1.

Por comodidad, tanto en este capítulo como a lo largo del libro, se usará de manera indistinta el nombre cadena de caracteres y cadena para hacer referencia al tipo *str* de Python.

2.3.1 Operaciones con cadenas

La operación más simple y usada es la **asignación** de valores tipo cadenas de caracteres. En Python para asignar constantes de este tipo se deben encerrar entre: comillas simples (') o comillas dobles ("). Cuando la cadena que se va a asignar tiene más de una línea, entonces se debe encerrar entre 3 comillas (simples o dobles). A continuación, algunos ejemplos.

```
cadena1 = 'enero'
cadena2 = "febrero"
cadena3 = '''Esto es un ejemplo de una cadena muy larga que ocupa más de
una línea. En estos casos se requiere usar tres comillas dobles o tres comillas
simples. Fin del ejemplo.'''
```

Cuando se necesita incluir comillas dobles en el texto se deben usar las comillas simples para encerrar la cadena, tal como se muestra en el siguiente ejemplo:

```
cadena5 = '¿Por qué siempre saludas haciendo gestos "feos"?'
```

A su vez, si se desea incluir una comilla simple en la cadena, esta debe estar precedida por un símbolo \, tal como se muestra en el siguiente ejemplo:

```
cadena6 = 'Juan dijo: "Creo que Mc\'Gregor es un buen hombre."'
```

Otra de las operaciones muy usada es la **concatenación,** o unión de cadenas, formando una de mayor longitud. En Python se usa el operador +. Observe el siguiente ejemplo:

```
cadena7 = cadena1 + cadena2
```

En este caso se forma una nueva cadena: enerofebrero. Si se quiere dejar un espacio en blanco entre ellas, habrá que indicarlo explícitamente:

```
cadena7 = cadena1 + ' ' + cadena2
```

Se dice que el operador + es un **operador sobrecargado**, ya que cumple diferentes funciones dependiendo de los datos proporcionados. Es decir, si está con números representa la suma aritmética. Pero si está con cadenas representa la concatenación de estas.

Otro operador sobrecargado en Python es el *. Usado con números obtiene la multiplicación de estos, mientras que si se usa con cadenas genera una cadena en la cual se repite n veces la cadena con la que se opera. Observe el siguiente ejemplo:

```
cadena8 = 3 * 'agua'
```

En este caso repite la palabra agua tres veces, sin dejar espacios entre cada una de ellas. Analice las siguientes líneas de código:

1. cadena8 = 3 * 'agua'
2. cadena8 = 3 * 'agua' + ' '
3. cadena8 = 3 * ('agua' + ' ')

¿Qué imprimiría en cada caso? ¿Por qué? Piense, razónelo y, cuando esté seguro de que tiene una respuesta, compárela con los resultados mostrados en la tabla 2.2.

Tabla 2.2 Ejemplos de manejo de cadenas

Imprime	Explicación
1. agua agua agua	Hemos dejado un espacio en blanco a la derecha de la palabra agua y, por lo tanto, ese espacio, forma parte de la cadena. Al repetirse 3 veces, se repite también el espacio.
2. aguaaguaagua	Por prioridad de operadores, se repitió la concatenación de la palabra agua 3 veces y luego se le pegó el espacio en blanco. Es decir, la cadena obtenida termina con un espacio en blanco, resultado del + ' '.
3. agua agua agua	Al usar los () alteramos la prioridad y, por lo tanto, lo que se repite 3 veces es el resultado de pegar el espacio a la derecha de la palabra agua.

Aunque parezca magia, no lo es. Así como 3 * 4 es equivalente a 4 + 4 + 4, la expresión 3 * 'agua' es equivalente a 'agua' + 'agua' + 'agua'.

La **comparación** de cadenas se hace por medio de los operadores relacionales (>, <, >=, <=, ==, !=) estudiados en el capítulo 1.

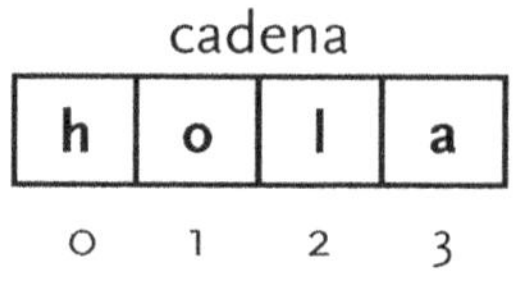

Figura 2.8 Indexación de cadenas

Para consultar el carácter que ocupa cierta posición de la cadena se usa lo que se conoce como **indexación**. La indexación es a partir de 0 y se expresa: **cadena[n]**, donde n debe ser un valor mayor o igual a 0 y menor que la longitud de la cadena. En caso contrario, al ejecutar el programa, se tendrá el siguiente error: *IndexError: string index out of range*. Como se muestra en la figura 2.8, la cadena = 'hola' ocupa 4 lugares, identificados desde 0 hasta el 3. Por lo tanto, si hacemos cadena[2] tendremos la letra ele.

Cuando la indexación se quiere hacer de derecha a izquierda, la n se da en negativo y empezando con -1. Analice los siguientes ejemplos:

```
print(cadena1[0])  # Imprime el primer carácter de la cadena
print(cadena1[-1])  # Imprime el último carácter de la cadena
```

A partir de una cadena se pueden obtener subcadenas por medio de un proceso conocido como *slicing*, el cual podemos traducir como cortar o subdividir la cadena. Para obtener una subcadena se utiliza la siguiente sintaxis:

```
cadena[inicio:fin:salto]
```

Esta expresión da como resultado una subcadena de *cadena*, formada por los caracteres desde la posición *inicio*, hasta la *fin – 1* tomando los caracteres de *salto* en *salto*. Los tres parámetros son números enteros. El valor por omisión de *inicio* es 0, el de *fin* es la longitud de la cadena y el de *salto* es 1. Analice los siguientes ejemplos:

```
cadena1 = 'enero'
print(cadena1[0:3])  # Imprime ene.
print(cadena1[:4])  # Valor inicial por omisión: 0. Imprime ener.
print(cadena1[3:])  # Valor final por omisión: la longitud. Imprime ro.
print(cadena1[:])  # Toma del 0 a la longitud -1. Imprime enero.
print(cadena1[::2])  # Igual al anterior, tomando de 2 en 2. Imprime eeo.
```

Si se utilizan valores negativos como parámetros del *slicing*, los caracteres se toman de derecha a izquierda. Analice los siguientes ejemplos:

```
cadena2 = 'ABCDEFGHIJKLMNOP'
# Subcadena formada por el último carácter.
print(cadena2[-1:])  # Imprime P.
# Subcadena formada por toda la cadena en orden inverso.
print(cadena2[::-1])  # Imprime PONMLKJIHGFEDCBA.
# Igual al anterior, pero excluye los últimos 9 caracteres.
print(cadena2[-10::-1])  # Imprime GFEDCBA.
# Subcadena formada por los últimos 4 caracteres, en orden inverso.
print(cadena2[:-5:-1])  # Imprime PONM.
```

Python ofrece numerosas funciones para facilitar el manejo de las cadenas. En la tabla 2.3 se presentan algunas de ellos. No es necesario memorizar las funciones y su uso ya que, por un lado, al escribir el nombre de una variable tipo cadena junto con un punto, Python despliega todas las funciones aplicables. Por otro lado, los nombres de cada función dan información sobre su objetivo. Por último, ante cualquier duda o necesidad muy específica, se sugiere revisar la documentación de Python. Como se muestra en la tabla, todas las funciones se invocan con la sintaxis: cadena.función() con excepción de la función *len(cadena)*. Además, las funciones pueden requerir o no de parámetros; si es así, estos se proporcionan entre ().

Tabla 2.3 Algunas funciones para el manejo de cadenas

Método	Explicación
cad.capitalize()	Convierte a mayúsculas la primera letra de la cadena.
cad.center(n) cad.ljust(n) cad.rjust(n)	Centrar, alinear a izquierda y alinear a derecha respectivamente. El parámetro n es la cantidad de espacios reservados para la cadena.
cad.count(cad1)	Regresa el total de veces que una cadena (cad1) aparece en la cadena que llama al método.
cad.find(cad1) cad.rfind(cad1)	Busca a 'cad1' en la cadena. Si la encuentra regresa su posición. En caso contrario regresa -1. La primera busca de izquierda a derecha y la segunda de derecha a izquierda.
cad.index(cad1) cad.rindex(cad1)	Es equivalente a find() y rfind(). La diferencia es que, si no se encuentra, lanza el error: *ValueError: substring not found* en lugar de regresar un -1.
cad.isalpha()	Regresa True si la cadena está formada solo por letras y False en caso contrario.
cad.isdigit()	Regresa True si la cadena está formada solo por dígitos y False en caso contrario.
cad.islower() cad.isupper()	Regresan True si la cadena está formada solo por minúsculas o mayúsculas respectivamente.
cad.isspace	Regresa True si la cadena está formada solo por espacios.
len(cad)	Regresa un entero que representa la longitud de la cadena.
cad.lower() cad.upper()	Regresa la cadena en la cual todas las letras se convirtieron a minúsculas o mayúsculas respectivamente.
cad.replace(cad1, cad2)	Regresa una cadena en la cual se reemplazaron todas las ocurrencias de cad1 por cad2.

Método	Explicación
cad.startswith(cad1) cad.endswith(cad1)	Regresa True si la cadena empieza/termina con la cadena 'cad1'.
cad.swapcase()	Regresa una cadena en la que las mayúsculas se reemplazan por minúsculas y viceversa.
cad.title()	Regresa una cadena en la cual todas las primeras letras de cada palabra de la cadena se convirtieron a mayúsculas.

En el ejemplo 2_1 se encuentran todos los ejemplos presentados más arriba y algunos adicionales que ayudan a comprender el uso de estas funciones. Se sugiere al lector consultarlo en el repositorio de programas de este libro.

2.3.2 Problemas utilizando cadenas

A continuación, se presentan algunos problemas que ayudan a reforzar el concepto de cadenas de caracteres y el uso de las funciones provistas por Python para el manejo de estas. En capítulos posteriores, a medida que se incorporen nuevos temas, se harán ejercicios de mayor complejidad con las cadenas.

Todos los problemas de esta sección son, algorítmicamente, muy simples. Lo importante, para su solución, es revisar los conceptos y las funciones vistas. Una vez entendido el problema, se requiere elegir la función más adecuada para desarrollar la solución. Por lo expuesto, en esta sección, no se realizarán diagramas de flujo si no que se presentará directamente el programa y las pruebas.

Problema 2.12

Dada una frase se la debe modificar de tal manera que, a partir de ella, se obtenga la misma modificada de la siguiente manera: las letras se pasan a minúsculas y los dos primeros caracteres se pasan al final.

Dato: una frase (cadena de caracteres)
Resultado: la frase recibida modificada según lo solicitado

Al analizar el problema se detecta que la solución se obtiene aplicando algunos de los métodos vistos, quedando el algoritmo como una secuencia de pasos consistentes en usar los métodos de cadenas:

1. pasar a minúsculas
2. extraer los dos primeros caracteres
3. recortar la frase a partir del tercer carácter
4. unir las subcadenas obtenidas en los 2 pasos previos

Traducimos el algoritmo y obtenemos el programa que se muestra a continuación.

Programa 2_12.py

```
frase = input('Ingrese la frase: ')
frase_minusculas = frase.lower()  # Pasa la frase a minúsculas.
# Extrae los 2 primeros caracteres.
dos_primeras_letras = frase_minusculas[0:2]
resto = frase_minusculas[2:]  # Extrae el resto de la frase.
# Concatena las 2 cadenas obtenidas.
codificada = resto + dos_primeras_letras
print('\nLa frase codificada es:', codificada)
```

Se muestran los resultados de algunas de las pruebas realizadas.

CP1: se ingresa una cadena con la mayoría de los caracteres en minúscula.

```
Ingrese la frase: Juan irá el lunes
La frase codificada es: an irá el lunesju
```

CP2: se ingresa una cadena de caracteres en mayúsculas.

```
Ingrese la frase: TODOS LOS PARTICIPANTES SON SOSPECHOSOS
La frase codificada es: dos los participantes son sospechososto
```

CP3: se ingresa una cadena de caracteres de longitud 1.

```
Ingrese la frase: M
La frase codificada es: m
```

Problema 2.13

Dada una frase se la debe codificar reemplazando las vocales por los números enteros (a por 1, e por 3, i por 5, o por 7 y u por 9). Además, las consonantes deben estar todas en mayúsculas y, por último, la primera mitad de la frase debe pasar al final.

Dato: una frase (cadena de caracteres)
Resultado: la frase recibida modificada

Como en el problema anterior, la solución se obtiene aplicando algunos de los métodos vistos, adecuados para reemplazar, subdividir, concatenar y pasar a mayúsculas. Observe que, en ciertos casos, no importa el orden en el cual se apliquen los métodos. Por ejemplo, da lo mismo si se divide la cadena y luego se hacen los reemplazos. Sin embargo, no sucede lo mismo con el reemplazo de las vocales minúsculas y el paso de la cadena a mayúsculas. En el programa 2_13 se ofrece una posible solución.

Programa 2_13.py

```
frase = input('Ingrese la frase a codificar: ')
# Reemplaza las vocales por números enteros.
frase_codificada = frase.replace('a', '1')
frase_codificada = frase_codificada.replace('e', '3')
frase_codificada = frase_codificada.replace('i', '5')
frase_codificada = frase_codificada.replace('o', '7')
frase_codificada = frase_codificada.replace('u', '9')
mitad = len(frase_codificada) // 2
# Extrae la primera mitad de la frase.
primera_mitad = frase_codificada[0:mitad]
# Extrae la segunda mitad de la frase.
segunda_mitad = frase_codificada[mitad:]
frase_codificada = segunda_mitad + primera_mitad
frase_codificada = frase_codificada.upper() # Pasa a mayúsculas.
print('\nFrase original:', frase)
print('\nFrase codificada:', frase_codificada)
```

Se muestran los resultados de algunas de las pruebas realizadas.

CP1: se ingresa una cadena de caracteres con algunas vocales.

Ingrese la frase a codificar: Los visitantes llegarán mañana

Frase original: Los visitantes llegarán mañana
Frase codificada: LL3G1RÁN M1Ñ1N1L7S V5S5T1NT3S

CP2: se ingresa una cadena de caracteres con algunas vocales.

Ingrese la frase a codificar: A partir del lunes todos los alumnos deberán llegar puntualmente

Frase original: A partir del lunes todos los alumnos deberán llegar puntualmente
Frase codificada: MN7S D3B3RÁN LL3G1R P9NT91LM3NT3A P1RT5R D3L L9N3S T7D7S L7S 1L9

CP3: se ingresa una cadena de caracteres que no contiene vocales.

Ingrese la frase a codificar: sbn-150

Frase original: sbn-150
Frase codificada: -150SBN

Problema 2.14
Dado el nombre completo de una persona (nombre, primer apellido y segundo apellido, en ese orden) generar una nueva cadena en la cual aparezca: primer apellido, un espacio, segundo apellido, una coma y, por último, el nombre. Vamos a suponer que la persona tiene un solo nombre y que, tanto el nombre como los dos apellidos, no son compuestos.

Dato: nombre primer_apellido segundo_apellido (cadena de caracteres)
Resultado: primer_apellido segundo_apellido, nombre

Como en los problemas anteriores, la solución se obtiene aplicando algunos de los métodos vistos: identificar los espacios en blanco para realizar la subdivisión de la cadena y extraer el nombre y los dos apellidos. Luego ordenar las subcadenas de tal manera que queden según lo indicado en el problema, agregando la coma en el lugar correspondiente.

Programa 2_14.py

```
nombre_completo = input('Ingrese el nombre completo de la persona: ')
# Primer espacio: separa el nombre del primer apellido.
espacio = nombre_completo.find(' ')
# Se extrae el nombre de la persona.
nombre = nombre_completo[0:espacio]
# Se pierde el nombre de pila.
nombre_completo = nombre_completo[espacio+1:]
# Segundo espacio: separa el primer apellido del segundo.
espacio = nombre_completo.find(' ')
# Se extrae el primer apellido.
primer_apellido = nombre_completo[0:espacio]
# Se pierde el primer apellido.
segundo_apellido = nombre_completo[espacio+1:]
nombre_completo = primer_apellido + ' ' + segundo_apellido + ', ' + nombre
print(nombre_completo)
```

Se muestran los resultados de algunas de las pruebas realizadas.

CP1: se ingresa un nombre completo.

```
Ingrese el nombre completo de la persona: Silvia Guardati Buemo
Guardati Buemo, Silvia
```

CP2: se ingresa un nombre y un solo apellido.

```
Ingrese el nombre completo de la persona: Adelina Lorca
Lorc Lorca, Adelina
```

Analice el resultado de la segunda prueba. ¿Por qué se obtuvo ese resultado? La explicación es la siguiente: el método *find(' ')* aplicado para encontrar el segundo espacio en blanco, regresa -1 porque no encuentra el carácter. Por lo tanto, cuando se pide extraer la subcadena desde 0 hasta -1, se tiene Lorc como primer apellido. Y, el segundo apellido se extrae desde la posición + 1 (que es 0) hasta el final, lo que da el apellido Lorca. Probar una variedad de casos permite evidenciar el funcionamiento correcto o no de los programas y qué respuesta dan ante entradas no previstas.

2.3.3 Funciones ord() y chr()

Las funciones *ord()* y *chr()* se utilizan para trabajar con caracteres individuales y su representación en Unicode. Cuando en el capítulo anterior se explicó el funcionamiento de los operadores relaciones con datos tipo cadenas, se mencionó que lo que se evalúa es el valor numérico de los caracteres. La función *ord()* recibe como parámetro un carácter y da como resultado un número entero que es el valor Unicode de dicho carácter. Por su parte, la función *chr()* recibe un número entero y regresa el carácter correspondiente. Observe las siguientes líneas de código:

```
print('\nEl valor numérico es:', ord('a'))  # Imprime 97.
print('El valor numérico es:', ord('!'))  # Imprime 33.
print('El carácter es:', chr(97))  # Imprime a.
print('El carácter es:', chr(33))  # Imprime !
```

Los números de las minúsculas son mayores que los de las mayúsculas. Teniendo esto presente se puede obtener la mayúscula (o minúscula) restando (sumando) la diferencia. Por ejemplo:

```
print('\nLa mayúscula es:', chr(ord('a') – 32))  # Imprime A.
```

En los siguientes capítulos utilizaremos estas funciones para resolver algunos problemas de cadenas.

2.4 Tipo complejos (complex)

Los números complejos son una extensión de los números reales. Están formados por un par ordenado de la forma:

$$z = a + bi$$

En Python los números complejos se representan por medio de la expresión:

z = a + bj

El único cambio es la letra i por la letra j. En el par ordenado, **a** se conoce como la parte real del número y **b** la parte imaginaria. Esto implica que a será cualquier número entero o real, mientras que b representa a los números cuyos cuadrados son negativos.

El concepto de números complejos se remonta a la antigüedad y, con el paso del tiempo, se ha ido formalizando debido a sus aportaciones y utilización en diversas áreas del saber, como la física, la matemática, las telecomunicaciones, la electrónica, entre otras. El objetivo de esta sección es presentar el uso del tipo *complex* en Python, no enseñar matemáticas. Por lo tanto, vamos a concentrarnos en las principales operaciones y su implementación en Python.

2.4.1 Operaciones con números complejos

Python permite trabajar con números complejos de una manera fácil y similar a la usada con los números enteros y reales. Un número complejo puede leerse por medio del *input()*, asignarse a una variable e imprimirse, tal como se muestra en el ejemplo 2_2. Es importante destacar que, al ingresar un complejo desde la terminal, no se deben dejar espacios entre los dígitos del número.

Figura 2.9 Formato de números complejos

Para asignar un complejo a una variable, se puede hacer: z1 = z2, siendo z2 una variable de tipo *complex*. Otra manera es por medio del constructor *complex*:

z = **complex(**12.5, -3.8**)**

En Python es posible consultar el valor de la parte real o de la parte imaginaria de un complejo mediante la sintaxis: z.real y z.imag, respectivamente.

Las operaciones de +, -, * y / entre complejos también están definidas. Por las razones antes expuestas, no vamos a presentar la demostración de estas. Solamente se proporcionan las expresiones que permiten operar con estos números, según la operación que esté en juego. Siendo z1 y z2 dos números complejos:

$$z1 = a + bi$$
$$z2 = c + di$$

las 4 operaciones se calculan de la siguiente manera:

- **Suma:** (a + bi) + (c + di) = (a + c) + (b + d)i
- **Resta:** (a + bi) – (c + di) = (a – c) + (b – d)i
- **Multiplicación:** (a + bi) * (c + di) = (a*c – b*d) + (a*d + b*c)i
- **División:** (a + bi) / (c +di) = ((a*c + b*d) + (b*c – a*d)i) / (c^2 + d^2) con c^2+d^2 diferente de cero

En Python solo se usan los operadores correspondientes; por ejemplo, para sumar dos complejos se escribe:

suma_complejo = z1 + z2

Al ejecutarse la línea precedente, queda a cargo de Python realizar las operaciones necesarias de acuerdo con lo expuesto más arriba. Algo similar ocurre con el cálculo del valor absoluto, expresado como |z|, el cual se calcula como la raíz cuadrada de la suma de los cuadrados de la parte real y de la parte imaginaria. En Python se reduce a escribir:

valor_absoluto = abs(z)

Por último, se menciona que también es posible comparar dos números complejos mediante el operador de igualdad (==). En el ejemplo 2_2 se presentan algunos ejemplos comentados de las operaciones descritas en esta sección.

Ejemplo 2_2.py

```
z1 = complex(input('Ingrese un complejo: '))
z2 = z1
print('\nEl valor de z2 es:', z2)

# Otra forma de asignar un complejo.
z3 = complex(2.5, -6.2)
print('\nEl valor de z3 es:', z3)
```

```
# Ejemplo de las operaciones de +, -, * y / entre complejos.
print(f'\nSuma: {z1 + z2}')
print(f'Resta: {z1 – z2}')
print(f'Multiplicación: {z1 * z2:.2f}')
print(f'División: {z1 / z2}')

print('\nLa parte real es:', z1.real)
print('La parte imaginaria es:', z1.imag)

# Operaciones entre complejos y entre complejos con no complejos.
z4 = z1 + 2.5  # Suma 2.5 a la parte real de z1.
z5 = z1 + 2.5 + 3.2j  # Suma a z1 el complejo (2.5 + 3.2j).
# Suma 1.8 a la parte imaginaria de z1.
z6 = z1 + 1.8j
# Producto escalar: 4 por la parte real y 4 por la imaginaria.
z7 = 4 * z1
print('\nComplejos obtenidos:', z4, z5, z6, z7)

# Se comparan las partes reales y las partes imaginarias entre sí.
print('\n¿Los complejos son iguales?', z1 == z2)
# Valor absoluto: |z1| = sqrt(z1.real**2 + z1.imag**2)
print(f'\nEl valor absoluto es: {abs(z1):.3f}')
```

Se muestran los resultados obtenidos en la terminal al ejecutar el ejemplo.

```
Ingrese un complejo: 2.0+3.5j
El valor de z2 es: (2+3.5j)
El valor de z3 es: (2.5-6.2j)
Suma: (4+7j)
Resta: 0j
Multiplicación: (-8.25+14j)
División: (1+0j)

La parte real es: 2.0
La parte imaginaria es: 3.5

Complejos obtenidos: (4.5+3.5j) (4.5+6.7j) (2+5.3j) (8+14j)

¿Los complejos son iguales? True

El valor absoluto es: 4.031
```

2.4.2 Problema utilizando números complejos

A continuación, se presenta un problema de la vida real que ayuda a reforzar el concepto de números complejos y su importancia en la solución de problemas.

Problema 2.15

Se necesita conocer cuál es la corriente en un circuito de corriente alterna. Se dispone del voltaje y de la impedancia del circuito, ambos expresados como números complejos. Por otra parte, se sabe que el voltaje o tensión es igual al producto de la corriente por la impedancia; es decir: E = IZ, siendo E el voltaje, I la corriente y Z la impedancia. A partir de esta fórmula se puede obtener la corriente:

$$I = E/Z$$

Se debe escribir un programa en Python que determine e imprima la corriente de un circuito.

Datos: voltaje, impedancia (números complejos)
Resultado: corriente (número complejo)

Programa 2_15.py

```
voltaje = complex(input('Ingrese el voltaje del circuito: '))
impedancia = complex(input('Ingrese la impedancia del circuito: '))
corriente = voltaje / impedancia
print(f'\nLa corriente es: {corriente}')
```

Se muestran los resultados de una de las pruebas realizadas.

```
Ingrese el voltaje del circuito: 42+11j
Ingrese la impedancia del circuito: 4+4j

La corriente es: (6.625-3.875j)
```

2.5 Tuplas (tuple)

Las tuplas son un tipo de datos estructurado, **inmutable**, compuesto por una secuencia ordenada de elementos. Los componentes de una tupla pueden ser de cualquier tipo y no tienen que ser todos del mismo tipo. Una tupla se expresa encerrando sus elementos entre paréntesis y separándolos con coma, aunque los paréntesis pueden omitirse. Cuando la tupla tiene un solo elemento se debe poner una *coma anónima* luego del único elemento para que se considere como tal. En caso contrario lo toma como un dato simple. Analice el ejemplo 2_3 en el cual se presentan varios ejemplos de tuplas. Iremos explicándolo por partes en la siguiente sección.

2.5.1 Funciones y operaciones con tuplas

Las tuplas tienen algunas funciones predefinidas, similares a las cadenas de caracteres. Por ejemplo: *index(), len()* y *count()*. Además, se pueden concatenar tuplas y repetir tuplas por medio de los operadores sobrecargados + y *, respectivamente. También es posible acceder a sus elementos por medio de un índice entre []. Por último, se pueden extraer algunos elementos usando la operación de *slicing*. En el ejemplo 2_3 se muestra el uso de todas estas operaciones aplicadas a algunas tuplas. Además, en algunos casos, se incluyen líneas que generan error, las cuales están comentadas para que el lector compruebe todas las funcionalidades descritas. Sin embargo, se sugiere que posteriormente les quite el comentario (#) y pruebe el código provocando los errores y cualquier otro posible error que se le ocurra.

Ejemplo 2_3.py

```
vacia = () # Tupla vacía.
numeros = (1, 2, 3) # Formada por 3 números.
# Formada por 3 cadenas.
saludos = ('Buenos días', 'Buenas tardes', 'Buenas noches')
# Formada por datos de distintos tipos.
mezcla = ('rojo', 4, True, -16.5)
fecha = 31, 'enero', 2020 # Define una fecha. No se usaron ().

print('\nEjemplos de tuplas:'.upper())
print(vacia)
print(numeros)
print(mezcla)
print(fecha)
```

```
# Tuplas de un solo elemento: requieren una coma luego del elemento.
elem_con_coma = ('hola',)  # Para que se considere una tupla.
elem_sin_coma = ('hola')  # Al faltarle la coma, se considera una cadena.
# Imprime: <class 'tuple'>
print('\nIncluyendo la coma anónima:', type(elem_con_coma))
# Imprime: <class 'str'>
print('No incluyendo la coma anónima:', type(elem_sin_coma))

# Funciones de tuplas.
# Cantidad de elementos de la tupla.
print('\nLa longitud de la tupla es:', len(mezcla))
# Cuenta cuántas veces está el 4 en la tupla.
print(f'El 4 está {mezcla.count(4)} vez (veces) en: {mezcla}')
# Regresa la posición del valor True en la tupla.
print('El valor True está en la posición:', mezcla.index(True))
#print(mezcla.index(17))  # Da un ValueError

# Concatena tuplas con el operador +.
conca = numeros + mezcla
print('\nResultado de la concatenación de las tuplas:', conca)

# Repite tuplas con el operador *.
repite = numeros * 3
print('\nLa tupla repetida 3 veces es:', repite)

# Acceso a elementos de la tupla por medio de un índice.
print('\nEl cuarto elemento es:', conca[3])  # Enumera a partir de 0.
print('\nEl último elemento es:', mezcla[-1])  # Inicia desde el final.
#print(vacia[1])  # Da IndexError: tuple index out of range

# Se pueden subdividir (slicing) como las cadenas.
parte = mezcla[0:2]
print('\nLa tupla formada por los 2 primeros elementos es:', parte)
```

Al ejecutar las líneas precedentes se obtiene la siguiente salida en la terminal.

```
EJEMPLOS DE TUPLAS:
()
(1, 2, 3)
('rojo', 4, True, -16.5)
(31, 'enero', 2020)

Incluyendo la coma anónima: <class 'tuple'>
No incluyendo la coma anónima: <class 'str'>

La longitud de la tupla es: 4
El 4 está 1 vez (veces) en: ('rojo', 4, True, -16.5)
El valor True está en la posición: 2

Resultado de la concatenación de las tuplas: (1, 2, 3, 'rojo', 4, True, -16.5)

La tupla repetida 3 veces es: (1, 2, 3, 1, 2, 3, 1, 2, 3)

El cuarto elemento es: rojo

El último elemento es: -16.5

La tupla formada por los 2 primeros elementos es: ('rojo', 4)
```

Un concepto importante y no visto hasta el momento es el de **empaquetar** y **desempaquetar** datos. Se empaquetan datos cuando se define la tupla, por ejemplo:

saludos = **(**'Buenos días'**,** 'Buenas tardes'**,** 'Buenas noches'**)**

A partir de la línea anterior, con la variable *saludos* se hace referencia a los 3 valores.

Desempaquetar los datos es el proceso inverso. Es decir, a partir de la tupla se obtienen varios datos. Es una asignación múltiple y requiere conocer la longitud de la tupla. Retomando el ejemplo anterior, se tiene:

manana**,** tarde**,** noche = saludos

A partir de la línea anterior, en cada una de las variables del lado izquierdo de la asignación, se tiene uno de los saludos, de acuerdo con el orden de las variables: el primer saludo se guardó en la primera variable, el segundo en la variable *tarde* y el tercero en la variable *noche*.

Al desempaquetar, si el número de variables en el lado izquierdo es diferente al número de elementos de la tupla, se provoca un error del tipo *ValueError*.

Las tuplas también pueden anidarse. Es decir, formar una tupla a partir de otras tuplas. En el ejemplo 2_3 se ofrece un ejemplo de esta operación.

Ejemplo 2_3.py (cont.)

```
# Desempaquetar valores de una tupla. Exige conocer la longitud de la tupla.
dia, mes, anio = fecha
print(f'\nLuego de desempaquetar: día = {dia}, mes = {mes} y año = {anio}')
manana, tarde, noche = saludos
print(f'\nA la mañana decimos: "{manana}", a la tarde: "{tarde}" y '
    f'a la noche: "{noche}"')
# Da: ValueError: too many values to unpack (expected 2)
#val1, val2 = mezcla

# Anidar tuplas: 2 cadenas y una tupla.
datos_completos = 'Silvia', 'Guardati', fecha
print('\nAnidando 2 cadenas y 1 tupla:', datos_completos)
# Anidar tuplas: 2 tuplas.
sal_fecha = (saludos, fecha)
print('\nAnidando 2 tuplas:', sal_fecha)
```

Al ejecutar las líneas precedentes se obtiene la siguiente salida en la terminal.

```
Luego de desempaquetar: día = 31, mes = enero y año = 2020

A la mañana decimos: "Buenos días", a la tarde: "Buenos tardes" y a la noche: "Buenas noches"

Anidando 2 cadenas y 1 tupla: ('Silvia', 'Guardati', (31, 'enero', 2020))

Anidando 2 tuplas: (('Buenos días', 'Buenos tardes', 'Buenas noches'), (31, 'enero', 2020))
```

Las tuplas pueden **compararse** por medio de los operadores relacionales, siempre que tengan datos del mismo tipo. Para la comparación se aplica un criterio parecido al de las cadenas. Por ejemplo, si se evalúa si una tupla de números es menor que otra (también de números), los elementos se comparan, en orden, hasta que se llegue a un par que confirme, o no, la relación o bien, hasta que se terminen los elementos.

Por último, se puede convertir a tuplas datos de otros tipos, por medio de la función *tuple()*. Por ahora veremos su uso con las cadenas de caracteres. Con la instrucción:

letras = **tuple(**'lagarto'**)**

Se genera la tupla:

('l', 'a', 'g', 'a', 'r', 't', 'o')

Ejemplo 2_3.py (cont.)

```
# Comparación de tuplas.
# Da True: los 3 primeros elementos coinciden, pero repite tiene más.
print('\n¿Menor?', numeros < repite)
# Da True: 'hola' es mayor que el primer elemento de saludos:
# minúsculas > mayúsculas.
print('\n¿Mayor?', elem_con_coma > saludos)

# Genera una tupla a partir de una cadena de caracteres.
letras = tuple('lagarto')
print('\nLa tupla formada a partir de lagarto es:', letras)
```

Al ejecutar las líneas precedentes se obtiene la siguiente salida en la terminal.

```
¿Menor? True

¿Mayor? True

La tupla formada a partir de lagarto es: ('l', 'a', 'g', 'a', 'r', 't', 'o')
```

2.5.2 Problemas utilizando tuplas

A continuación, se presentan algunos problemas que ayudan a reforzar el concepto de tuplas en Python. Los problemas son relativamente simples desde el punto de vista algorítmico. Están destinados principalmente a comprender el concepto de tupla y a familiarizarse con las funciones que existen para el manejo de estas.

Problema 2.16

Utilice una tupla para representar un número telefónico, sabiendo que está formado por el prefijo del país, prefijo de ciudad y el número.

Problema 2.17

Utilice una tupla para representar una fecha, pero en lugar de hacerlo como se hizo en el ejemplo, ordene los elementos así: año, mes y día. Este orden favorece la comparación de fechas.

La solución de ambos problemas se escribió en el programa 2_16, ya que son muy simples.

Programa 2_16.py

```
# Solución del problema 2.16
pais = int(input('Ingrese el prefijo del país: '))
ciudad = int(input('Ingrese el prefijo de la ciudad: '))
numero = int(input('Ingrese el número: '))
numero_telefonico = (pais, ciudad, numero)
print('\nEl número telefónico es:', numero_telefonico)

# Solución del problema 2.17
dia = int(input('Ingrese el día: '))
mes = int(input('Ingrese el mes (1 a 12): '))
anio = int(input('Ingrese el año: '))
fecha = (anio, mes, dia)
print('\nLa fecha es:', fecha)
```

El resultado de una de las pruebas realizadas se muestra a continuación.

```
Ingrese el prefijo del país: 52
Ingrese el prefijo de la ciudad: 55
Ingrese el número: 54634012

El número telefónico es: (52, 55, 54634012)

Ingrese el día: 20
Ingrese el mes (1 a 12): 4
Ingrese el año: 1936

La fecha es: (1936, 4, 20)
```

Capítulo 3

ESTRUCTURAS SELECTIVAS

3.1 Introducción

Las estructuras o instrucciones selectivas se encuentran en la solución algorítmica de casi todo tipo de problemas. Se utilizan cuando, al analizar el problema, se detecta que, ante cierta situación, se debe *elegir* una alternativa entre varias posibles. Es decir, tenemos que tomar una decisión sobre qué camino seguir. De ahí, justamente, el origen de su nombre: *estructuras selectivas o de decisión.*

Una decisión es una resolución que se toma respecto a algo en particular. Es el producto final de un proceso cognitivo. Se considera un objeto mental porque surge de nuestra mente después de aplicar un proceso lógico, aunque éste pueda estar influenciado por diferentes factores.

En computación, en nuestro caso, un problema de decisión es aquel en el que las respuestas que tenemos que encontrar son sí o no, verdadero o falso, en un marco de longitud finita. Por lo tanto, la toma de decisiones se basa en la evaluación de una o más condiciones lógicas que, como consecuencia del resultado, nos señalará el camino a seguir. Dado que la toma de decisiones es una operación frecuente en la resolución de problemas, las instrucciones selectivas existen en todos los lenguajes de programación.

En general, se cuenta con las instrucciones selectivas: simple (*if*) y doble (*if-else*), aunque algunos lenguajes de programación también ofrecen una tercera variante llamada selección múltiple. Además, a estas estructuras las podemos utilizar en cascada o anidadas, es decir combinando o utilizando más de una estructura selectiva para resolver un problema.

3.2 Sangrías en Python

Antes de seguir con el estudio de las estructuras selectivas mencionadas es necesario hacer un paréntesis para introducir un tema de extrema importancia en Python: el uso de las sangrías.

En todos los programas presentados anteriormente las líneas de código se escribieron a la misma altura. Es decir, sobre el margen izquierdo de la pantalla (o de la hoja si primero hubiéramos programado en papel). Sin embargo, cuando se empiezan a usar las estructuras algorítmicas de control, en este caso las decisiones, se requiere algún elemento con el cual indicarle a Python cuáles instrucciones están sujetas a otras. Por ejemplo, en el lenguaje Java se usan las {} para encerrar las líneas de código, formando una instrucción compuesta. Con Python, ese efecto se logra por medio de sangrías (identation, en inglés). Cuando se usa algún IDE las sangrías se colocan de manera automática. En otro caso, es responsabilidad del programador usarlas adecuadamente. El tamaño de las sangrías es de 4 espacios; es decir quedan 4 espacios en blanco y, a partir del quinto, se empieza a escribir la línea de código. En las siguientes secciones estaremos haciendo uso de las sangrías frecuentemente.

3.3 La estructura selectiva simple if

La estructura selectiva simple *if* permite que el flujo del diagrama o programa siga por un camino específico si se cumple una condición o conjunto de condiciones. Si, al evaluar la o las condiciones, el resultado es verdadero entonces se sigue por un determinado camino (hacia abajo en el diagrama de flujo) y se realiza una operación o conjunto de operaciones. Si por otra parte el resultado es falso, entonces no se hace nada y se pasa por alto esa operación o conjunto de operaciones. Imagínese que está en su casa, mirando una película y suena el teléfono. ¿Contesta? Si su respuesta es "sí", entonces pone pausa a la película y contesta el teléfono. Cuando termina la conversación prosigue con la película. En cambio, si su respuesta es "no", usted sigue mirando la película sin haber hecho nada especial, excepto evaluar la situación de contestar o no el teléfono. En la figura 3.1 se presenta la estructura selectiva simple.

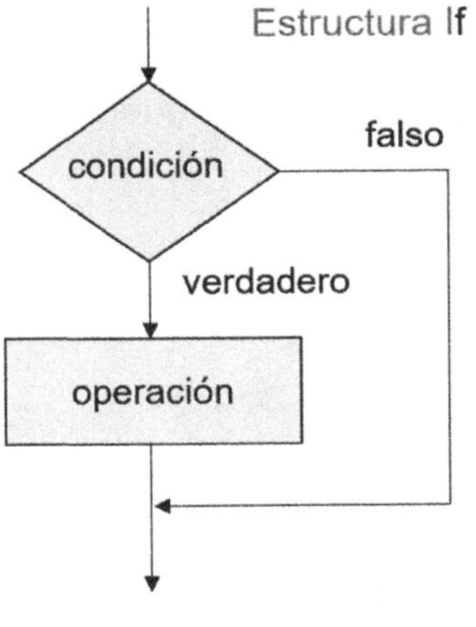

Figura 3.1 Estructura selectiva simple *if*

En el lenguaje Python, la estructura *if* se escribe de la siguiente forma:

```
if <condición>:  # La condición se puede escribir, opcionalmente, entre ()
    <operación>  # Se deja sangría antes de escribir la operación/instrucción
```

A continuación, presentamos un conjunto de problemas que nos ayudarán a entender cómo funciona esta estructura y cómo usarla en la solución de problemas.

Problema 3.1

Dado como dato la calificación de un alumno obtenida en un examen, realice un diagrama de flujo y el programa correspondiente que escriba *aprobado*, si la calificación es mayor o igual a 6.

Dato: calificación
Resultado: un mensaje si el alumno aprobó el examen

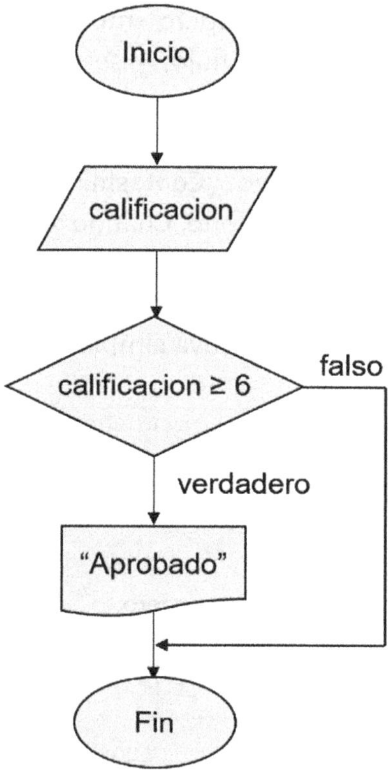

Diagrama de flujo 3.1

A continuación, presentamos el programa correspondiente. Observe que la instrucción *print()* se escribió dejando sangría, lo cual indica a Python que solo debe ejecutarse cuando la condición es verdadera.

Programa 3_1.py

```
calificacion = float(input('\nIngrese la calificación del alumno: '))
if calificacion >= 6:
    print('\nAprobado', end = ':)')
```

Se presentan los resultados de algunas pruebas.

CP1: se proporciona una calificación mayor a 6.

```
Ingrese la calificación del alumno: 8.5
Aprobado:)
```

CP2: se proporciona una calificación menor a 6.

```
Ingrese la calificación del alumno: 3.8
```

En el CP1 se muestra el mensaje luego de dar la calificación, mientras que en el CP2 no aparece nada en la terminal porque, al evaluar la condición, se obtuvo el valor *False*.

Problema 3.2

Dado como dato el sueldo de un trabajador, realice un diagrama de flujo y el programa correspondiente que incremente su sueldo en 12% solo si éste es menor a $8000. Si le corresponde el aumento, imprima el nuevo sueldo del trabajador.

Dato: sueldo
Resultado: sueldo con incremento solo si el sueldo es inferior a $8000

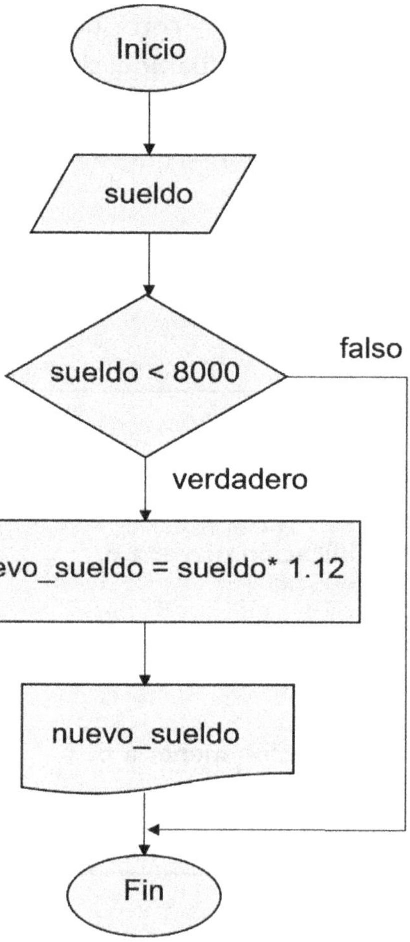

Diagrama de flujo 3.2

A continuación, presentamos el programa correspondiente. Observe que al escribir las dos instrucciones que deben ejecutarse en caso de que la condición se cumpla, ambas respetan la misma sangría. Esto indica a Python que, ambas líneas, deben ejecutarse si la condición resulta verdadera.

Programa 3_2.py

```
sueldo = float(input('Ingrese el sueldo del trabajador: $'))
if sueldo < 8000:
    nuevo_sueldo = sueldo * 1.12
    print(f'\nEl nuevo sueldo es = ${nuevo_sueldo:.2f}')
```

Se presentan los resultados de algunas de las pruebas realizadas.

CP1: se proporciona un sueldo menor a $8000.

Ingrese el sueldo del trabajador: $7500
El nuevo sueldo es = $8400.00

CP2: se proporciona un sueldo mayor a $8000.

Ingrese el sueldo del trabajador: $12000

Problema 3.3

El número de sonidos emitidos por un grillo en un minuto se puede utilizar como una función para estimar la temperatura. Aunque parezca increíble, la explicación está en el metabolismo del grillo. A mayor temperatura mayor número de chirridos. Y, cuando la temperatura disminuye, también disminuyen los chirridos del grillo. Amos Dolbear descubrió esta fórmula en 1897 para el grillo de las nieves. En el grillo de campo influyen otros factores como la edad del mismo, pero la fórmula igual se aproxima bastante.

Figura 3.2 Grillo cantor

La fórmula para calcular la temperatura en grados Celsius en función del canto del súper grillo es la siguiente:

$$\text{temperatura} = 10 + \frac{\text{número de sonidos - 40}}{7}$$

Dado como dato el número de sonidos emitidos por un grillo en un minuto, realice un diagrama de flujo y el programa correspondiente que determine la temperatura.

Dato: número de sonidos emitidos por el grillo
Resultado: temperatura del ambiente solo si se ingresa un valor no negativo

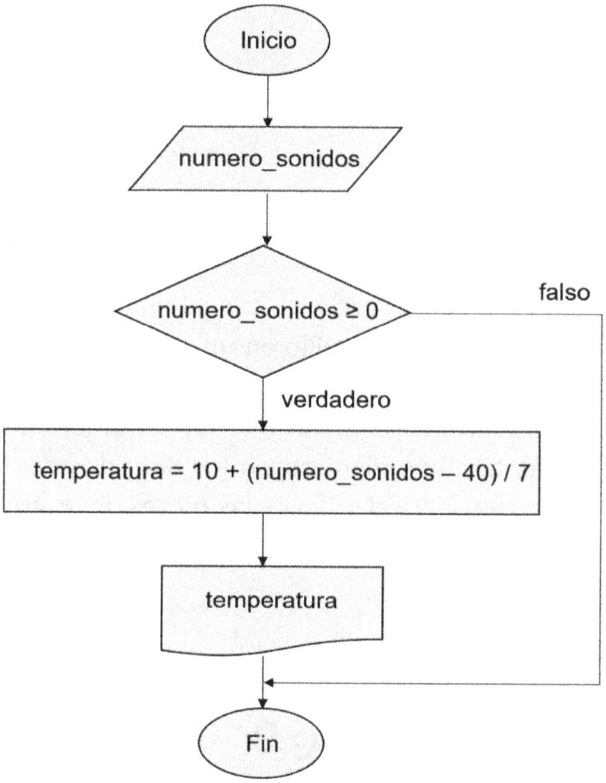

Diagrama de flujo 3.3

A continuación, presentamos el programa correspondiente.

Programa 3_3.py

```
numero_sonidos = int(input('¿Número de sonidos del grillo? '))
if numero_sonidos >= 0:
    temperatura = 10 + (numero_sonidos – 40) / 7
    print(f'\nLa temperatura en grados Celsius es = {temperatura:.2f}°C')
```

Los resultados de algunas pruebas se muestran más abajo.

CP1: se ingresa un número positivo.
¿Número de sonidos del grillo? 98
La temperatura en grados Celsius es = 18.29°C
CP2: se ingresa un número negativo.
¿Número de sonidos del grillo? -45

Problema 3.4
En un shopping hacen un descuento del 15% a todos aquellos clientes que compran por más de $3000. Dado como dato el importe de la compra de una persona, realice un diagrama de flujo y el programa correspondiente que calcule cuál es el descuento y cuánto debe pagar por la compra.

Dato: importe de la compra realizada
Resultado: monto de la compra, descuento e importe neto a pagar

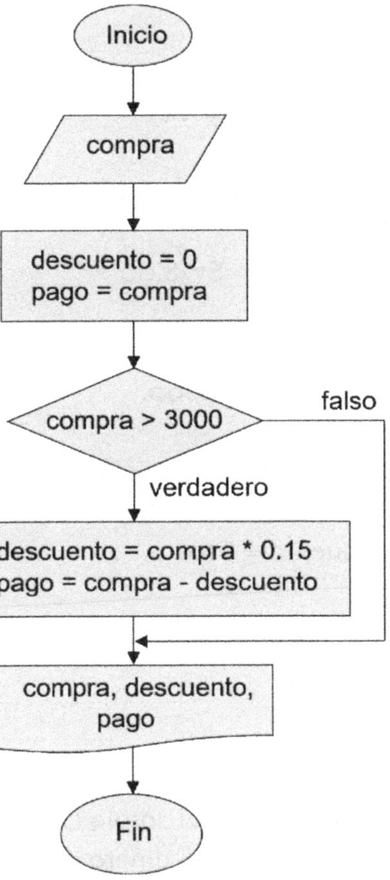

Diagrama de flujo 3.4

A continuación, presentamos el programa correspondiente.

Programa 3_4.py

```
compra = float(input('Ingrese el monto de la compra del cliente: $'))
descuento = 0
pago = compra
if compra > 3000:
   descuento = compra * 0.15
   pago = compra - descuento
print(f'\nCompra = ${compra:.2f} --> descuento = ${descuento:.2f}')
print(f'Total a pagar = ${pago:.2f}')
```

A continuación, se presentan dos de las pruebas realizadas. En la primera, CP1, el importe ingresado es mayor a $3000 y, por lo tanto, le corresponde un descuento. En la segunda, CP2, el importe ingresado es menor a los $3000 y, por lo tanto, no se le da el descuento (aparece en 0).

CP1: se ingresa un importe mayor a $3000.

```
Ingrese el monto de la compra del cliente: $4920

Compra = $4920.00 --> descuento = $738.00
Total a pagar = $4182.00
```

CP2: se ingresa un importe menor a $3000.

```
Ingrese el monto de la compra del cliente: $2518

Compra = $2518.00 --> descuento = $0.00
Total a pagar = $2518.00
```

Problema 3.5 V

Estamos en el cine viendo "*los vengadores*" y pensamos comprarnos un sándwich que cuesta $135 y un refresco que cuesta $45. El antojo es grande y crece conforme se acerca la hora del intermedio. Dado como dato el dinero que tenemos en la cartera o bolsillo, desarrolle un diagrama de flujo y el programa correspondiente que determine si este nos alcanza para nuestro gran antojo. El resultado que se debe imprimir es muy simple: *sí nos alcanza* en caso de que contemos con el dinero suficiente.

Solución diagrama de flujo: https://youtu.be/cO8dln4APj4
Solución Programa 3_5: https://github.com/ebookscg-python/Libro1-python/tree/master/Cap3

Problema 3.6 V

El índice de masa corporal (IMC) se calcula dividiendo el peso del individuo entre la estatura al cuadrado. Se sabe que las personas adultas con un IMC menor a 18.5 tienen problemas de bajo peso. Desarrolle un diagrama de flujo y el programa correspondiente, tal que dado como dato el peso de una persona en kg y la estatura en metros, indique si el individuo padece problemas de bajo peso.

Solución diagrama de flujo: https://youtu.be/uo2kVmUWhc8
Solución Programa 3_6: https://github.com/ebookscg-python/Libro1-python/tree/master/Cap3

Problema 3.7 V

Dado como datos los valores enteros *p* y *q*, elabore un diagrama de flujo y el programa correspondiente que determine si los mismos satisfacen la siguiente expresión:

$$p^3 + q^3 - 2*p*q^2 < 970$$

En caso afirmativo debe imprimir los valores de *p* y *q*.

Solución diagrama de flujo: https://youtu.be/QfTpKdz5EyA
Solución Programa 3_7: https://github.com/ebookscg-python/Libro1-python/tree/master/Cap3

3.4 La estructura selectiva doble if else

La estructura selectiva doble *if-else* permite que el flujo del diagrama siga por un camino específico, el de la izquierda, si se cumple una condición o conjunto de condiciones, y por el camino de la derecha en caso contrario. Cualquiera haya sido el camino seguido, ambas ramas deben unirse y se continúa con el flujo común del diagrama. Imagínese que está considerando cenar o no en su casa. Si la respuesta es "sí", seguramente tendrá que preparar la cena, poner la mesa, servir y luego ¡lavar los platos! Después podrá disfrutar del descanso merecido. Pero, si la respuesta es no, tendrá que ir al restaurante, ordenar la cena, cenar y hacer el trayecto de regreso a su casa antes de irse a descansar. Note que, hasta el momento de tomar la decisión, hubo una secuencia de actividades, luego tomará una decisión que implicará diferentes tareas a realizar según lo que decida y, al final, seguirá con una actividad común haya o no salido a cenar que es irse a dormir.

En la figura 3.3 se presenta la estructura selectiva doble. Note que, si la condición es verdadera, se ejecuta la operación 1, mientras que si es falsa será la operación 2 la que se ejecuta.

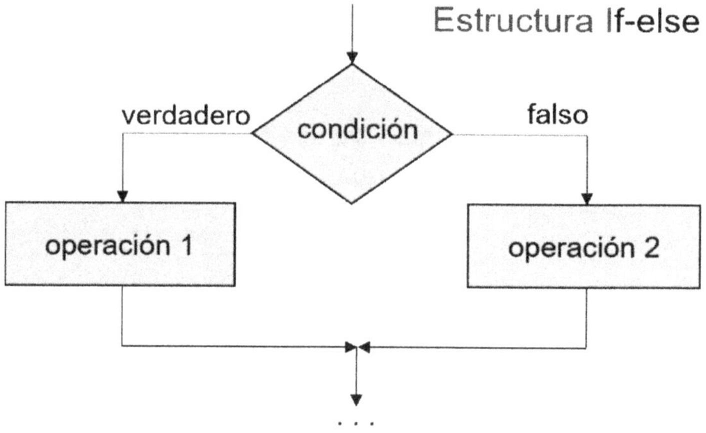

Figura 3.3 Estructura selectiva doble *if else*

En el lenguaje Python, la instrucción *if else* se escribe usando las palabras reservadas *if* y *else*, de la siguiente manera:

```
if <condición>:  # Opcionalmente se puede encerrar la condición entre paréntesis
    <operación 1>  # Se deja sangría antes de escribir la operación/instrucción
else:
    <operación 2>  # Se deja sangría antes de escribir la operación/instrucción
```

A continuación, presentamos un conjunto de problemas que ayudarán a comprender cómo funciona esta estructura.

Problema 3.8

Dado como dato la calificación de un alumno obtenida en un examen, desarrolle un diagrama de flujo y el programa correspondiente que escriba *aprobado*, si la calificación es mayor o igual a 6 o *reprobado* en caso contrario.

Dato: calificación del alumno
Resultado: un mensaje indicando si el alumno aprobó o no el examen

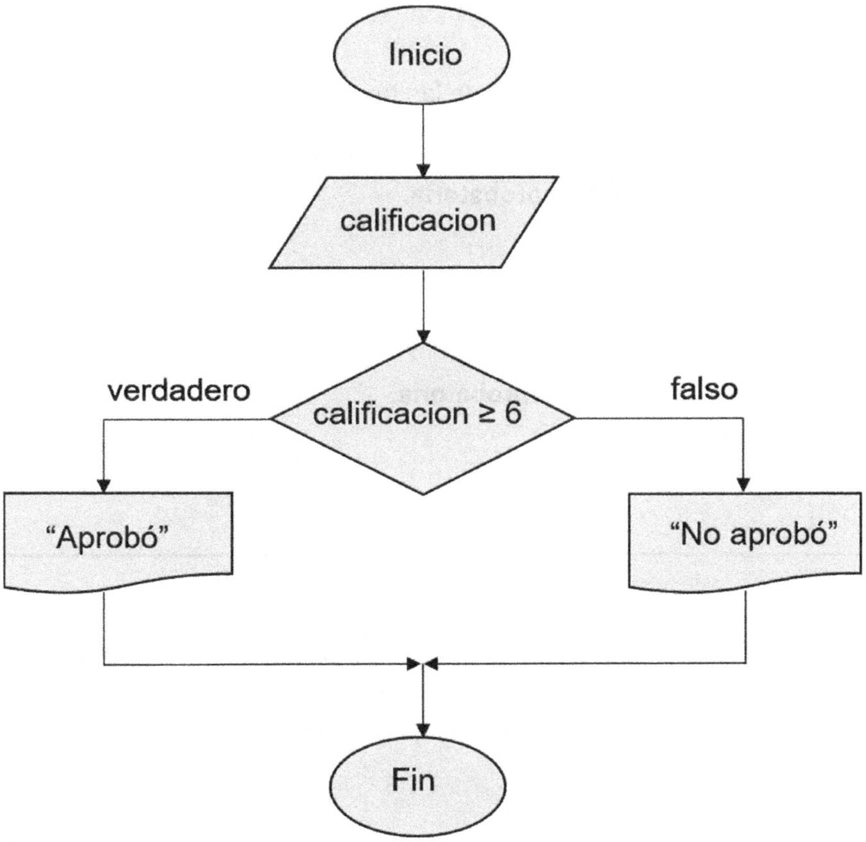

Diagrama de Flujo 3.5

A continuación, presentamos el programa correspondiente.

Programa 3_8.py

```
calificacion = float(input('\nIngrese la calificación del alumno: '))
if calificacion >= 6:
    print('\nAprobó', end = ':)')
else:
    print('\nNo aprobó', end = ':(')
```

Se presentan los resultados de algunas de las pruebas realizadas al programa.

CP1: se ingresa una calificación aprobatoria.

```
Ingrese la calificación del alumno: 8.5
Aprobó:)
```

CP2: se ingresa una calificación reprobatoria.

```
Ingrese la calificación del alumno: 5.3
No aprobó:(
```

En la primera prueba se da un valor aprobatorio, por lo tanto, se imprime el mensaje correspondiente al lado izquierdo de la selección. En la segunda, se da un valor menor a 6 y, en consecuencia, se imprime el mensaje del lado derecho.

Problema 3.9
Dado como dato el sueldo de un trabajador, realice un diagrama de flujo y el programa correspondiente que incremente el sueldo en 12% si este es menor a $8000 y, en caso contrario, en 8%. Escriba como resultado el aumento y el nuevo sueldo del trabajador.

Dato: sueldo
Resultado: aumento y el nuevo sueldo

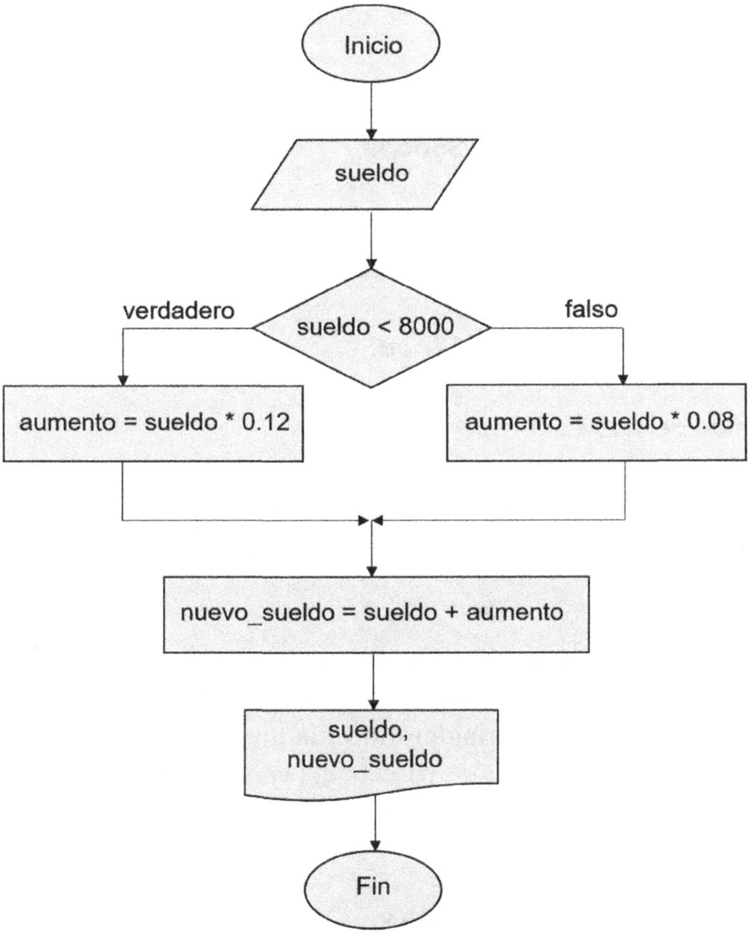

Diagrama de flujo 3.6

A continuación, presentamos el programa correspondiente.

Programa 3_9.py

```
sueldo = float(input('Ingrese el sueldo del trabajador: $'))
if sueldo < 8000:
   aumento = sueldo * 0.12
else:
   aumento = sueldo * 0.08
nuevo_sueldo = sueldo + aumento
print(f'\nAumento = ${aumento:.2f} y nuevo sueldo = ${nuevo_sueldo:.2f}')
```

Al aplicar algunas pruebas al programa se obtuvieron los siguientes resultados en la terminal.

CP1: se ingresa un sueldo menor a $8000.

Ingrese el sueldo del trabajador: $7500
El aumento es = $900.00 y el nuevo sueldo es = $8400.00

CP2: se ingresa un sueldo mayor a $8000.

Ingrese el sueldo del trabajador: $15300
El aumento es = $1224.00 y el nuevo sueldo es = $16524.00

Problema 3.10
Desarrolle un diagrama de flujo y el programa correspondiente en Python que permita calcular el precio de un boleto ida y vuelta en tren, el cual será $1.9 por cada kilómetro recorrido. Pero, si la distancia considerando ida y vuelta es mayor a 500 km y si el viaje de regreso se realiza después de 10 días del viaje de ida, obtendrá un descuento del 20%.

Figura 3.4 Súper tren bola

Datos: distancia, días
Resultado: total a pagar por el boleto de tren

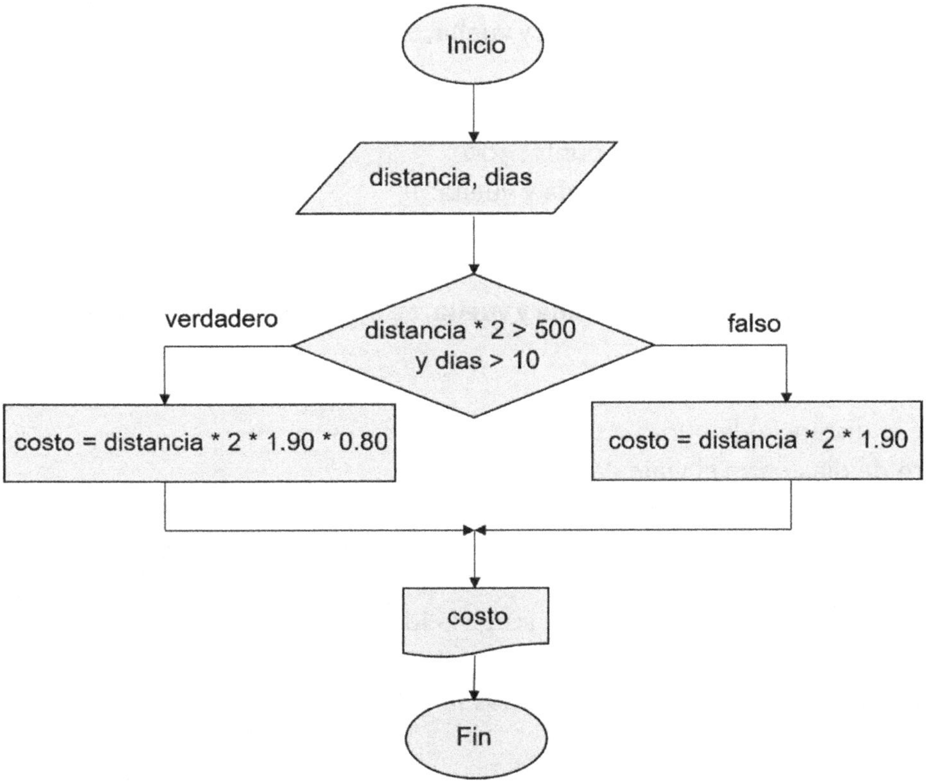

Diagrama de flujo 3.7

A continuación, presentamos el programa correspondiente.

Programa 3_10.py

```
distancia = float(input('Ingrese la distancia de punto a punto: '))
dias = int(input('Número de días entre el viaje de ida y vuelta: '))
if distancia * 2 > 500 and dias > 10:
    costo = distancia * 2 * 1.9 * 0.80
else:
    costo = distancia * 2 * 1.9
print(f'\nCosto del boleto= ${costo:.2f}')
```

Más abajo se muestran los resultados de algunas de las pruebas realizadas. En el CP1 se proporcionan valores que ocasionan un descuento en el precio del boleto, mientras que en el CP2 no.

CP1: se ingresa una distancia que, ida y vuelta, es mayor a 500 km y una permanencia mayor a 10 días.

Ingrese la distancia de punto a punto: 300
Número de días entre el viaje de ida y vuelta: 15
Costo del boleto= $912.00

CP2: se ingresa una distancia que, ida y vuelta, es mayor a 500 km y una permanencia menor a 10 días.

Ingrese la distancia de punto a punto: 300
Número de días entre el viaje de ida y vuelta: 9
Costo del boleto= $1140.00

Al analizar esta solución, seguramente surge la idea de que el problema pudo resolverse de otra forma, incluso de manera más simple. Esto es cierto, el problema se puede resolver con un *if* simple. Abajo mostramos la solución.

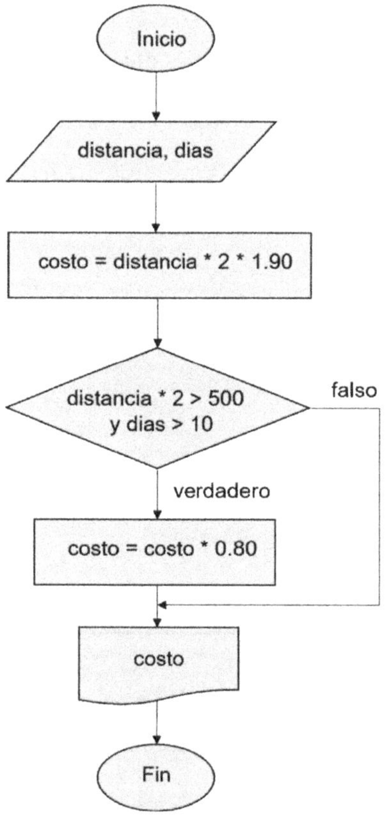

Diagrama de flujo 3.8

A continuación, presentamos el programa correspondiente.

Ejemplo 3_1.py

```
distancia = float(input('Ingrese la distancia de punto a punto: '))
dias = int(input('Número de días entre el viaje de ida y vuelta: '))
costo = distancia * 2 * 1.9
if distancia * 2 > 500 and dias > 10:
   costo = costo * 0.80
print(f'\nCosto del boleto= ${costo:.2f}')
```

Problema 3.11

Dado como datos los números enteros n1, n2, n3 y n4, realice un diagrama de flujo y el programa correspondiente que calcule el resultado de las siguientes expresiones:

$$\frac{(n1 - n2)^3}{n4} \qquad \frac{(n2 * n3)^5}{n4}$$

Datos: n1, n2, n3, n4
Resultados: dos números obtenidos por medio de las expresiones dadas

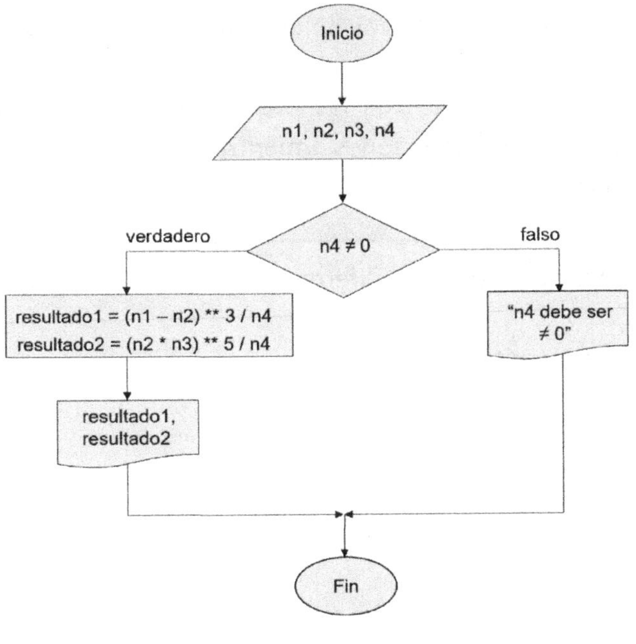

Diagrama de flujo 3.9

A continuación, presentamos el programa correspondiente.

Programa 3_11.py

```
print('\nIngrese cuatro números enteros: ')
n1 = int(input())
n2 = int(input())
n3 = int(input())
n4 = int(input())
if n4 != 0:
    resultado1 = (n1 – n2) ** 3 / n4
    resultado2 = (n2 * n3) ** 5 / n4
    print(f'\nResultado primera expresión= {resultado1:.2f}')
    print(f'\nResultado segunda expresión= {resultado2:.2f}')
else:
    print('\n¡El cuarto número debe ser distinto de 0!'.upper())
```

En este problema se utiliza la instrucción selectiva para realizar una **validación** de los datos y, evitar así, un posible error. A diferencia de los problemas anteriores, en el enunciado no se dice nada de qué hacer según los valores de los datos. Sin embargo, al analizar el problema se nota que, si el cuarto dato es un cero, entonces se tendrá un error durante la ejecución del programa. Las instrucciones selectivas son una de las maneras que tenemos para adelantarnos a situaciones que provoquen errores al ejecutar los programas. A medida que avancemos en el material, iremos estudiando otras.

Se presentan los resultados de dos de las pruebas realizadas. En el primer caso se calculan e imprimen las dos expresiones, mientras que en el segundo no se puede porque se ingresó un 0.

CP1: se ingresan 4 números enteros diferentes de 0.

```
Ingrese cuatro números enteros:
25
41
8
7

Resultado primera expresión= -585.14
```

Resultado segunda expresión= 542339427766.86

CP2: se ingresan 4 números enteros y el cuarto igual a 0.

Ingrese cuatro números enteros:
87
40
30
0

¡EL CUARTO NÚMERO DEBE SER DISTINTO DE 0!

Problema 3.12

Dado como dato un número entero, elabore un diagrama de flujo y el programa correspondiente que determine e imprima si el número es par o impar.

Dato: número entero
Resultado: un mensaje indicando si el número es par o impar

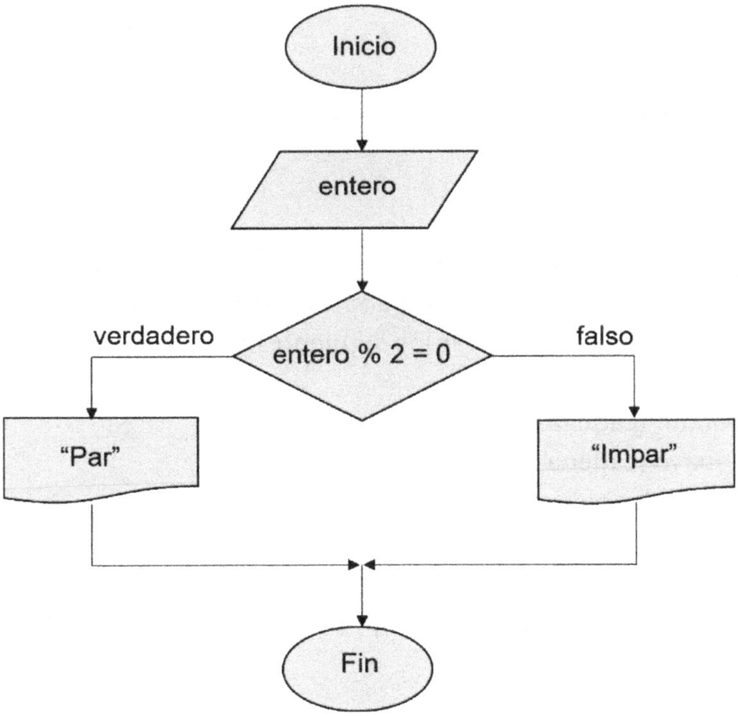

Diagrama de flujo 3.10

A continuación, presentamos el programa correspondiente.

Programa 3_12.py

```
entero = int(input('Ingrese un número entero: '))
if entero % 2 == 0:
    print('El número es par.'.center(40))
else:
    print('El número es impar.'.center(40))
```

Se muestran los resultados de dos de las pruebas realizadas.

CP1: se ingresa un número entero par.

```
Ingrese un número entero: 18
          El número es par.
```

CP2: se ingresa un número entero impar.

```
Ingrese un número entero: 41
         El número es impar.
```

Problema 3.13 V

Los ananás o piñas son frutas ideales para el verano por su alto contenido en agua. Es muy importante poder decidir si el ananá está o no maduro cuando vamos a una frutería, y para ello hay que considerar los siguientes aspectos:

- Color: dorado (cadena de caracteres)
- Aroma: suave (cadena de caracteres)
- Peso: pesada (booleano: conserva o no toda el agua)

Realice un diagrama de flujo y el programa correspondiente, tal que, dado como datos el color, el aroma y el peso de una piña imprima un mensaje adecuado indicando si la misma está o no lista para comer.

Solución diagrama de flujo: https://youtu.be/I4rimx7xpVc
Solución Programa 3_13: https://github.com/ebookscg-python/Libro1-python/tree/master/Cap3

Problema 3.14 V
Dado como datos tres números enteros realice un diagrama de flujo y el programa correspondiente que determine si el tercer número se encuentra comprendido entre los dos primeros.

Solución diagrama de flujo: https://youtu.be/fOdLA70pWS0
Solución Programa 3_14: https://github.com/ebookscg-python/Libro1-python/tree/master/Cap3

3.5 Selecciones con más de dos opciones

Hasta aquí hemos visto que hay problemas que requieren hacer alguna operación si una cierta condición se cumple. También hemos visto que otros problemas necesitan diferentes operaciones según la condición resulta verdadera o falsa. Pero, hay problemas más complejos en los cuales se tienen más de dos alternativas y, por lo tanto, se debe poder representar esta situación en los algoritmos. De manera general se conoce como selección múltiple y en algunos lenguajes se cuenta con una instrucción especial para modelarla.

En el lenguaje Python, cuando se tienen más de dos casos que considerar en la selección, se usa una variante de la instrucción *if*, llamada *elif*, que permite simplificar la escritura del código. Tanto junto al *if* inicial como junto a los *elif* se incluyen las condiciones que deben evaluarse y, dependiendo de la que se cumpla, se hará la o las operaciones indicadas junto a dicha condición. Si todas las condiciones son falsas, entonces se ejecuta la operación que acompaña al *else*, en caso de que esté presente, ya que el mismo es opcional. La sintaxis general de este tipo de selección es la siguiente:

```
if <condición1>:
   <operación1>
elif <condición2>:
   <operación2>
elif <condición3>:
   <operación3>
...
else:  # El else es opcional.
   <operación por omisión>
```

Problema 3.15

Dados como datos el nivel y el sueldo de un trabajador de la empresa KMPP, desarrolle un diagrama de flujo y el programa correspondiente que incremente el sueldo del trabajador según los criterios que se muestran en la tabla de abajo. Al final, imprima el nivel, el sueldo anterior y el nuevo sueldo del trabajador. Considere que, si el nivel es diferente a los 4 que aparecen en la tabla, entonces el sueldo deberá permanecer igual.

Tabla 3.1

Nivel	Aumento
1	12%
2	8%
3	5%
4	3.8%

Datos: nivel, sueldo

Resultados: nivel, sueldo anterior y nuevo sueldo

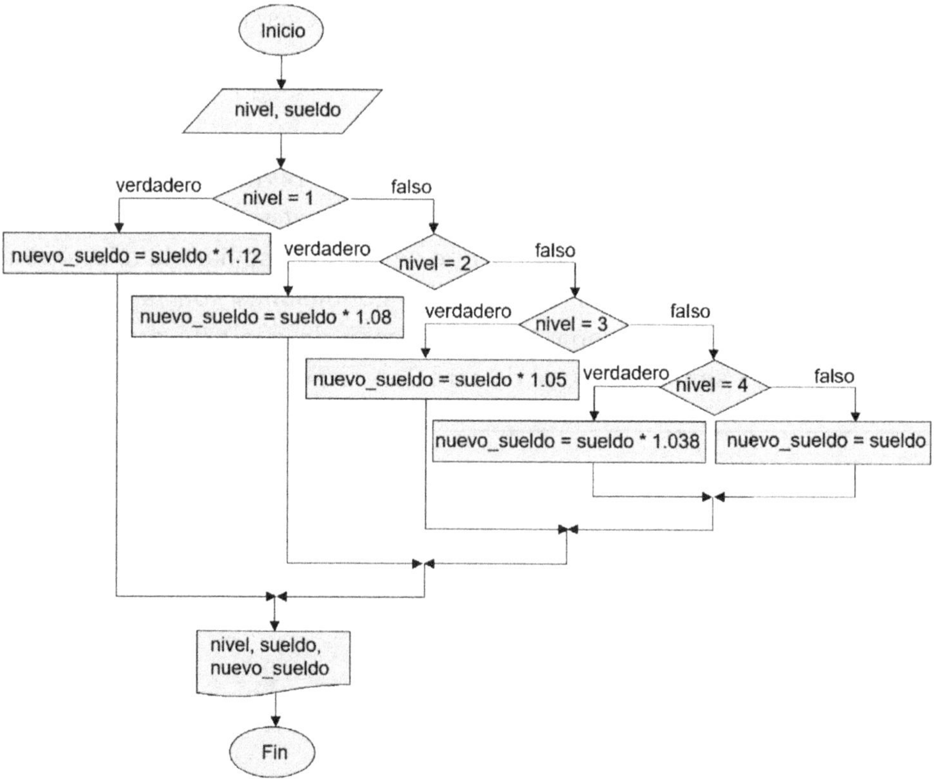

Diagrama de flujo 3.11

A continuación, presentamos el programa correspondiente.

Programa 3_15.py

```
nivel = int(input('Ingrese el nivel del trabajador: 1..4: '))
sueldo = float(input('Ingrese el sueldo del trabajador: $'))
if nivel == 1:
    nuevo_sueldo = sueldo * 1.12
elif nivel == 2:
    nuevo_sueldo = sueldo * 1.08
elif nivel == 3:
    nuevo_sueldo = sueldo * 1.05
elif nivel == 4:
    nuevo_sueldo = sueldo * 1.038
else:
    nuevo_sueldo = sueldo
print('\nNivel:', nivel)
print(f'Sueldo anterior = ${sueldo:.2f}\nNuevo sueldo = ${nuevo_sueldo:.2f}')
```

Se muestran los resultados de dos de las pruebas realizadas.

CP1: se ingresa un nivel y un sueldo dentro de lo previsto.

```
Ingrese el nivel del trabajador: 1..4: 3
Ingrese el sueldo del trabajador: $10000

Nivel: 3
Sueldo anterior = $10000.00
Nuevo sueldo = $10500.00
```

CP2: se ingresa un nivel y un sueldo. El nivel no corresponde a los planteados en el problema.

```
Ingrese el nivel del trabajador: 1..4: 35
Ingrese el sueldo del trabajador: $8000

Nivel: 35
Sueldo anterior = $8000.00
Nuevo sueldo = $8000.00
```

Observe que en la segunda corrida se ingresa un valor de nivel (35) diferente a los especificados en la estructura selectiva. En este caso, se ejecuta la instrucción que acompaña al *else*.

Problema 3.16

Dados como datos dos números, uno entero (*k*) y uno real (*x*), obtenga el resultado de la siguiente función:

$$f(x) \begin{cases} x/5 & \text{Si } k = 1 \\ x^2 & \text{Si } k = 2 \text{ o } 3 \\ x^3 + 5 & \text{Si } k = 4 \\ \sqrt{x} & \text{Para cualquier otro caso} \end{cases}$$

Datos: k, x
Resultado: f(x)

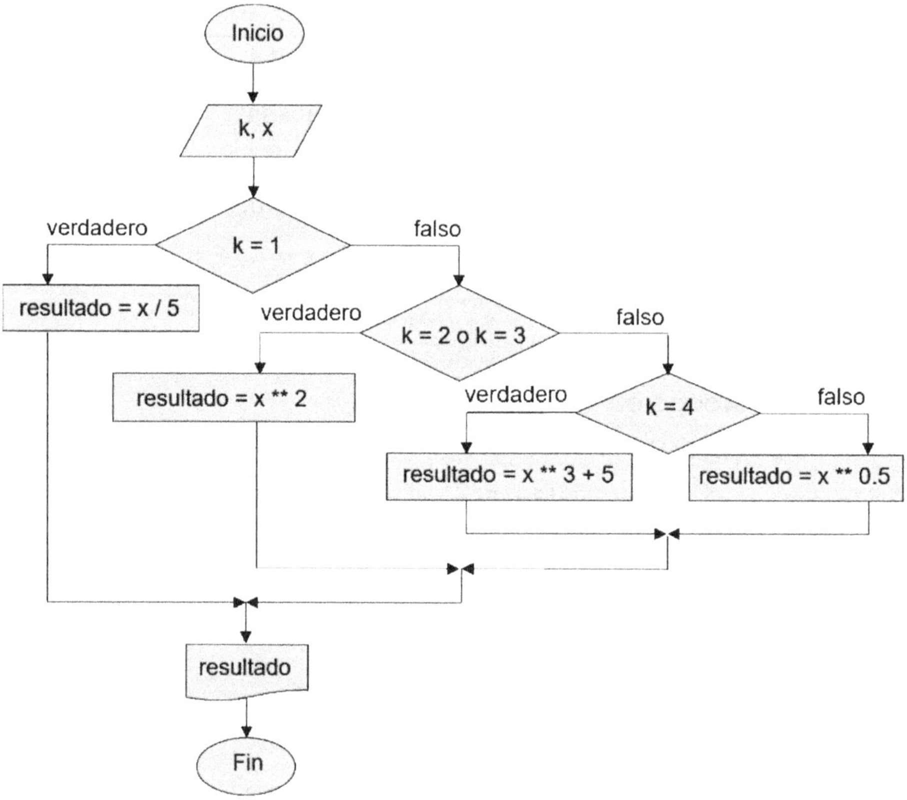

Diagrama de flujo 3.12

A continuación, presentamos el programa correspondiente.

Programa 3_16.py

```
k = int(input('Ingrese el valor de k: '))
x = float(input('Ingrese el valor de x: '))
if k == 1:
    resultado = x / 5
elif k == 2 or k == 3:
    resultado = x ** 2
elif k == 4:
    resultado = x ** 3 + 5
else:
    resultado = x ** 0.5
print(f'\nF(x) = {resultado:.2f}')
```

Se muestran los resultados de dos de las pruebas realizadas.

CP1: se ingresa 3 como valor de k.

```
Ingrese el valor de k: 3
Ingrese el valor de x: 214.5

F(x) = 46010.25
```

CP2: se ingresa 10 como valor de k.

```
Ingrese el valor de k: 10
Ingrese el valor de x: 9

F(x) = 3.00
```

Problema 3.17

Una empresa de automóviles ofrece descuentos y bonos en casi todas sus unidades del año 2020, según los criterios que se muestran en la tabla de abajo. Si el modelo no se encuentra en la tabla, entonces no tiene ningún tipo de descuento ni bono. Es obvio que el genial modelo Z no tiene descuento; de hecho, la gente hace cola y hasta se pelea por tener este nuevo modelo.

Dado como dato el modelo y el precio inicial del vehículo, desarrolle un diagrama de flujo y el programa correspondiente que calcule el precio final. Se debe imprimir el modelo, el precio original y el nuevo precio.

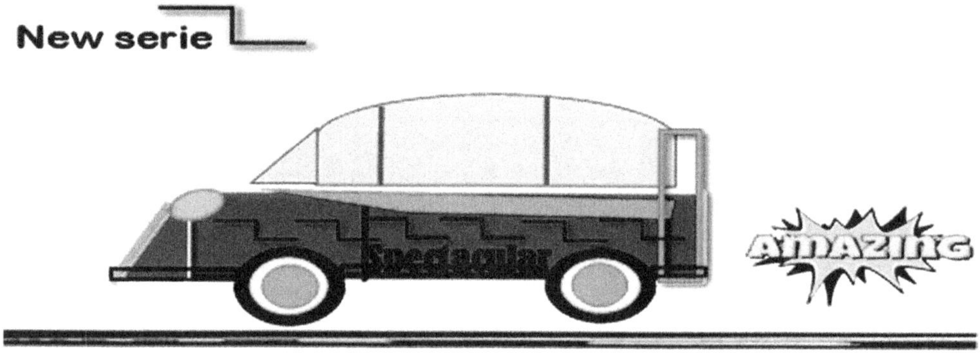

Figura 3.5 Nuevo serie Z

Tabla 3.2

Modelo	Descuento	Bono
Serie 1	3%	$20,000
Serie 3	5%	$35,000
Serie 4	5%	$35,000
Serie 5	5%	$60,000
X1	5%	$30,000
X3	7%	$50,000
X5	9%	$70,000

Datos: modelo, precio
Resultados: modelo, precio inicial y precio final

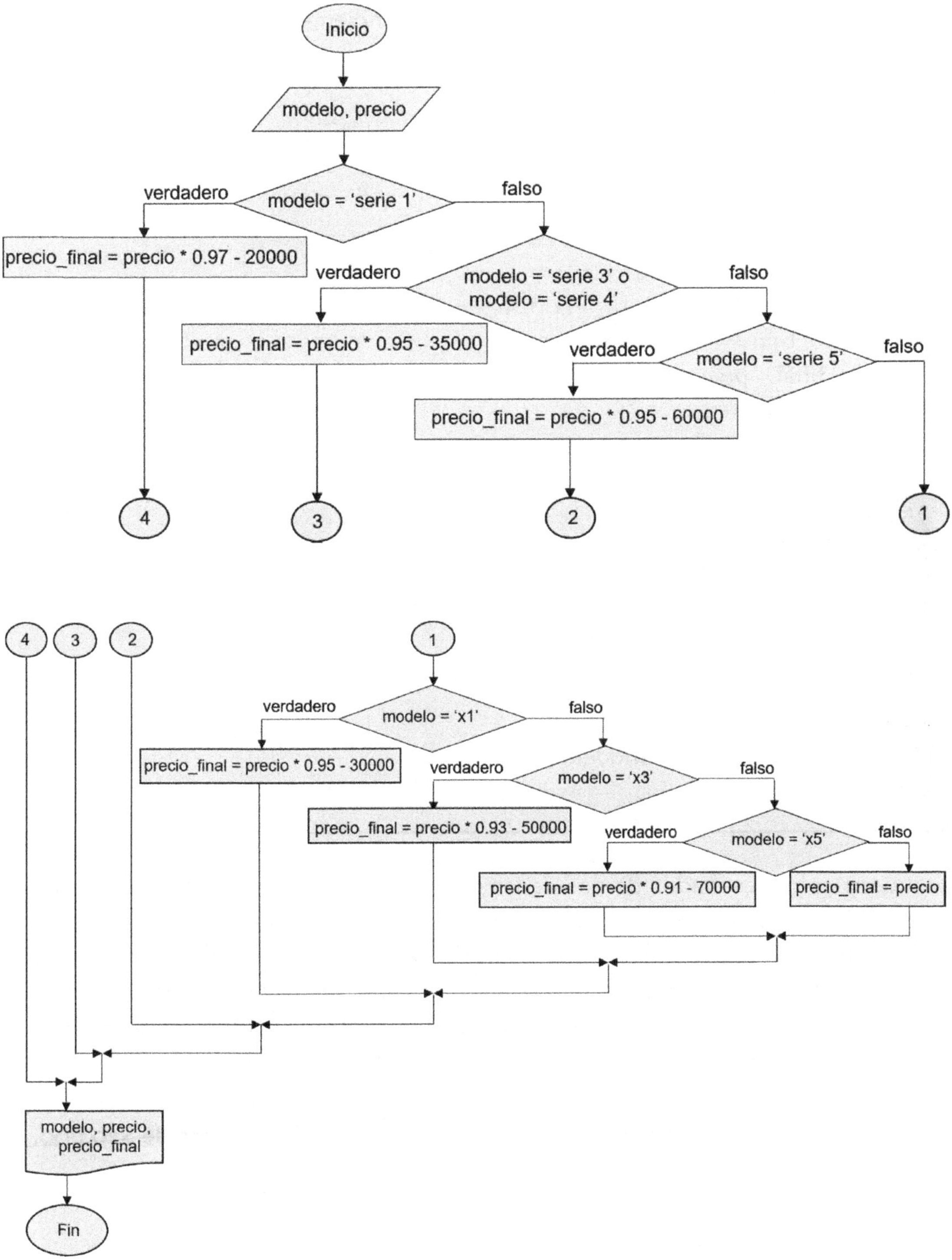

Diagrama de flujo 3.13

A continuación, presentamos el programa correspondiente.

Programa 3_17.py

```
modelo = input('Ingrese el modelo del automóvil: ')
precio = float(input('Ingrese el precio base: $'))
modelo_min = modelo.lower()  # Para evitar inconsistencias al comparar.
if modelo_min == 'serie 1':
    precio_final = precio * 0.97 - 20000
elif modelo_min == 'serie 3' or modelo == 'serie 4':
    precio_final = precio * 0.95 - 35000
elif modelo_min == 'serie 5':
    precio_final = precio * 0.95 - 60000
elif modelo == 'x1':
    precio_final = precio * 0.95 - 30000
elif modelo_min == 'x3':
    precio_final = precio * 0.93 - 50000
elif modelo_min == 'x5':
    precio_final = precio * 0.91 - 70000
else:
    precio_final = precio
print('\nPara el modelo:', modelo.upper())
print(f'\nEl precio base es = ${precio:.2f} y el precio final es = ${precio_final:.2f}')
```

Se muestran los resultados de dos de las pruebas realizadas. En la primera corrida el precio final se ve afectado por un descuento y un bono, mientras que en el segundo caso el precio final es igual al precio base. En estos ejemplos de corridas también se puede notar el efecto de usar el método *lower()* en la variable modelo: independientemente de si se usan mayúsculas o minúsculas al ingresar el modelo, la comparación siempre se hace con los modelos en minúscula, evitando así inconsistencias.

CP1: se ingresa un modelo que tiene un descuento del 3% y un bono de $20,000.

```
Ingrese el modelo del automóvil: Serie 1
Ingrese el precio base: $100000

Para el modelo: SERIE 1
El precio base es = $100000.00 y el precio final es = $77000.00
```

CP2: se ingresa un modelo que no tiene beneficios.

Ingrese el modelo del automóvil: z2
Ingrese el precio base: $820000

Para el modelo: Z2
El precio base es = $820000.00 y el precio final es = $820000.00

Problema 3.18

El costo de las llamadas telefónicas internacionales se calcula en función de la zona geográfica del país destino y del número de minutos hablados. En la tabla de abajo se especifican la clave de la zona geográfica y el costo por minuto a cada una de esas zonas.

Dado como dato la clave de la zona geográfica y el número de minutos hablados, realice un diagrama de flujo y el programa correspondiente que calcule el costo de la llamada telefónica.

Tabla 3.3

Clave	Zona Geográfica	$ minuto
12	América del Norte	$10
15	Centro y Sud América	$8
21	Europa	$16
23	Asia	$19
29	Resto del mundo	$24

Datos: clave, número de minutos
Resultado: total a pagar

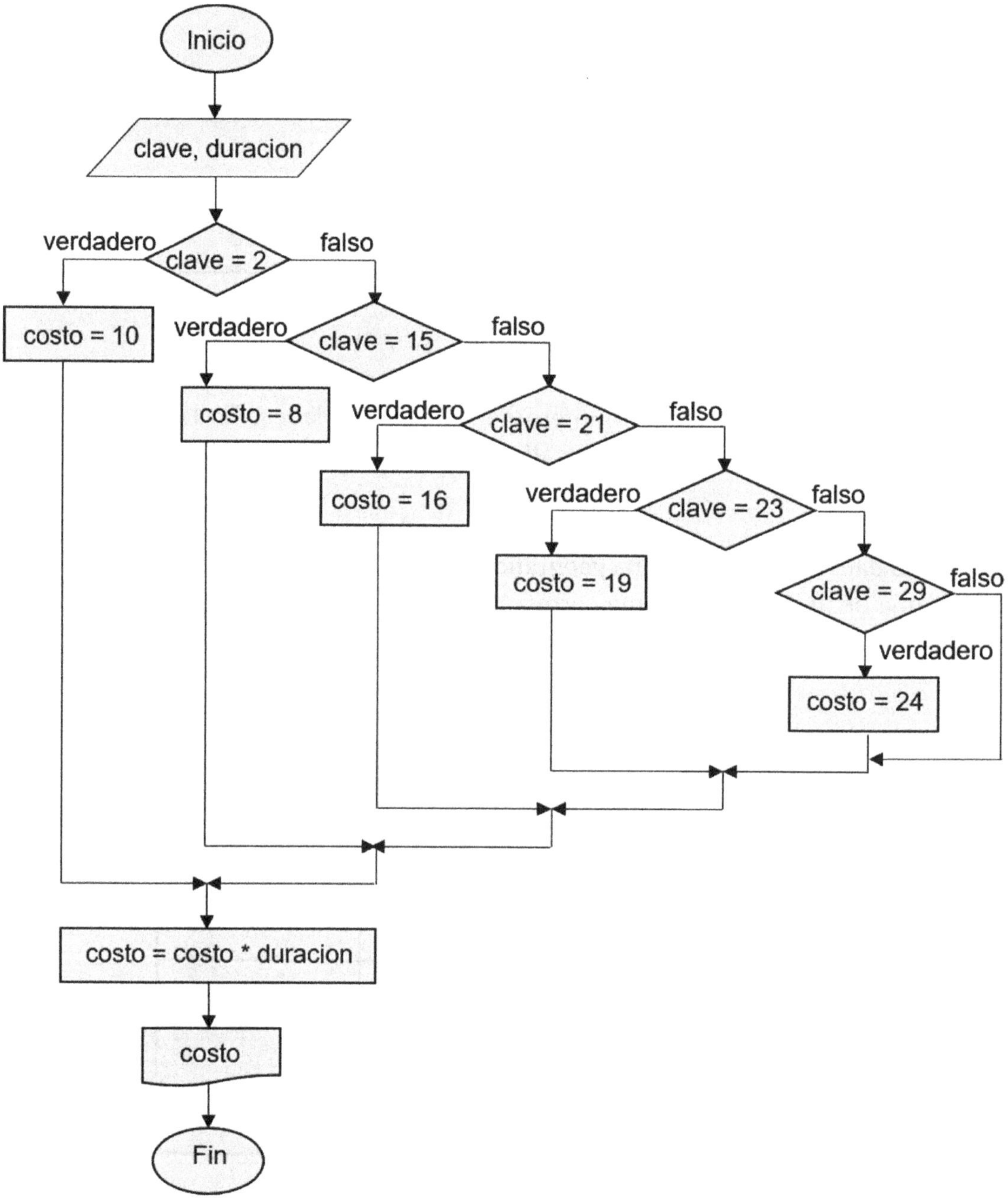

Diagrama de flujo 3.14

A continuación, presentamos el programa correspondiente.

Programa 3_18.py

```
clave = int(input('Ingrese la clave del área geográfica: '))
duracion = int(input('Ingrese la duración en número de minutos: '))
if clave == 12:
    costo = 9
elif clave == 15:
    costo = 8
elif clave == 21:
    costo = 16
elif clave == 23:
    costo = 19
elif clave == 29:
    costo = 24
costo *= duración
print(f'\nTotal a pagar por la llamada = ${costo:.2f}')
```

A continuación, se muestran algunas de las pruebas realizadas. En la primera de ellas, se da una clave igual a 21 que es uno de los casos previstos. Sin embargo, en la segunda prueba la clave es 45 y este valor no está previsto y la instrucción *if-elif* no tiene un bloque *else*. Por lo tanto, al intentar usar la variable *costo* para hacer el producto se genera el error: *NameError*.

CP1: se ingresa una clave prevista en la solución.

```
Ingrese la clave del área geográfica: 15
Ingrese la duración en número de minutos: 11

Total a pagar por la llamada = $88.00
```

CP2: se ingresa una clave no prevista en la solución.

```
Ingrese la clave del área geográfica: 45
Ingrese la duración en número de minutos: 10

...
costo *= duracion

NameError: name 'costo' is not defined
```

En el siguiente programa se presenta una variante de solución más completa, usando otra selección simple. En las próximas secciones se presentarán más problemas que requieren combinación de estructuras selectivas.

Ejemplo 3_2.py

```
clave = int(input('Ingrese la clave del área geográfica: '))
duracion = int(input('Ingrese la duración en número de minutos: '))
if clave == 12:
    costo = duracion * 9
elif clave == 15:
    costo = duracion * 8
elif clave == 21:
    costo = duracion * 16
elif clave == 23:
    costo = duracion * 19
elif clave == 29:
    costo = duracion * 24
else:
    costo = 0
    print('\n', '¡Clave incorrecta!'.center(40))
if costo > 0:
    print(f'\nTotal a pagar por la llamada = ${costo:.2f}')
```

Ejecutamos nuevamente el programa con el mismo juego de datos (CP2) y observamos en la pantalla información consistente con los datos proporcionados.

```
Ingrese la clave del área geográfica: 45

Ingrese la duración en número de minutos: 10
          ¡Clave incorrecta!
```

Problema 3.19 V

En una galería de arte recibieron varias obras de autores que aún no se cotizan internacionalmente. Por lo tanto, para establecer el precio de cada pintura aplican un criterio muy simple: precio base establecido por el dueño de la galería más 25% si es óleo, 20% si es acuarela, 18% si es gouache y 10% para cualquier otra técnica. Debe realizar un diagrama de flujo y el programa correspondiente, tal que dado el precio base y la técnica empleada por el pintor, calcule e imprima el precio de la obra.

Solución diagrama de flujo: https://youtu.be/lwctAm-Be7Y
Solución Programa 3_19: https://github.com/ebookscg-python/Libro1-python/tree/master/Cap3

Problema 3.20 V
En un hotel de Huatulco, Oaxaca, requieren de una aplicación que permita estimar a sus huéspedes cuánto pagarán al final de su estadía. Los precios de las habitaciones dependen del tipo de estas, los cuales son: S (simple), D (doble), T (triple) y F (familiar). En estos momentos, las habitaciones individuales cuestan por día: $1,500, las dobles $2,100, las triples $2,700 y las familiares $3,500. Dados como datos, el total de días y el tipo de habitación, realice un diagrama de flujo y el programa correspondiente, que calcule e imprima el total a pagar.

Solución diagrama de flujo: https://youtu.be/B3j_UBBoyAA
Solución Programa 3_20: https://github.com/ebookscg-python/Libro1-python/tree/master/Cap3

3.6 Estructuras selectivas en cascada

Las estructuras selectivas en cascada o anidadas, como también se conocen, se presentan cuando para poder resolver un problema debemos utilizar estructuras selectivas que se encuentran dentro de otras estructuras selectivas.

Las estructuras selectivas pueden ser o no del mismo tipo y se pueden utilizar tantas veces como sean necesarias. Este caso es sumamente común en la solución de problemas como se verá más adelante.

Si para resolver un problema usa una estructura selectiva y, terminada esta, utiliza otra estructura selectiva, éstas no se consideran en cascada.

En la figura 3.6 se presenta un esquema de dos instrucciones selectivas anidadas.

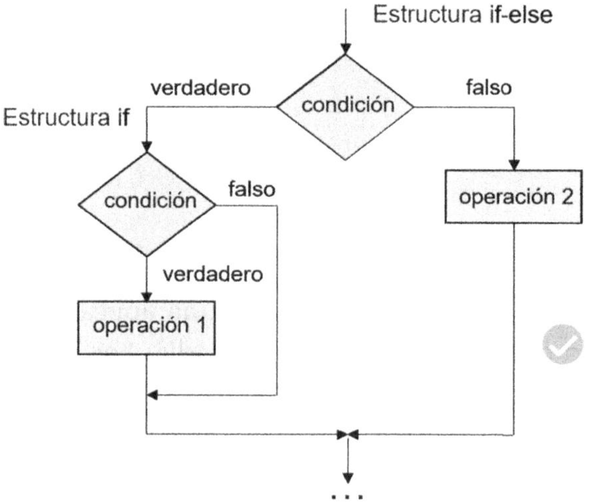

Figura 3.6 Estructuras selectivas en cascada. Estructura *if* dentro de una estructura *if else*

Problema 3.21
Dado como datos tres números enteros, desarrolle un diagrama de flujo y el programa correspondiente que permita imprimir estos números en orden descendente.

Datos: n1, n2, n3
Resultado: los 3 números de mayor a menor

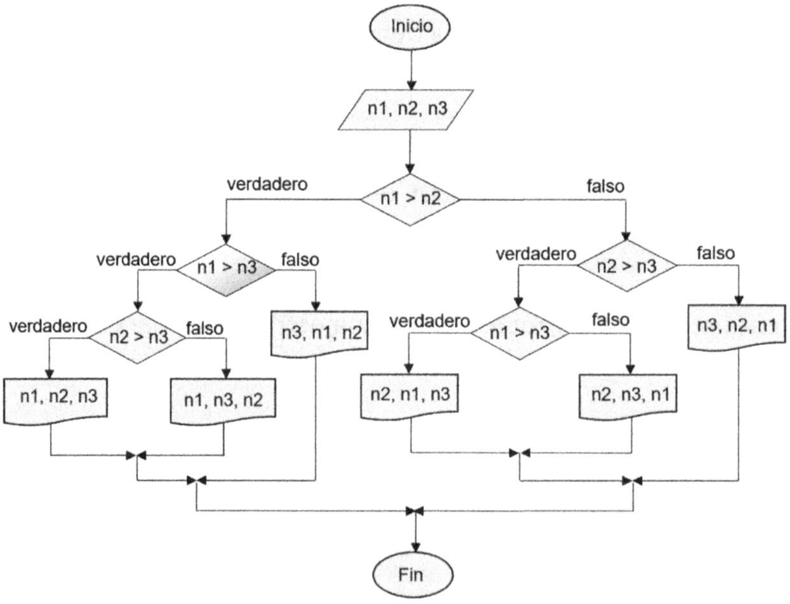

Diagrama de flujo 3.15

A continuación, presentamos el programa correspondiente.

Programa 3_21.py

```
n1 = int(input('Ingrese el primer número entero: '))
n2 = int(input('Ingrese el segundo número entero: '))
n3 = int(input('Ingrese el tercer número entero: '))
print('\nNúmeros en orden decreciente: ', end = '')
if n1 > n2:
   if n1 > n3:
      if n2 > n3:
         print(n1, n2, n3, sep = ', ')
      else:
         print(n1, n3, n2, sep = ', ')
   else:
      print(n3, n1, n2, sep = ', ')
else:
   if n2 > n3:
      if n1 > n3:
         print(n2, n1, n3, sep = ', ')
      else:
         print(n2, n3, n1, sep = ', ')
   else:
      print(n3, n2, n1, sep = ', ')
```

Se muestran los resultados de algunas de las pruebas realizadas.

CP1: se ingresan 3 números enteros en orden creciente.

```
Ingrese el primer número entero: 1
Ingrese el segundo número entero: 2
Ingrese el tercer número entero: 3

Números en orden decreciente: 3, 2, 1
```

CP2: se ingresan 3 números enteros sin orden.

Ingrese el primer número entero: 305
Ingrese el segundo número entero: -108
Ingrese el tercer número entero: 412

Números en orden decreciente: 412, 305, -108

CP3: se ingresan 3 números, dos de los cuales son iguales.

Ingrese el primer número entero: 25
Ingrese el segundo número entero: 21
Ingrese el tercer número entero: 25

Números en orden decreciente: 25, 25, 21

Problema 3.22

Dado como dato la variable entera x, desarrolle un diagrama de flujo y el programa correspondiente que obtenga el resultado de la función que aparece abajo. Al final debe imprimir x y el resultado de la función (y).

$$y = f(x) = \begin{cases} 5x + 12 & 0 \leq x \leq 10 \\ x^2 & 10 < x \leq 20 \\ x^3 + 5 & 20 < x \leq 30 \\ x/6 + x^2 & 30 < x \leq 40 \\ 0 & \text{Para cualquier otro valor de x} \end{cases}$$

Dato: x
Resultados: x y f(x)

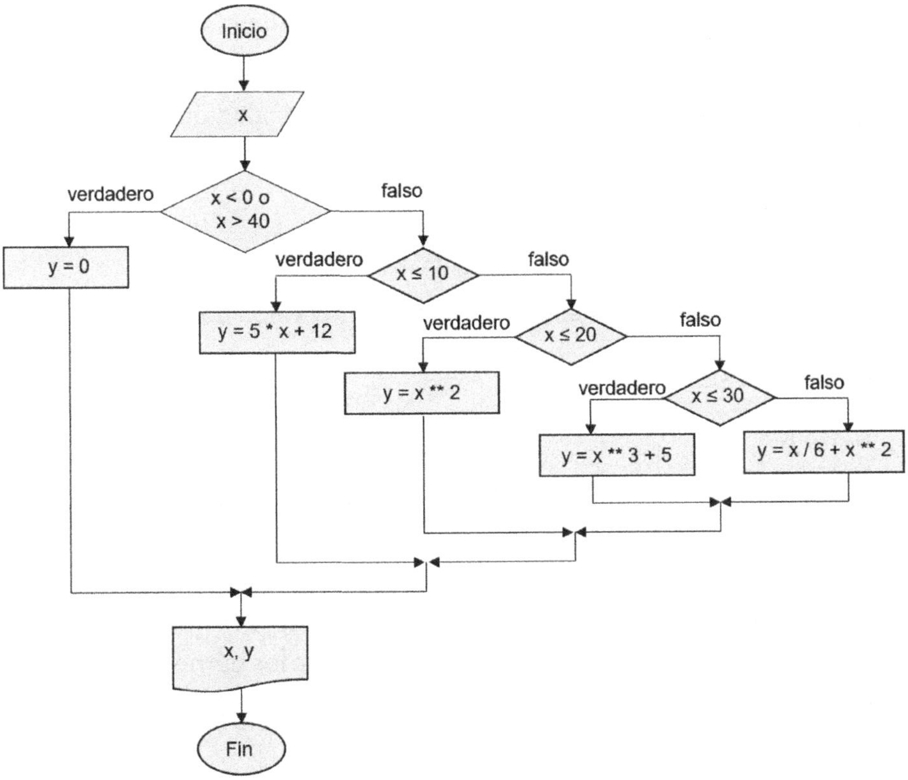

Diagrama de flujo 3.16

A continuación, presentamos el programa correspondiente.

Programa 3_22.py

```
x = int(input('Ingrese el valor de x (entero): '))
if x < 0 or x > 40:
    y = 0
else:
    if x <= 10:
        y = 5 * x + 12
    elif x <= 20:
        y = x ** 2
    elif x <= 30:
        y = x ** 3 + 5
    else:
        y = x // 6 + x ** 2
print(f'\nx = {x:d} --> f(x) = {y:d}')
```

Se muestran los resultados de algunas de las pruebas realizadas.

CP1: se ingresa un número que está en uno de los intervalos dados.

Ingrese el valor de x (entero): 35

x = 35 --> f(x) = 1230

CP2: se ingresa un número que está fuera de los intervalos dados.

Ingrese el valor de x (entero): 51

x = 51 --> f(x) = 0

Problema 3.23

Dados como datos tres números enteros, realice un diagrama de flujo y el programa correspondiente que determine cuál es el mayor. Observe que los números pueden ser iguales.

Datos: a, b, c
Resultado: el mayor de los 3 números

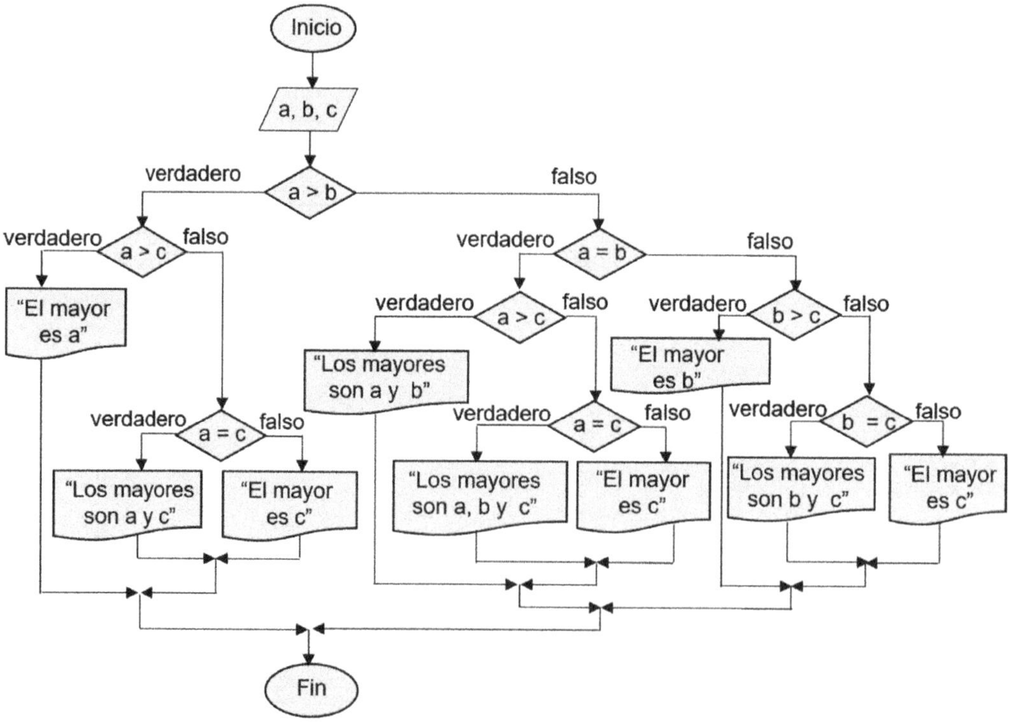

Diagrama de flujo 3.17

A continuación, presentamos el programa correspondiente.

Programa 3_23.py

```
n1 = int(input('Ingrese el primer número entero: '))
n2 = int(input('Ingrese el segundo número entero: '))
n3 = int(input('Ingrese el tercer número entero: '))
if n1 > n2:
    if n1 > n3:
        print(f'\nEl mayor es: {n1} (el primer dato)')
    elif n1 == n3:
        print(f'\nLos mayores son: {n1} y {n3} (el primero y el tercero)')
    else:
        print(f'\nEl mayor es: {n3} (el tercer dato)')
elif n1 == n2:
    if n1 > n3:
        print(f'\nLos mayores son: {n1} y {n2} (el primero y el segundo)')
    elif n1 == n3:
        print(f'\nLos mayores son: {n1} - {n2} y {n3} (los 3 son iguales)')
    else:
        print(f'\nEl mayor es: {n3} (el tercer dato)')
elif n2 > n3:
    print(f'\nEl mayor es: {n2} (el segundo dato)')
elif n2 == n3:
    print(f'\nLos mayores son: {n2} y {n3} (el segundo y el tercero)')
else:
    print(f'\nEl mayor es: {n3} (el tercer dato)')
```

Se presentan los resultados de algunas de las pruebas realizadas.

CP1: se ingresan 3 números diferentes entre sí.

```
Ingrese el primer número entero: 105
Ingrese el segundo número entero: 203
Ingrese el tercer número entero: 148

El mayor es: 203 (el segundo dato)
```

CP2: se ingresan 3 números iguales.

Ingrese el primer número entero: 5024
Ingrese el segundo número entero: 5024
Ingrese el tercer número entero: 5024

Los mayores son: 5024 – 5024 y 5024 (los 3 son iguales)

Problema 3.24

Un país latinoamericano del sur del continente tiene una inflación alta y el gobierno, considerando la situación de la población, estableció el siguiente criterio para cobrar el impuesto sobre la renta:

- Si el ingreso es ≤ a $20,000 → no paga impuestos.
- Si el ingreso es ≤ a $40,000 → paga 15% de impuesto.
- Si el ingreso es ≤ a $70,000 → paga 25% de impuesto.
- Si el ingreso es ≤ a $100,000 → paga 30% de impuesto.
- En cualquier otro caso → paga 35% de impuesto.

Además, fijó el mínimo no imponible en $20,000. Esto significa que por los primeros $20,000 en ningún caso se paga impuestos. También se estableció una reducción de la alícuota para aquellos que tengan un ingreso mayor a $70,000 y más de 4 dependientes económicos a cargo. En caso de reunir las condiciones pagará 28% o 33%, según la escala del ingreso.

Dados como dato el ingreso del contribuyente y el número de dependientes económicos que tiene a cargo, realice un diagrama de flujo y el programa correspondiente que determine el impuesto sobre la renta a retener y lo que percibirá de su ingreso una vez retenido el impuesto.

Datos: ingreso, número de dependientes económicos
Resultados: impuesto sobre la renta e ingreso neto a cobrar

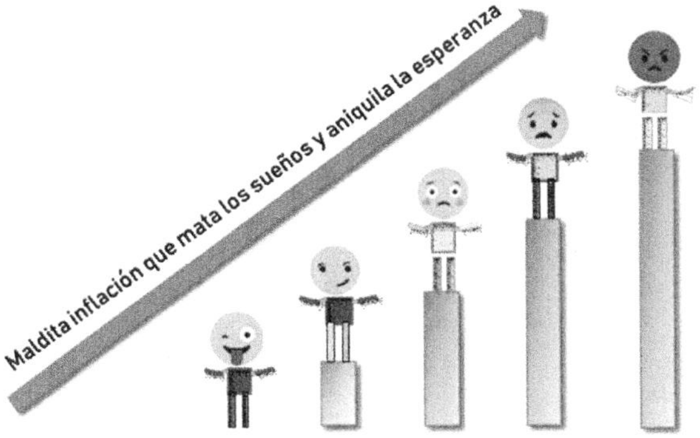

Figura 3.7 Proceso inflacionario

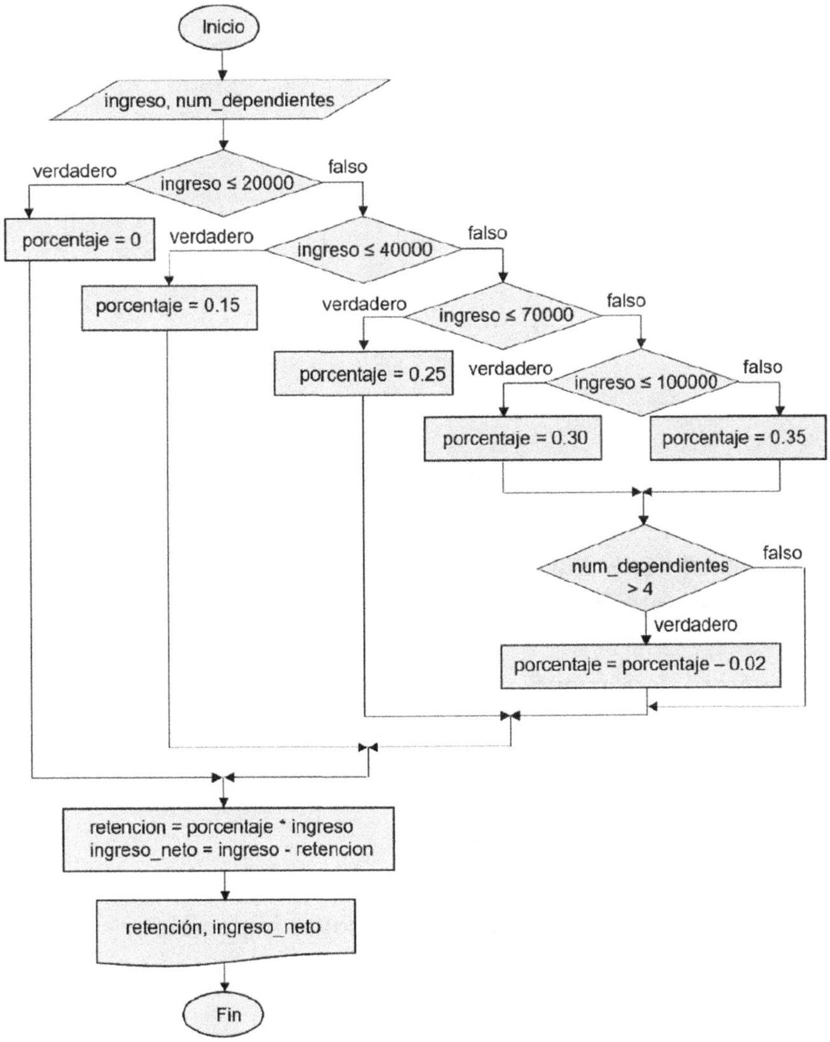

Diagrama de flujo 3.18

A continuación, presentamos el programa correspondiente.

Programa 3_24.py

```
ingreso = float(input('Proporcione el ingreso correspondiente: $'))
num_dependientes = int(input('Ingrese el número de dependientes económicos: '))
if ingreso <= 20000:
    porcentaje = 0
elif ingreso <= 40000:
    porcentaje = 0.15
elif ingreso <= 70000:
    porcentaje = 0.25
else:
    if ingreso <= 100000:
        porcentaje = 0.3
    else:
        porcentaje = 0.35
    if num_dependientes > 4:
        porcentaje -= 0.02
retencion = ingreso * porcentaje
ingreso_neto = ingreso - retencion
print(f'\nRetención: ${retencion:.2f} \nIngreso neto: ${ingreso_neto:.2f}')
```

Se muestran los resultados de algunas de las pruebas realizadas al programa.

CP1: se proporciona un ingreso al que le corresponde un 30% de impuesto, pero con un número de dependientes que disminuye en 2% el impuesto.

```
Proporcione el ingreso correspondiente: $100000
Ingrese el número de dependientes económicos: 5

Retención: $28000.00
Ingreso neto: $72000.00
```

CP2: se proporciona un ingreso por debajo del monto imponible.

```
Proporcione el ingreso correspondiente: $19500
```

```
Ingrese el número de dependientes económicos: 3

Retención: $0.00
Ingreso neto: $19500.00
```

Problema 3.25 *V*

En una empresa de productos lácteos reconocen la labor de sus empleados y a fin de año, como muestra de ese agradecimiento y en la fiesta de la empresa, les otorgan un bono anual. El importe que se paga depende del sueldo y de la antigüedad, y se calcula aplicando las siguientes reglas:

- 6% del sueldo por cada año trabajado, si la antigüedad es menor o igual a 10 años.
- 6.5% del sueldo por cada año trabajado si la antigüedad es menor o igual a 20 años.
- 7% del sueldo por cada año trabajado si la antigüedad es menor o igual a 30 años.
- El mismo porcentaje anterior y un extra de 22% de sueldo, si la antigüedad es mayor a 30 años.

Dados como datos, el sueldo y la antigüedad del empleado, desarrolle un diagrama de flujo y el programa correspondiente, que calcule el bono anual.

Solución diagrama de flujo: https://youtu.be/fhNbEaWh8dQ
Solución Programa 3_25: https://github.com/ebookscg-python/Libro1-python/tree/master/Cap3

3.7 Estructuras selectivas: otras formas de uso

Las estructuras selectivas son fundamentales para resolver problemas. Se puede afirmar que la solución de cualquier problema de cierta complejidad implica tomar una decisión y, por lo tanto, se requiere usar las instrucciones selectivas. Como vimos en la sección anterior, se pueden utilizar anidadas o en cascada, pero también hay muchísimos problemas en los que estas estructuras se deben aplicar en secuencia. Es decir, después de utilizar una estructura selectiva, debemos utilizar otra del mismo o de otro tipo.

A continuación, presentamos un conjunto de problemas en los que se utilizan estructuras selectivas en secuencia y, en algunos casos, también anidadas.

Problema 3.26
En un taller mecánico necesitan calcular el importe a pagar a cada empleado teniendo en cuenta las horas extras trabajadas. Para el pago de horas extras se considera, como se muestra en la tabla de abajo, además del número de horas, la categoría del trabajador. Cabe mencionar que solo se pueden pagar como máximo 30 horas extras. Además, los empleados cuya categoría es mayor a 4, se consideran empleados de confianza y no reciben este tipo de estímulos.

Dados como datos, el sueldo, la categoría del trabajador y el número de horas extras trabajadas, realice un diagrama de flujo y el programa correspondiente que calcule el sueldo a cobrar, incluyendo las horas extras, si corresponden.

Tabla 3.4

Categoría	Valor hora extra
1	$120
2	$150
3	$195
4	$245

Datos: sueldo, categoría, horas extras trabajadas
Resultado: sueldo que cobrará el empleado

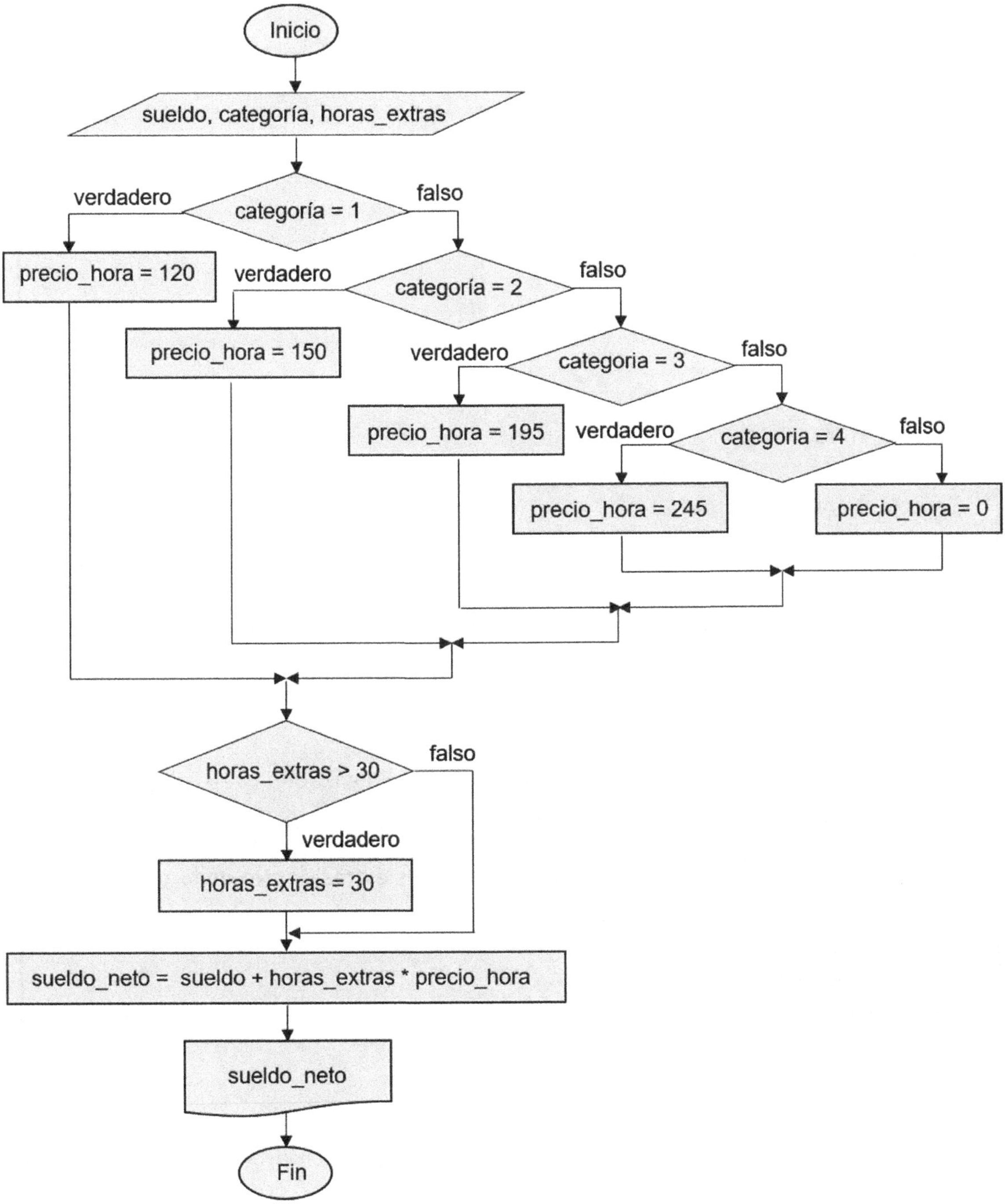

Diagrama de flujo 3.19

A continuación, presentamos el programa correspondiente.

Programa 3_26.py

```
sueldo = float(input('Sueldo del empleado: $'))
categoria = int(input('Categoría del empleado: '))
horas_extras = int(input('Número de horas extras: '))
if categoria == 1:
   precio_hora = 120
elif categoria == 2:
   precio_hora = 150
elif categoria == 3:
   precio_hora = 195
elif categoria == 4:
   precio_hora = 245
else:
   precio_hora = 0
if horas_extras > 30:
   horas_extras = 30
sueldo_neto = sueldo + horas_extras * precio_hora
print(f'\nSueldo final: ${sueldo_neto:.2f}')
```

Se presentan los resultados de algunas de las pruebas realizadas.

CP1: se ingresan clave, categoría y número de horas extras dentro de lo previsto.

```
Sueldo del empleado: $10980
Categoría del empleado: 2
Número de horas extras: 10

Sueldo final: $12480.00
```

CP2: se ingresan clave, categoría y número de horas extras mayor a 30.

```
Sueldo del empleado: $9720
Categoría del empleado: 3
Número de horas extras: 40

Sueldo final: $15570.00
```

CP3: se ingresan clave, categoría que no cobra horas extras y número de horas extras.

Sueldo del empleado: $28900
Categoría del empleado: 7
Número de horas extras: 5

Sueldo final: $28900.00

Problema 3.27

En un hospital de la Ciudad de México tienen registros sobre los pacientes hospitalizados y las enfermedades de estos durante los últimos 15 años. Los datos históricos les permite hacer una buena estimación de los costos de internación de un paciente que presenta una determinada enfermedad. La siguiente tabla expresa estos costos diarios.

Tabla 3.5

Tipo de enfermedad	Costo diario
1	$3,150
2	$3,980
3	$5,500
4	$7,150

Además, saben que los pacientes menores a 16 años tienen un costo diario adicional del 8% y aquellos mayores a 70 años un costo adicional del 17%. Cabe señalar que, si el paciente tiene un tipo de enfermedad diferente a las que se presentan en la tabla que son las más comunes, el sistema informático no puede realizar la estimación y debe imprimir un mensaje apropiado para este tipo de casos. Dados como datos, la edad del paciente, el tipo de enfermedad y el número aproximado de días de internación, desarrolle un diagrama de flujo y el programa correspondiente que estime el costo de internación.

Datos: edad del paciente, tipo de enfermedad, número de días
Resultado: importe estimado que deberá pagarse en concepto de internación

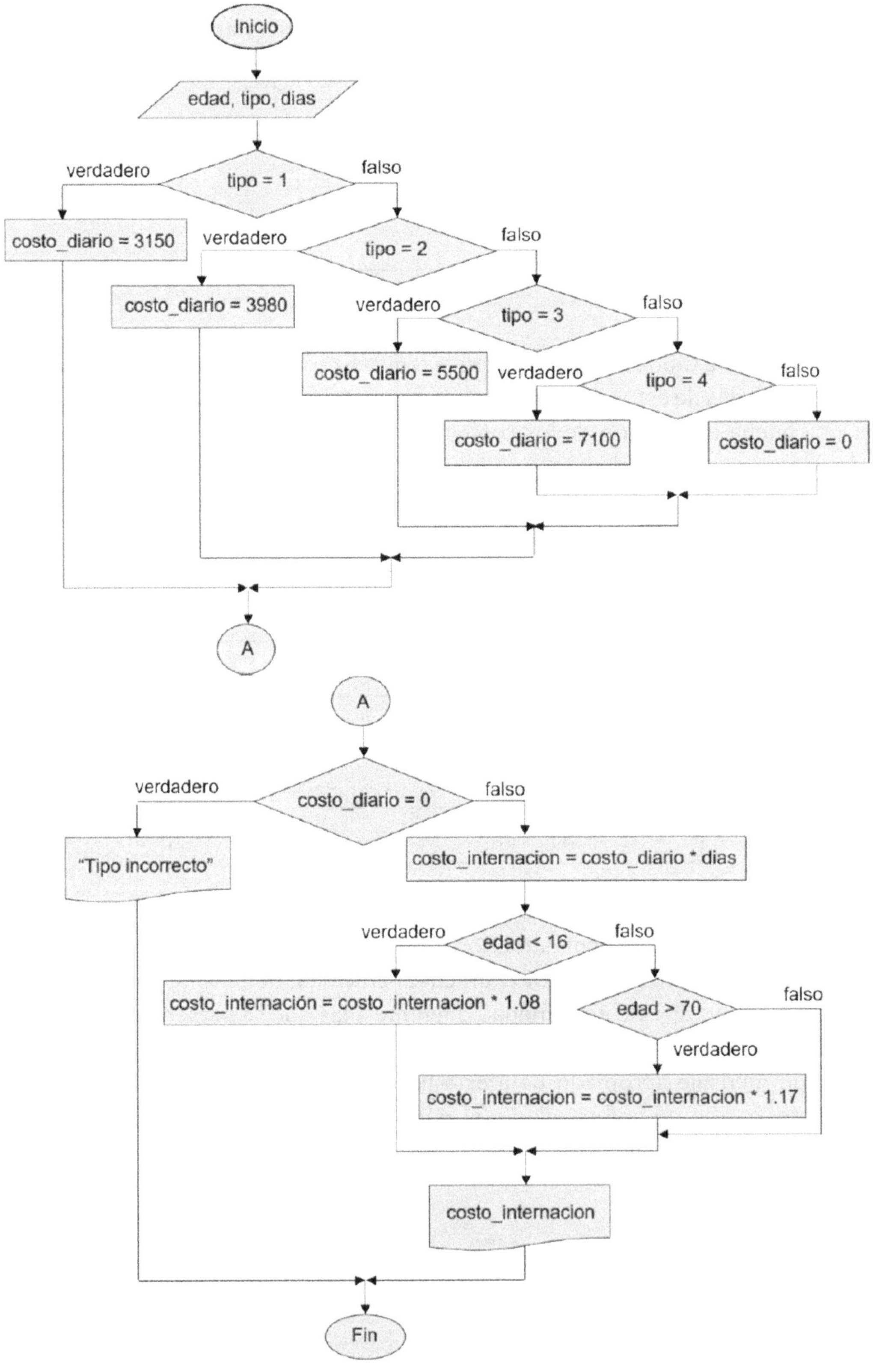

Diagrama de flujo 3.20

A continuación, presentamos el programa correspondiente.

Programa 3_27.py

```
edad = int(input('Edad del paciente: '))
tipo = int(input('Tipo de enfermedad (valor entre 1 y 4): '))
dias = int(input('Número estimado de días de internación: '))
if tipo == 1:
    costo_diario = 3150
elif tipo == 2:
    costo_diario = 3980
elif tipo == 3:
    costo_diario = 5500
elif tipo == 4:
    costo_diario = 7150
else:
    costo_diario = 0
if costo_diario == 0:
    print('\nEl tipo de enfermedad ingresado es incorrecto'.upper())
else:
    costo_internacion = costo_diario * dias
    if edad < 16:
        costo_internacion *= 1.08
    elif edad > 70:
        costo_internacion *= 1.17
    print(f'\nCosto estimado a pagar: ${costo_internacion:.2f}')
```

Se muestran los resultados de algunas de las pruebas realizadas.

CP1: se ingresan edad, tipo de enfermedad y cantidad de días de internación.

```
Edad del paciente: 20
Tipo de enfermedad (valor entre 1 y 4): 3
Número estimado de días de internación: 2

Costo estimado a pagar: $11000.00
```

CP2: se ingresan edad mayor a 70 años, tipo de enfermedad y cantidad de días de internación.

Edad del paciente: 82
Tipo de enfermedad (valor entre 1 y 4): 1
Número estimado de días de internación: 7

Costo estimado a pagar: $25798.50

CP3: se ingresan edad, tipo de enfermedad fuera del intervalo y cantidad de días de internación.

Edad del paciente: 58
Tipo de enfermedad (valor entre 1 y 4): 44
Número estimado de días de internación: 5

EL TIPO DE ENFERMEDAD INGRESADO ES INCORRECTO

Problema 3.28

En una empresa textil ubicada en Oruro, Bolivia, necesitan un empleado para un puesto técnico clave. La selección del candidato se hará entre los mismos empleados de la organización. Las condiciones que estableció la empresa para el puesto son las siguientes: categoría 3 o 5 y antigüedad mayor o igual a 5 años o bien categoría 2 y antigüedad mayor o igual a 10 años.

Realice un diagrama de flujo y el programa correspondiente tal que, dados como datos la clave, la categoría y la antigüedad del empleado determine si el mismo es o no apropiado para el puesto.

Datos: clave, categoría, antigüedad
Resultado: mensaje indicando si el empleado reúne o no las características

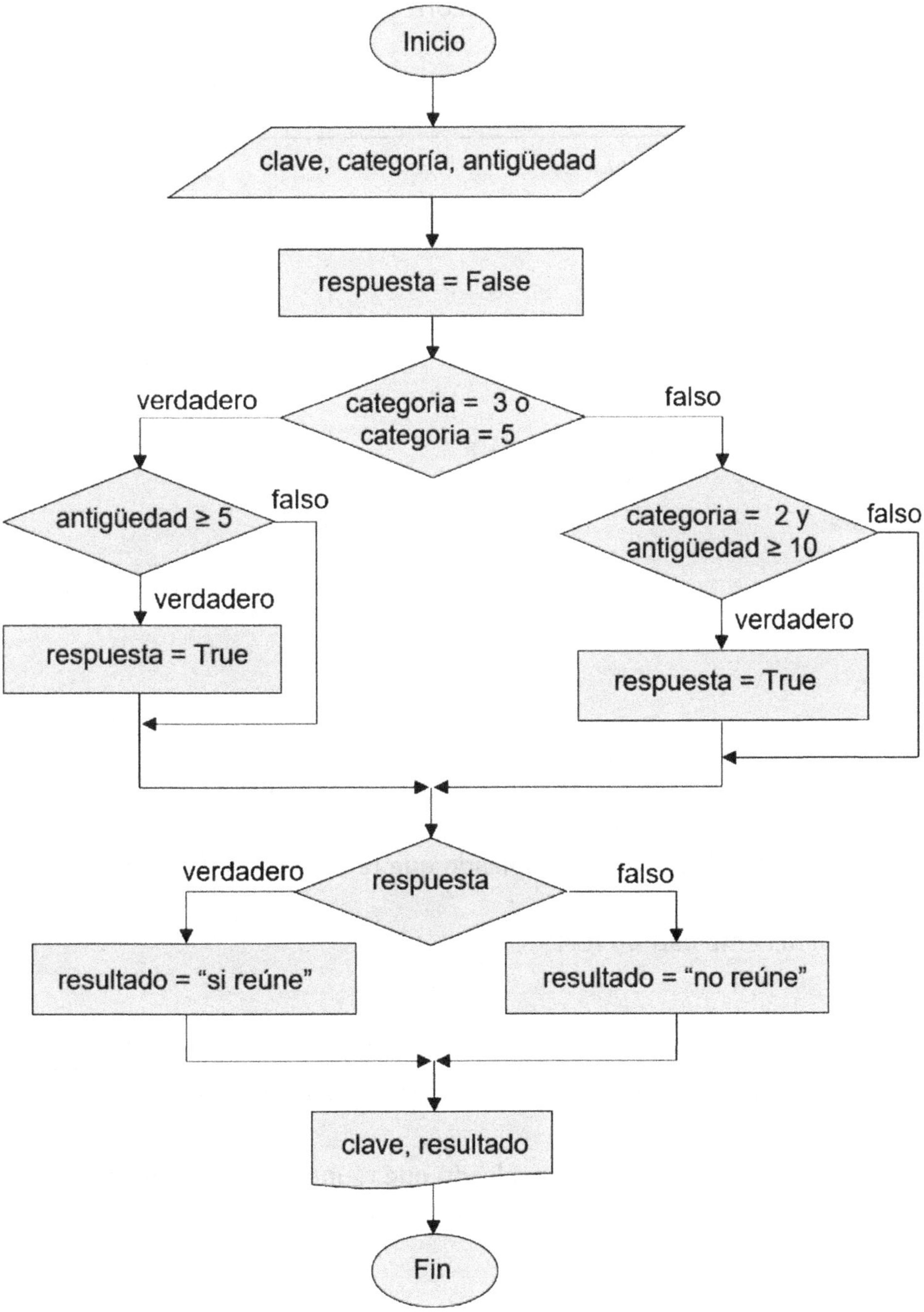

Diagrama de flujo 3.21

A continuación, presentamos el programa correspondiente.

Programa 3_28.py

```
clave = input('Ingrese clave del empleado: ')
categoria = int(input('Ingrese categoría: '))
antiguedad = int(input('Ingrese antigüedad: '))
respuesta = False
if categoria == 3 or categoria == 5:
    if antiguedad >= 5:
        respuesta = True
elif categoria == 2 and antiguedad >= 10:
    respuesta = True
if respuesta:
    resultado = 'reúne las características para el puesto.'
else:
    resultado = 'no reúne las características para el puesto.'
print(f'\nEl empleado con clave {clave} ' + resultado)
```

Se muestran los resultados de algunas de las pruebas realizadas al programa.

CP1: se ingresan los datos de un empleado que reúne las condiciones solicitadas.

```
Ingrese clave del empleado: 120A
Ingrese categoría: 3
Ingrese antigüedad: 8

El empleado con clave 120A reúne las características para el puesto.
```

CP2: Se ingresan los datos de un empleado que reúne las condiciones solicitadas.

```
Ingrese clave del empleado: 205A
Ingrese categoría: 2
Ingrese antigüedad: 10

El empleado con clave 205A reúne las características para el puesto.
```

CP3: Se ingresan los datos de un empleado que no reúne las condiciones solicitadas.

Ingrese clave del empleado: 101
Ingrese categoría: 8
Ingrese antigüedad: 10

El empleado con clave 101 no reúne las características para el puesto.

Problema 3.29 V
Una empresa de turismo organiza "paquetes" a diversos lugares del país. Para calcular los costos se tiene en cuenta el destino y el nivel del alojamiento elegido. El destino tipo playa cuesta $1200, el destino tipo ciudades coloniales $1000 y el destino zonas arqueológicas $900, considerando que son precios por día, por individuo y en habitación doble con desayuno incluido.

Además, de acuerdo con el nivel de los servicios, los paquetes pueden ser: exclusivos, de lujo o estándares. Si el cliente elige nivel *exclusivo* se le aplica un recargo del 30%, si elige nivel de *lujo* tiene un recargo del 10% y, si elige *estándar*, no se le hacen recargos. Por último, para todas aquellas estadías de más de 10 días, la empresa ofrece un descuento del 8%.

Dados como datos, el tipo de destino, el nivel del paquete y la cantidad de días realice un diagrama de flujo y el programa correspondiente que calcule lo que debe pagar el cliente por ese paquete. ¡Buen viaje!

Solución diagrama de flujo: https://youtu.be/6qlRBYrM87E
Solución Programa 3_29: https://github.com/ebookscg-python/Libro1-python/tree/master/Cap3

3.8 Excepciones
Una excepción describe una situación inesperada en un programa, detectada durante la ejecución de este. Existen diferentes tipos de excepciones y cada lenguaje de programación provee alguna instrucción que permite al programador anticiparse a posibles errores y mantener el control sobre el programa.

Cuando se detecta un error, Python interrumpe la ejecución y lanza la excepción correspondiente, desplegando un mensaje que proporciona información sobre el error ocurrido. Algunas de las excepciones más comunes son:

- **ValueError** (por ejemplo, se espera un número y se ingresa una cadena de caracteres)
- **NameError** (por ejemplo, cuando se usa una variable en una expresión sin haberle dado un valor previamente)
- **IndexError** (por ejemplo, cuando se intenta acceder a un carácter de una cadena que está fuera de su longitud)
- **TypeError** (por ejemplo, cuando se utiliza en una operación aritmética un dato que es una cadena de caracteres).
- **SintaxError** (por ejemplo, cuando se escribe incorrectamente una expresión aritmética: 25 * 6 /. Si se usa un IDE el error se marcará durante la edición del código.)

En el ejemplo 3_3 se muestran algunas líneas de código que, al ejecutarse, producen excepciones. Junto al código y como comentario se explica la excepción que corresponde a cada caso. Si desea probar el código, lo cual es recomendado, debe hacerlo excepción por excepción e ir poniendo # precediendo las líneas que provocan los errores para que pueda avanzar en sus pruebas.

Ejemplo 3_3.py

```
# Ejemplo de excepción: ValueError.
numero = int(input('Ingrese un número entero: '))
'''
Si al ingresar el dato el usuario se equivoca e ingresa un número
con decimales, por ejemplo 305.23, entonces se interrumpe la ejecución
por el error ocurrido y Python lanza la excepción:
   ValueError: invalid literal for int() with base 10: '305.23'
'''


# Ejemplo de excepción: NameError.
resultado = variable * 5.2
'''
En este caso, si se usa un IDE, se marcará una advertencia de que
la variable está indefinida. Sin embargo, dejará ejecutar el programa
```

```
pero, al ejecutarse, se lanzará la excepción:
   NameError: name 'variable' is not defined
'''

# Ejemplo de excepción: IndexError.
mes = 'mayo'
print(mes[4])
'''
Se intenta imprimir el carácter que está en la posición 4 de 'mayo'.
Pero teniendo en cuenta que la indexación de los caracteres se hace
a partir de la posición 0, la posición 4 en 'mayo' no existe, está
fuera del rango de la cadena y, por lo tanto, lanza la excepción:
   IndexError: string index out of range
'''

# Ejemplo de excepción: TypeError.
resultado = numero // 'algo'
'''
En la operación se intenta dividir un número por una cadena de
caracteres y, al ocurrir el error, se lanza la excepción:
   TypeError: unsupported operand type(s) for //: 'int' and 'str'
'''
```

En todos los ejemplos presentados, cuando se lanza la excepción, el programa termina. A partir de ahí, será responsabilidad del programador revisar el código, encontrar el error que la causó y resolverlo. Sin embargo, casi todos los lenguajes modernos ofrecen una manera de tratar las excepciones. Esto implica que en el código se prevé qué hacer en caso de que suceda una excepción. Es decir, el código (o el programador que lo escribió) se está anticipando al error. A esta operación se la conoce como ***manejo de excepciones***. Es importante aclarar que no todas las excepciones pueden tratarse así, ya que si esta tiene como origen un error en el código es imposible anticiparse. Excepciones de este tipo deberían detectarse en la etapa de pruebas. Si bien no existe un diagrama de flujo aceptado por toda la comunidad para representar este tipo de instrucción, en la figura 3.8 se propone uno.

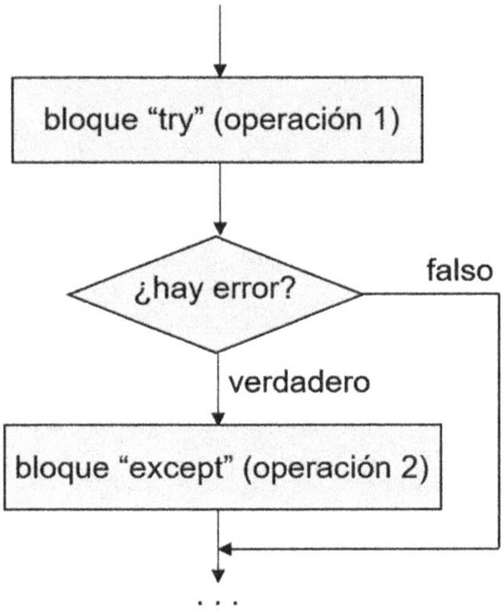

Figura 3.8 Diagrama de flujo del *try-except*

En Python la instrucción para manejar excepciones es:

```
try:
   <operación 1>   # Operación (instrucción) que puede ocasionar una excepción.
except NombreExcepcion:
   <operación 2>   # Operación que debe ejecutarse si se lanza la excepción.
```

Donde:

- operación 1: una o varias instrucciones que pueden provocar una excepción.
- NombreExcepcion: es el nombre de alguna de las excepciones previstas por Python (por ejemplo, ValueError).
- operación 2: una o varias instrucciones que se ejecutan en caso de haber una excepción.

El *try-except* debe entenderse como: se intenta realizar la operación 1 y, si falla, entonces se ejecuta la operación 2. Existen otras variantes para escribir el bloque *except*. Las mismas se muestran en el ejemplo 3_4 con varias situaciones en las que se manejan las excepciones. En algunos casos se escribió un bloque por tipo de excepción y en otro no se especificó el tipo de excepción, por lo tanto, aplica para cualquier excepción que se presente.

Ejemplo 3_4.py

```
'''
Si el valor ingresado se puede convertir a entero, entonces se
calcula y se despliega su cuadrado. En caso contrario se despliega
un mensaje indicando que hubo un error.
'''
try:
    numero = int(input('Ingrese un número entero: '))
    print('El cuadrado del número es:', numero ** 2)
except ValueError:
    print('\nError: el dato ingresado no se pudo convertir a entero.')

'''
Si la cadena de caracteres tiene una longitud > a 0, entonces
se muestra la inicial; es decir el carácter de la posición 0.
En caso contrario se despliega un mensaje de error, ya que una
cadena vacía no tiene un elemento en la posición 0.
'''
nombre = input('Ingrese el nombre de la persona: ')
try:
    print('La inicial es: ', nombre[0])
except IndexError:
    print('\nIngresó una cadena vacía. No hay inicial.')
'''
Se intenta convertir a números reales a los datos ingresados y
posteriormente dividirlos. Sin embargo, puede suceder un error al
convertirlos (si no son números) o al dividirlos (si el segundo es 0).
En este caso las 2 excepciones que se manejan se escriben como una tupla.
'''
numerador = input('Ingrese el numerador: ')
denominador = input('Ingrese el denominador: ')
try:
    numero1 = float(numerador)
    numero2 = float(denominador)
    resultado = numero1 / numero2
    print(f'\nEl resultado de la división es: {resultado:.2f}')
```

```
except (ValueError, ZeroDivisionError):
    print('\nDato no numérico o el denominador es un cero.')

'''
Otra manera de escribir el bloque except es como se muestra más abajo.
Así se puede ser más explícito al indicar qué hacer en caso de error,
especialmente si se requieren acciones diferentes según la excepción
ocurrida.
'''
try:
    numero1 = float(numerador)
    numero2 = float(denominador)
    resultado = numero1 / numero2
    print(f'\nEl resultado de la división es: {resultado:.2f}')
except ValueError:
    print('\nAlguno de los datos no es un número.')
except ZeroDivisionError:
    print('\nEl denominador es un cero.')
'''
Cuando no interese precisar el tipo de excepción, el bloque del
except se puede quedar vacío.
'''
try:
    numero1 = float(numerador)
    numero2 = float(denominador)
    resultado = numero1 / numero2
    print(f'\nEl resultado de la división es: {resultado:.2f}')
except:
    print('\nUn error ha ocurrido.'.upper())
```

La instrucción *try-except* puede tener otros bloques, llamados *else* y *finally*. En la instrucción se puede usar uno de ellos o los 2. El diagrama de flujo, suponiendo que tiene todos los bloques y, además, varios casos de except, se presenta en la figura 3.9.

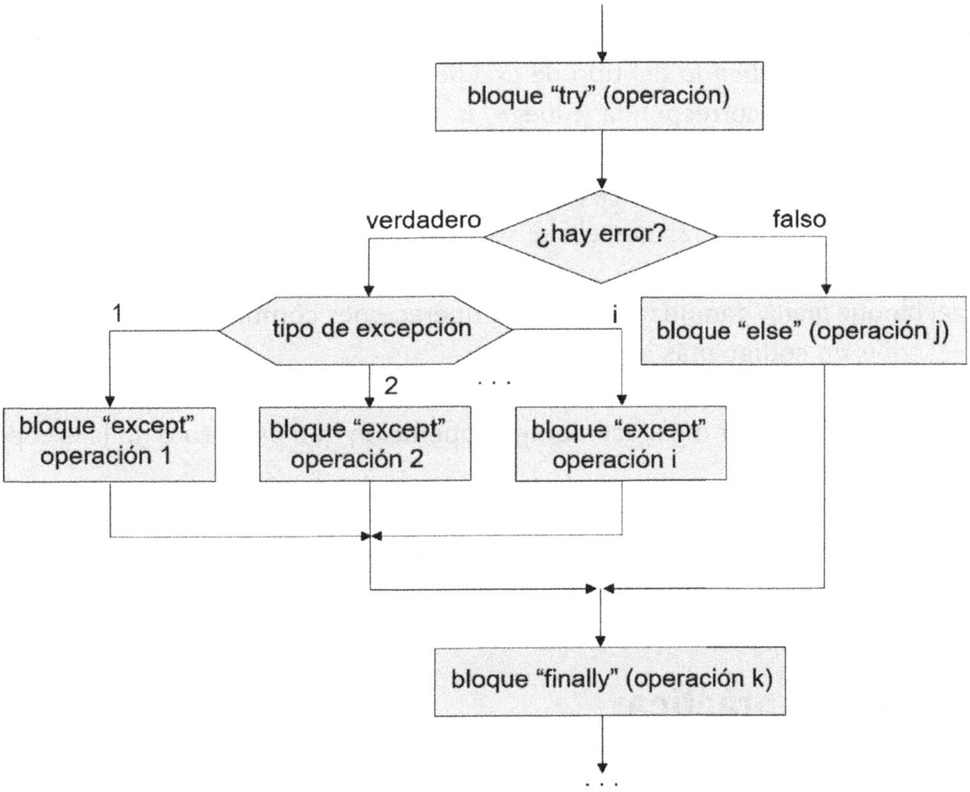

Figura 3.9 Diagrama de flujo del *try-except-else-finally*

La instrucción más completa de Python para manejar excepciones es:

```
try:
   # operación
except NombreExcepcion1:
   # operación 1
except NombreExcepcion2:
   # operación 2
...
except NombreExcepcioni:
   # operación i
else:
   # operación j
finally:
   # operación k
```

El *try-except-else-finally* debe entenderse: se intenta ejecutar la operación, si se produce una excepción, dependiendo del tipo de excepción, se ejecuta la operación 1, 2, ... o i del bloque *except* que corresponda y, luego, la operación k del bloque *finally*. Si no se produce la excepción, entonces se ejecuta la operación del bloque *try*, luego la operación j del *else* y, por último, la operación k del *finally*. Observe que el *finally* se ejecuta siempre, haya o no excepción, mientras que el *else* solo cuando se ejecuta el *try*. Por lo tanto:

- el bloque *finally* garantiza que ciertas operaciones comunes se ejecuten. Permite escribir un código más legible.
- el bloque *else* permite reducir las líneas de código del bloque *try* y, de esta manera, distinguir más fácilmente la operación que provoca o no la excepción.

En los capítulos siguientes se retomará este tema y se verá una aplicación más amplia del manejo de excepciones. Además, se cubrirá la instrucción *raise* usada para lanzar excepciones específicas desde nuestro código.

3.9 Problemas de práctica

En esta sección se listan algunos problemas para seguir practicando las instrucciones de selección estudiadas en este capítulo y desarrollando su capacidad de resolver problemas algorítmicamente. El material estudiado en los capítulos previos se sigue aplicando en este y en los que siguen.

Es de fundamental importancia que:

1. *Lea y analice* cuidadosamente el problema.
2. *Diseñe la solución*: determine la entrada, el resultado esperado y las operaciones requeridas (algoritmo) para alcanzar el resultado. El algoritmo lo puede representar por medio de un diagrama de flujo o escribir en seudocódigo.
3. *Implemente su solución*: codifique su algoritmo usando el lenguaje Python.
4. *Pruebe la solución* codificada por medio de ejecuciones del programa con diferentes casos de pruebas. Trate de pensar en variedad de casos: los más comunes, los casos con valores extremos, aquellos que por su valor pueden ocasionar errores de ejecución, etc.
5. *Corrija* los errores encontrados en el punto anterior y regrese al paso 2 o paso 3 según necesite modificar desde el diseño o solo el código.
6. *¿Existe una mejor manera de resolver el problema?* **¡Inténtelo!**

Problema 3.30

Realice un diagrama de flujo y el programa correspondiente tal que, dado como dato un número de 3 cifras compruebe si el número cumple con la siguiente condición:

$$abc = a^3 + b^3 + c^3$$

Su solución debe validar que el número ingresado esté formado por 3 cifras. En caso contrario debe desplegar un mensaje de error y terminar.

Problema 3.31

Realice un diagrama de flujo y el programa correspondiente que permita calcular las 2 raíces reales de una ecuación cuadrática:

$$ax^2 + bx + c = 0$$

Recuerde que las raíces se calculan:

$$x1 = \frac{-b + \sqrt{b^2 - 4ac}}{2a} \qquad x2 = \frac{-b - \sqrt{b^2 - 4ac}}{2a}$$

Problema 3.32

Realice un diagrama de flujo y el programa correspondiente que permita calcular la función f(x) de acuerdo al valor ingresado para x:

$$f(x) = \begin{cases} 25/x & \text{si } x \,\%\, 4 \text{ es } 0 \\ x^2 & \text{si } x \,\%\, 4 \text{ es } 1 \\ 2x + \sqrt{x} & \text{si } x \,\%\, 4 \text{ es } 2 \\ 7x - x^2 & \text{si } x \,\%\, 4 \text{ es } 3 \end{cases}$$

Considere todos los posibles casos de error que se puedan presentar y anticípese a ellos usando instrucciones selectivas o *try-except*.

Capítulo 4

ESTRUCTURAS REPETITIVAS

4.1 Introducción

Las estructuras repetitivas permiten realizar una operación o una secuencia de operaciones varias veces. La necesidad de *repetir* operaciones se presenta en muchas y muy variadas situaciones. Por ejemplo, imagine que quiere ir de su casa al club que está a tres cuadras de distancia. Independientemente del medio de transporte que elija, tendrá que repetir algunas acciones: caminar, pedalear o conducir en dirección al club, esquivar otros peatones o conductores y mirar antes de cruzar cada calle, tantas veces como se requiera para alcanzar su objetivo. Pensando en un problema cuya solución se pueda implementar por medio de un programa, se puede mencionar el caso del cálculo del promedio de las calificaciones obtenidas en las materias de la licenciatura. Se tienen que sumar cada una de las calificaciones y luego dividir la suma entre el total. Observe que las operaciones de leer una calificación y sumarla se repetirá tantas veces como materias tenga el plan de estudios. Si bien las instrucciones son las mismas, los datos varían. Al conjunto de instrucciones que se repiten un número de veces también se lo denomina **ciclo**.

Todo ciclo se debe detener después de un número finito y lógico de veces. Finito porque debe tener fin o límite en el tiempo o en el espacio, lógico porque este número debe ser aceptable. Mil millones es un número finito pero inaceptable para un ciclo, obviamente en este caso tendríamos dificultades tanto de tiempo como de espacio.

En el conjunto de instrucciones del ciclo debe existir alguna condición que permita decidir si el ciclo se detiene o continúa. En algunos casos el número de veces que se ejecutará el ciclo se puede determinar a priori y en otros casos, el momento de detención o de parada, depende del conjunto de proposiciones que se encuentran dentro del ciclo.

> Un ciclo es un conjunto de instrucciones que se repite un número finito y lógico de veces.

En Python existen dos estructuras repetitivas, las instrucciones *for* y *while*. Los ciclos también se pueden utilizar anidados, en secuencia y en combinación con instrucciones selectivas.

Al inicio de este libro se mencionó el enfoque iterativo-incremental que se sigue a lo largo de los capítulos. En cada uno de los capítulos previos (iteraciones) se han estudiado diversos temas (incrementos) y estos se han aplicado en la solución de problemas. Este nuevo capítulo es otra iteración sobre nuestro proyecto de aprendizaje y el incremento son los ciclos. Como se destacó anteriormente, todos los temas estudiados hasta el momento se siguen aplicando en el diseño e implementación de soluciones a problemas cada vez más complejos.

4.2 La estructura repetitiva for

La estructura repetitiva *for* es una de las más utilizadas en prácticamente cualquier lenguaje de programación. Esta estructura permite que un ciclo se repita un número determinado, *n*, de veces. Es decir, antes de iniciar el ciclo ya se debe saber cuántas veces se va a repetir. En nuestra vida cotidiana encontramos numerosos ejemplos de ciclos de este tipo. Tal es el caso, solo por mencionar uno, de podar los rosales del jardín. Todas las acciones que están implícitas en esta actividad se realizan un número de veces determinado por la cantidad de rosales que haya en el jardín, número que es conocido antes de iniciar el trabajo. En la figura 4.1 se presenta el diagrama de flujo correspondiente a la estructura repetitiva *for* de manera general.

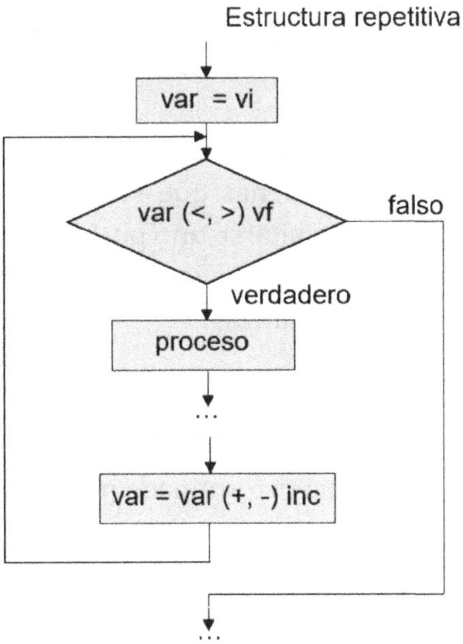

Figura 4.1 Estructura repetitiva *for*

Donde:

- *var* representa la variable de control del ciclo.
- *vi* expresa el valor inicial.
- *vf* expresa el valor final.
- *inc* expresa el incremento (o decremento).

De acuerdo con lo ilustrado en la figura 4.1, a la variable de control se le da un valor inicial, luego se evalúa si el valor de la variable cumple la condición de ser menor (o mayor) que el valor final. En caso afirmativo se ejecuta la instrucción o conjunto de instrucciones escritas adentro del ciclo y, finalmente, se actualiza la variable de control sumándole (o restándole) el incremento. La flecha regresando a la condición indica que la variable de control vuelve a evaluarse y, de esta manera, se controla la ejecución del ciclo. Es decir, si el ciclo fue bien definido el valor inicial, el final y el incremento garantizan que se detendrá la ejecución luego del número previsto de iteraciones.

Dado el valor inicial, el valor final del rango y el incremento es posible determinar el número de veces que se ejecutará el ciclo.

En el lenguaje Python, la instrucción *for* se escribe de la siguiente forma:

```
for variable in secuencia:
    bloque de instrucciones   # Instrucciones que han de repetirse.
```

Con secuencia se hace referencia a varios elementos de Python, los cuales pueden usarse en el *for* como, por ejemplo, listas y cadenas que son datos iterables. Es decir, datos compuestos cuyos elementos pueden visitarse uno por uno. Una de las secuencias más usada es la generada por la función *range()*, misma que analizaremos a continuación. Más adelante se presentarán otras alternativas.

4.2.1 Función range() en ciclos for

La función *range()* genera una secuencia determinada por el valor de sus parámetros. La sintaxis general de esta función es:

```
range(inicio, fin, salto)
```

Donde:

- inicio: indica el primer valor que tomará la secuencia. El valor por omisión es 0.
- fin: indica el límite de la secuencia el cual será el valor fin – 1.
- salto: indica cuales valores se tomarán entre inicio y fin. El valor por omisión es 1.

Se presenta un ejemplo con tuplas para afianzar la idea de que su uso no es exclusivo del ciclo *for*.

```
pares_menores_40 = tuple(range(0, 40, 2))
print(pares_menores_40)
```

Al ejecutar estas dos líneas se obtiene:

```
(0, 2, 4, 6, 8, 10, 12, 14, 16, 18, 20, 22, 24, 26, 28, 30, 32, 34, 36, 38)
```

Observe que la secuencia está formada por todos los números comprendidos entre 0 y 40 (sin incluir el 40) y saltando de dos en dos.

Regresando al ciclo *for* resulta obvio que la función *range()* cubre muy bien los requerimientos del ciclo ya que permite establecer el valor inicial, el final y el incremento o decremento por medio de sus propios parámetros.

```
for variable in range(inicio, fin, salto):
    bloque de instrucciones   # Instrucciones que han de repetirse.
```

En este caso, la función range() genera la secuencia que va del valor *inicio* hasta el valor *fin* – 1, con un incremento/decremento de *salto*.

El número de iteraciones se calcula antes de empezar el *for*, de acuerdo con el valor del inicio, del fin y del salto. Cuando se ejecuta, la variable toma el valor de inicio y, en cada iteración, se incrementa (variable + salto). Es importante notar que el ciclo no se ejecuta para el valor fin.

La expresión escrita en el *range()* se evalúa una sola vez, antes de la primera iteración. Por lo tanto, aunque en el ciclo se cambie el valor de cualquiera de sus elementos, esto no afecta el número de iteraciones que ejecutará.

A continuación, se presentan algunos ejemplos muy simples del uso del *for*. Junto a la instrucción *print*(), en forma de comentario, se muestra lo que se imprime al ejecutar el código.

Ejemplo 4_1.py

```
# El valor por omisión para el tercer parámetro de range() es 1.
for numero in range(1, 10):
    print(numero)  # Imprime del 1 al 9.

# El valor por omisión para el primer parámetro de range() es 0.
for j in range(4):
    print(j)  # Imprime del 0 al 3.

cadena = ''  # Cadena de caracteres vacía
# Se usa _ cuando la variable de control no se necesita en el ciclo.
for _ in range (10):
    cadena += '*'  # Pega 10 * a la variable cadena.
print(cadena)  # Imprime **********
# En range() se especifica un incremento diferente de 1.
for numero in range(1, 10, 2):
    print(numero)  # Imprime: 1 3 5 7 y 9.

'''
El tercer parámetro del rango es un incremento negativo o un decremento.
En este caso, el valor inicial debe ser mayor que el final, para
que el for se ejecute, al menos, 1 vez.
'''
for numero in range(10, 1, -2):
    print(numero)  # Imprime: 10 8 6 4 y 2.
```

A continuación, se presentan varios problemas que ayudarán a entender el funcionamiento de esta instrucción, así como su aplicación en la solución de problemas.

Problema 4.1

Dados como datos los sueldos de los 10 empleados de una empresa, realice un diagrama de flujo y el programa correspondiente que calcule e imprima la nómina de la empresa.

Datos: $sueldo_1$, $sueldo_2$, ..., $sueldo_{10}$
Resultado: nómina de la empresa

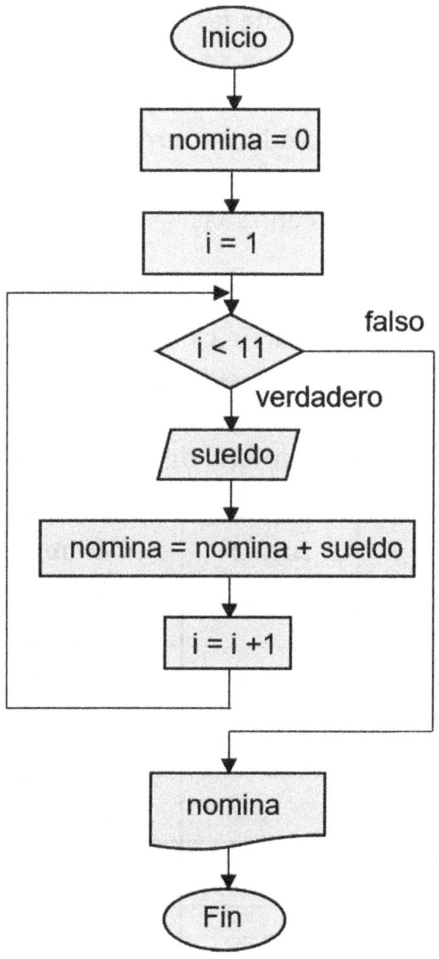

Diagrama de flujo 4.1

A continuación, presentamos el **mapa de memoria** de este diagrama, que ayuda a comprobar si el algoritmo representado en el diagrama de flujo es correcto. Antes de seguir, es importante agregar que un mapa de memoria (también llamado *prueba de escritorio*) es uno de los tipos de pruebas que se pueden aplicar a un producto de software (en su etapa de diseño o ya implementado). Esta prueba es estática y de caja blanca; estática porque no requiere que se ejecute el programa y de caja blanca porque exige disponer del algoritmo o del código para seguirlo línea por línea.

El mapa de memoria es, básicamente, una tabla en la cual se listan (columnas de la tabla) todas las variables que participan en la solución del problema. Además, una vez dado un valor a las variables de entrada, se realiza el seguimiento (en los renglones de la tabla) de cada una de las variables listadas. Es decir, se van escribiendo qué valores van tomando las variables a medida que se ejecuta el algoritmo. De esta manera se comprueba si los resultados obtenidos son o no los esperados. También es muy útil para identificar el paso en el que se produce el error, en caso de que el algoritmo no sea correcto o completo. Para garantizar un producto de mayor calidad se sugiere realizar pruebas para distintos valores de las entradas.

Aclarado qué es un mapa de memoria y cómo se elabora, en la tabla 4.1 se presenta el correspondiente al problema del diagrama 4.1. Se muestra en la última fila el resultado (escrito con negritas) que se imprime considerando las entradas dadas.

Tabla 4.1 Mapa de memoria del diagrama de flujo 4.1

i	*sueldo*	*nomina*
		0
1	17,000	17,000
2	22,500	39,500
3	16,500	56,000
4	38,750	94,750
5	19,200	113,950
6	26,100	140,050
7	38,920	178,970
8	22,300	201,270
9	34,300	235,570
10	26,900	**262470**

El programa correspondiente es el siguiente:

Programa 4_1.py

```
nomina = 0
for i in range (1, 11):
    sueldo = float(input(f'Ingrese el sueldo {i}: $'))
    nomina += sueldo
print('\nLa nómina que debe pagarse es: $', nomina)
```

Se muestra el resultado de una de las pruebas realizadas.

```
Ingrese el sueldo 1: $10800
Ingrese el sueldo 2: $9800
Ingrese el sueldo 3: $7500
Ingrese el sueldo 4: $6540
Ingrese el sueldo 5: $6920.95
Ingrese el sueldo 6: $4500.5
Ingrese el sueldo 7: $7200
Ingrese el sueldo 8: $7048.75
Ingrese el sueldo 9: $8102.50
Ingrese el sueldo 10: $5880.5

La nómina que debe pagarse es: $ 74293.2
```

Si no se hubiera usado el ciclo, tendríamos que haber empleado una variable distinta para cada sueldo o bien, leer un sueldo y acumularlo, luego leer otro sueldo y acumularlo y así con los 10 sueldos. En el primer caso el programa queda con pocas líneas de operaciones, pero muchas de lecturas y requiere 10 variables distintas para almacenar los sueldos. En el segundo, se usa una sola variable para los sueldos, se siguen usando las 10 lecturas y, además, se tienen 10 asignaciones. Analice los programas que se muestran en los ejemplos 4_2 y 4_3 que representan a cada una de estas dos alternativas.

Ejemplo 4_2.py

```
sueldo1 = float(input('Ingrese el sueldo 1: $'))
sueldo2 = float(input('Ingrese el sueldo 2: $'))
sueldo3 = float(input('Ingrese el sueldo 3: $'))
sueldo4 = float(input('Ingrese el sueldo 4: $'))
sueldo5 = float(input('Ingrese el sueldo 5: $'))
sueldo6 = float(input('Ingrese el sueldo 6: $'))
sueldo7 = float(input('Ingrese el sueldo 7: $'))
sueldo8 = float(input('Ingrese el sueldo 8: $'))
sueldo9 = float(input('Ingrese el sueldo 9: $'))
sueldo10 = float(input('Ingrese el sueldo 10: $'))
nomina = sueldo1 + sueldo2 + sueldo3 + sueldo4 + sueldo5 + sueldo6 + sueldo7 +
sueldo8 + sueldo9 + sueldo10
print('\nLa nómina que debe pagarse es: $', nomina)
```

Ejemplo 4_3.py

```
nomina = 0
sueldo = float(input('Ingrese el sueldo 1: $'))
nomina += sueldo
sueldo = float(input('Ingrese el sueldo 2: $'))
nomina += sueldo
sueldo = float(input('Ingrese el sueldo 3: $'))
nomina += sueldo
sueldo = float(input('Ingrese el sueldo 4: $'))
nomina += sueldo
sueldo = float(input('Ingrese el sueldo 5: $'))
nomina += sueldo
sueldo = float(input('Ingrese el sueldo 6: $'))
nomina += sueldo
sueldo = float(input('Ingrese el sueldo 7: $'))
nomina += sueldo
sueldo = float(input('Ingrese el sueldo 8: $'))
nomina += sueldo
sueldo = float(input('Ingrese el sueldo 9: $'))
nomina += sueldo
sueldo = float(input('Ingrese el sueldo 10: $'))
nomina += sueldo
print('\nLa nómina que debe pagarse es: $', nomina)
```

Como seguramente habrá notado las dos soluciones alternativas no son buenas soluciones. El código resulta difícil de mantener (muchas variables y muchas líneas que hacen lo mismo) y, especialmente, difícil de evolucionar. ¿Qué pasa si en la empresa ya no hay 10 empleados? Usando el *for* simplemente se cambia el límite superior del rango. En cualquiera de los otros dos casos, la adaptación del programa resulta mucho más problemática y, como se dice en el mundo del desarrollo de software, mucho más *propensa a errores*. Es decir, es más fácil introducir errores en un código largo y repetitivo. Incluso, con el *for*, se puede generalizar la solución y, por lo tanto, el programa se puede reusar en cualquier situación similar. Solo se debería leer el total de empleados antes del *for* y usar el valor leído como límite del ciclo.

Problema 4.2

Dados como datos un grupo de n números enteros, realice un diagrama de flujo y el programa que calcule la suma de estos, así como su promedio.

Datos: n, $numero_1$, $numero_2$, ..., $numero_n$

Resultados: suma y promedio de los números

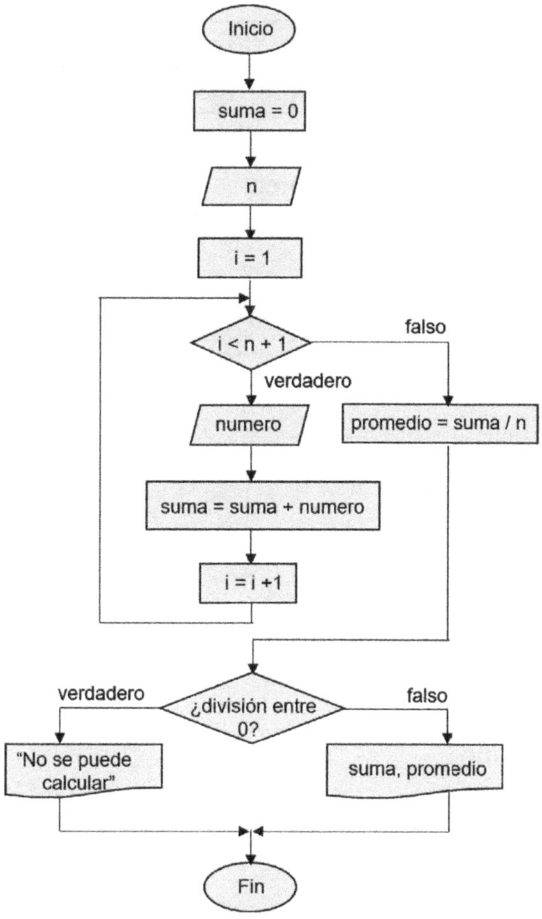

Diagrama de flujo 4.2

A continuación, presentamos el mapa de memoria de este diagrama. Se muestra en la última fila, en las celdas escritas con negritas, los resultados que se obtienen para los datos ingresados.

Tabla 4.2 Mapa de memoria del diagrama de flujo 4.2

n	*i*	*numero*	*suma*	*promedio*
10			0	
	1	15	15	
	2	22	37	
	3	8	45	
	4	31	76	
	5	19	95	
	6	12	107	
	7	21	128	
	8	40	168	
	9	23	191	
	10	7	**198**	**19.8**

El programa correspondiente es el siguiente:

Programa 4_2.py

```
n = int(input('Ingrese la cantidad de números a procesar: '))
suma = 0
for i in range (1, n + 1):
   numero = int(input(f'Ingrese el número {i}: '))
   suma += numero
try:
   promedio = suma / n
except ZeroDivisionError:
   print('\nNo es posible calcular el promedio.')
else:
   print('\nSuma =', suma)
   print(f'Promedio = {promedio:.2f}')
```

En el programa se usó una instrucción *try-except-else* para evitar un posible error por división entre 0. Es importante mencionar que se pudo evitar el mismo efecto con la instrucción *if-else*; es decir evaluar si n > 0 y, si da verdadero, calcular el promedio y, en caso contrario, imprimir un mensaje de error. El ingreso de los datos y los resultados obtenidos en algunas de las pruebas realizadas se muestran abajo. En la primera (CP1) se ingresan 4 números y se observa que los resultados obtenidos son correctos. En el CP2 se ingresa 0 y lo que se ve en la terminal es el resultado de ejecutar el bloque del *except*.

CP1: se ingresan 4 números.

Ingrese la cantidad de números a procesar: 4

Ingrese el número 1: 125
Ingrese el número 2: 502
Ingrese el número 3: 378
Ingrese el número 4: 850

Suma = 1855
Promedio = 463.75

CP2: se ingresa un 0.

Ingrese la cantidad de números a procesar: 0
No es posible calcular el promedio.

Problema 4.3
Dados como datos n números enteros, realice un diagrama de flujo y el programa correspondiente que calcule la suma de los números pares y obtenga el promedio de los números impares.

Datos: n, $numero_1$, $numero_2$, ..., $numero_n$
Resultados: suma de los números pares y promedio de los impares

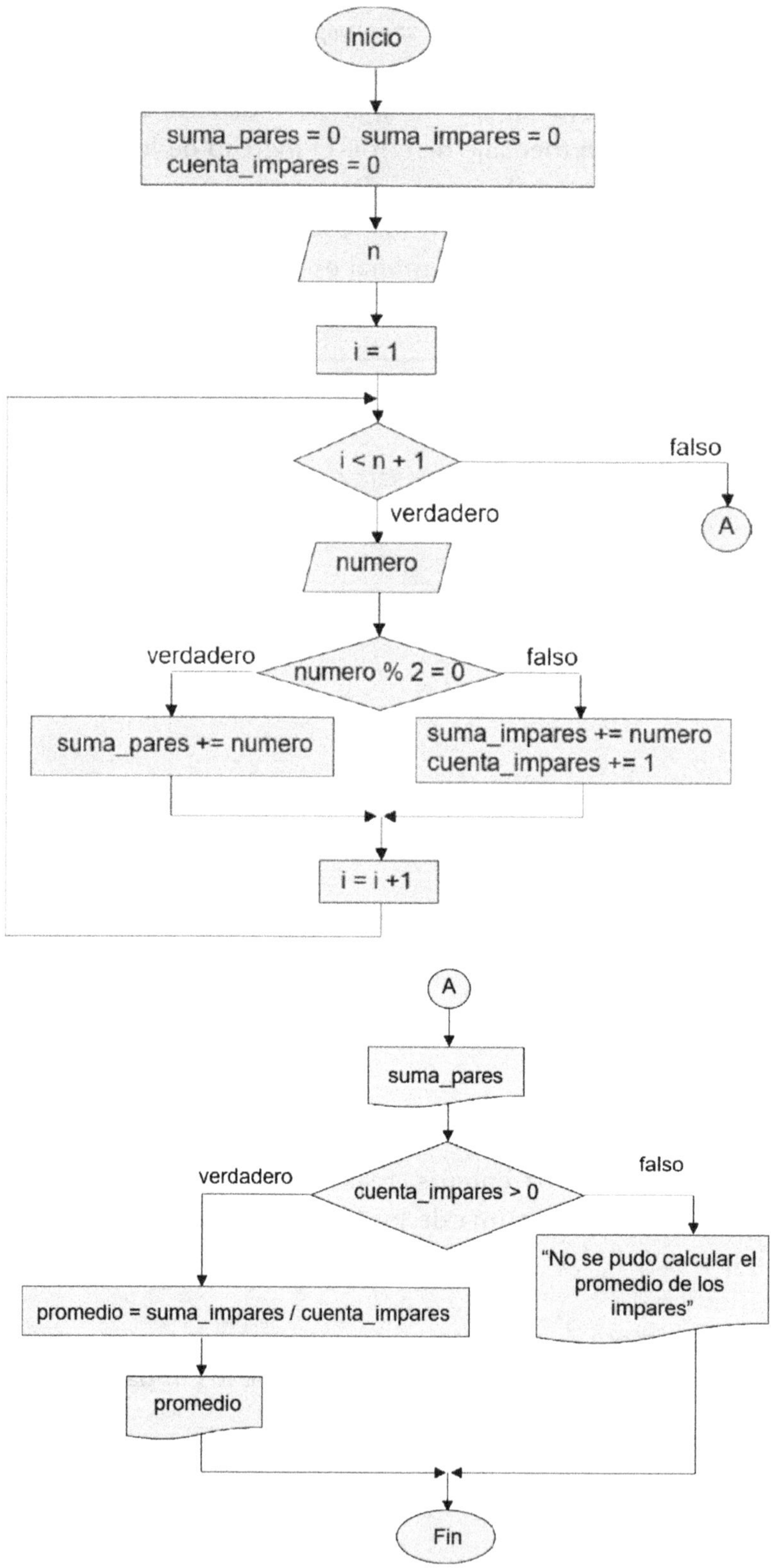

Diagrama de flujo 4.3

El mapa de memoria de este diagrama se muestra a continuación. En la última fila, escrito con negritas, aparece el resultado obtenido considerando los datos ingresados. En el mapa de memoria se usaron nombres de variables reducidos por cuestiones de espacio.

Tabla 4.3 Mapa de memoria del diagrama de flujo 4.3

n	*i*	*numero*	*sum_par*	*sum_imp*	*cuen_imp*	*promedio*
10			0	0	0	
	1	11	0	11	1	
	2	23		34	2	
	3	18	18			
	4	19		53	3	
	5	26	44			
	6	7		60	4	
	7	12	56			
	8	22	78			
	9	9		69	5	
	10	29		98	6	
			78			**16.33**

El programa correspondiente es el siguiente. En este caso se usó la instrucción *if-else* para evitar una posible división entre 0. Compare esta solución con la del programa 4_2.

Programa 4_3.py

```
n = int(input('Ingrese la cantidad de números a procesar: '))
suma_pares = 0
suma_impares = 0
cuenta_impares = 0
for i in range (1, n + 1):
    numero = int(input(f'Ingrese el número {i}: '))
    if numero % 2 == 0:
        suma_pares += numero
    else:
        suma_impares += numero
        cuenta_impares += 1
print('\nSuma de los números pares =', suma_pares)
if cuenta_impares > 0:
    promedio = suma_impares / cuenta_impares
    print(f'Promedio de los números impares = {promedio:.2f}')
else:
    print('\nNo es posible calcular el promedio de los números impares.')
```

A continuación, se presentan los resultados de algunas de las pruebas realizadas.

CP1: se ingresan 4 números, algunos pares y otros impares.

Ingrese la cantidad de números a procesar: 4

Ingrese el número 1: 125
Ingrese el número 2: 408
Ingrese el número 3: 312
Ingrese el número 4: 115

Suma de los números pares = 720
Promedio de los números impares = 120.00

CP2: se ingresan 3 números pares.

Ingrese la cantidad de números a procesar: 3

Ingrese el número 1: 114
Ingrese el número 2: 202
Ingrese el número 3: 86

Suma de los números pares = 402
No es posible calcular el promedio de los números impares.

CP3: se ingresa un valor negativo.

Ingrese la cantidad de números a procesar: -3

Suma de los números pares = 0
No es posible calcular el promedio de los números impares.

Problema 4.4

Dados como datos la matrícula (número entero) y el promedio de calificaciones de un grupo de alumnos realice un diagrama de flujo y el programa correspondiente que calcule el promedio del grupo y, además, imprima la mayor y la menor calificación del grupo con la matrícula del alumno que la obtuvo.

Datos: n, $matricula_1$, $promedio_1$, ..., $matricula_n$, $promedio_n$
Resultados: promedio del grupo, calificación mayor y menor con matrícula

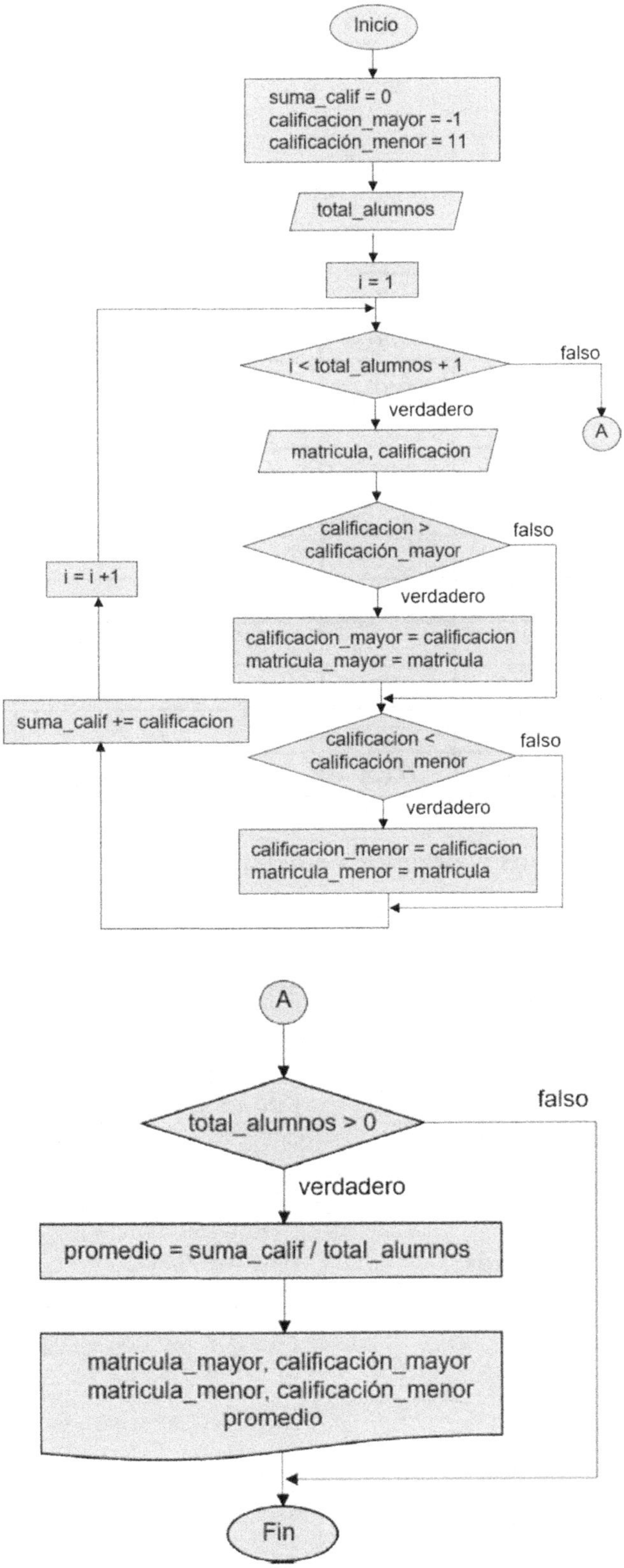

Diagrama de flujo 4.4

En la última fila del mapa de memoria, escritos con negritas, se pueden observar los resultados obtenidos para los datos dados. Se usaron nombres de variables reducidos por cuestiones de espacio.

Tabla 4.4 Mapa de memoria del diagrama de flujo 4.4

n	*i*	*mat*	*calif*	*may_cal*	*men_cal*	*may_mat*	*men_mat*	*suma_cal*	*prom*
10				-1	11				
	1	125	8.90	8.9	8.9	125	125	8.9	
	2	140	6.85		6.85	125	140	15.75	
	3	165	7.20					22.95	
	4	171	8.15					31.1	
	5	176	9.05	9.05		176		40.15	
	6	187	8.70					8.85	
	7	198	6.97					55.82	
	8	210	8.94					64.76	
	9	225	6.08		6.08		225	70.84	
	10	231	8.98					79.82	
				9.05	**6.08**	**176**	**225**		**7.982**

A continuación, presentamos el programa correspondiente.

Programa 4_4.py

```
total_alumnos = int(input('Ingrese la cantidad de alumnos: '))
suma_calif = 0
# Al mayor se lo inicializa con un valor muy pequeño.
calificacion_mayor = -1
# Al menor se lo inicializa con un valor muy grande.
calificacion_menor = 11
for i in range(1, total_alumnos + 1):
    print(f'\nIngrese la matrícula y la calificación del alumno {i}:')
    matricula = int(input())
    calificacion = float(input())
    suma_calif += calificacion
    if calificacion > calificacion_mayor:
        calificacion_mayor = calificacion
```

```
            matricula_mayor = matricula
        if calificacion < calificacion_menor:
            calificacion_menor = calificacion
            matricula_menor = matricula
if total_alumnos > 0:
    promedio = suma_calif / total_alumnos
    print(f'\nPromedio de calificaciones = {promedio:.2f}')
    print(f'Calificación mayor = {calificacion_mayor:.2f}, obtenida por el alumno con
matrícula: {matricula_mayor}')
    print(f'Calificación menor = {calificacion_menor:.2f}, obtenida por el alumno con
matrícula: {matricula_menor}')
else:
    print('\nNo hay datos que procesar.')
```

Tenga en cuenta que en este caso también se utilizó un *if-else* para evitar una posible división entre 0. Esta instrucción se pudo escribir inmediatamente después de la lectura. Se presentan los resultados de algunas de las pruebas realizadas.

CP1: se ingresan la matrícula y la calificación de un grupo de 5 alumnos.

```
Ingrese la cantidad de alumnos: 5

Ingrese la matrícula y la calificación del alumno 1:
101
7.8

Ingrese la matrícula y la calificación del alumno 2:
110
9.2

Ingrese la matrícula y la calificación del alumno 3:
108
6.5

Ingrese la matrícula y la calificación del alumno 4:
107
6.3
```

Ingrese la matrícula y la calificación del alumno 5:
104
9.5

Promedio de calificaciones = 7.86
Calificación mayor = 9.50, obtenida por el alumno con matrícula: 104
Calificación menor = 6.30, obtenida por el alumno con matrícula: 107

CP2: se ingresa 0 como cantidad de alumnos.

Ingrese la cantidad de alumnos: 0

No hay datos que procesar.

Cuando se necesita encontrar al mayor (o menor) de un grupo de n datos, establecer un valor inicial para el máximo (o mínimo) resulta útil cuando se conoce la naturaleza de los datos. En este problema, como son calificaciones y suponiendo que la escala es del 0 al 10, pudimos elegir un valor muy pequeño para el mayor (-1) y uno muy grande para el mínimo (11). Esto para garantizar que ambos valores se descartan y no se dan como respuesta. Sin embargo, tiene la desventaja de que en el ciclo hay que usar dos instrucciones *if* secuenciales, que se ejecutarán en cada vuelta del ciclo cuando, en realidad, solo son necesarias la primera vez. Una manera de evitar esto es hacer una primera lectura antes del ciclo y asignar este valor al mayor y al menor. Por lo tanto, para las siguientes calificaciones se podrá usar un *if-else* y así ahorrarnos una evaluación cuando la primera condición se cumpla.

Es importante señalar que para ganar un poco de eficiencia (evitamos evaluar una condición en algunos casos y una iteración menos en el ciclo) tenemos que incluir más líneas de código: una lectura extra (de la calificación y de la matrícula) y, también, la asignación de la matrícula a las variables correspondientes. Además, se perdió parte de la generalidad de la solución porque no se tratan a todos los datos dentro del ciclo. Realice su propia solución y luego compárela con el programa del ejemplo 4_4, el cual puede consultar en el repositorio.

Problema 4.5
Dado como dato un número entero realice un diagrama de flujo y el programa correspondiente que calcule el resultado de la siguiente serie.

$$1 + \frac{1}{2} + \frac{1}{3} + \ldots + \frac{1}{n}$$

Dato: n
Resultado: la suma de los n términos

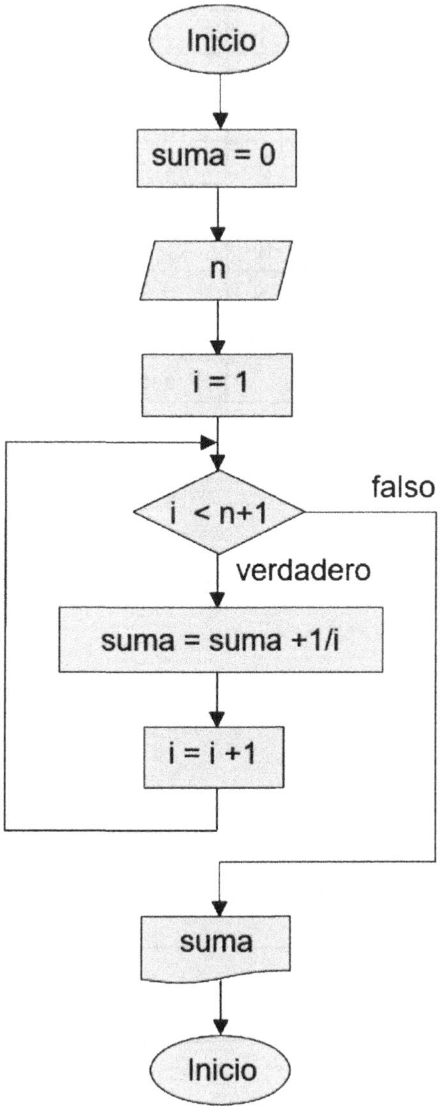

Diagrama de flujo 4.5

A continuación, presentamos el mapa de memoria para un entero = 10.

Tabla 4.5 Mapa de memoria del diagrama de flujo 4.5

n	*i*	*suma*
10		0
	1	1
	2	1.50
	3	1.83
	4	2.08
	5	2.28
	6	2.45
	7	2.59
	8	2.72
	9	2.83
	10	2.93
		2.93

El programa correspondiente es el siguiente:

Programa 4_5.py

```
n = int(input('Ingrese el valor de n: '))
suma = 0
for i in range(1, n + 1):
    suma += 1 / i
print(f'El resultado de la serie es: {suma:.2f}')
```

Se presentan los resultados de algunas pruebas.

CP1: se ingresa un número entero positivo.

Ingrese el valor de n: 7
El resultado de la serie es: 2.59

CP2: se ingresa un número entero negativo.

Ingrese el valor de n: -5
El resultado de la serie es: 0.00

Problema 4.6

Dado como dato un número entero (n) realice un diagrama de flujo y el programa correspondiente que calcule la productoria de los n primeros números naturales.

$$\prod_{i=1}^{n} i = 1 * 2 * 3 * \ldots * n$$

Dato: número entero

Resultado: el producto de todos los números comprendidos entre 1 y n

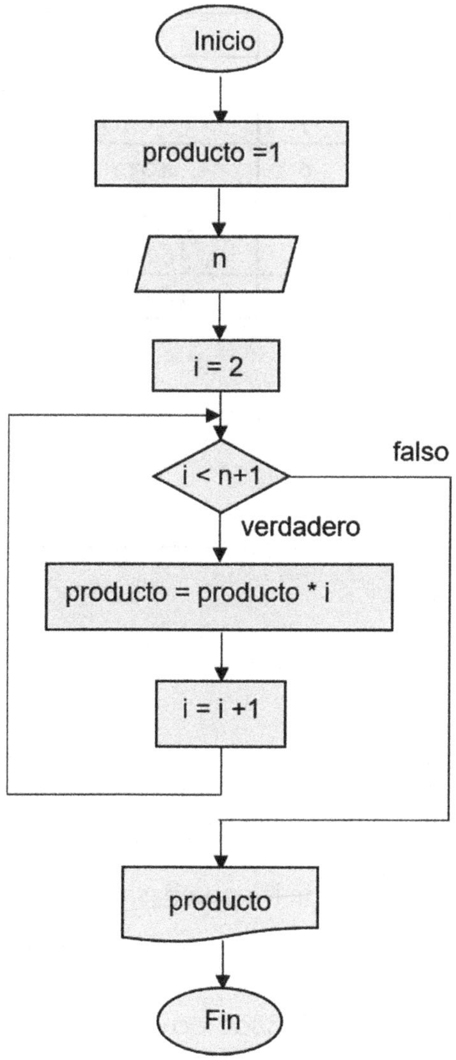

Diagrama de flujo 4.6

A continuación, presentamos el mapa de memoria de este diagrama. Se muestra en la última fila, escrito con negritas, el resultado de la productoria para n = 10.

Tabla 4.6 Mapa de memoria del diagrama de flujo 4.6

n	*i*	*producto*
10		1
	2	2
	3	6
	4	24
	5	120
	6	720
	7	5040
	8	40320
	9	362880
	10	3628800
		3628800

El programa 4_6 presenta la solución desarrollada.

Programa 4_6.py

```
n = int(input('Ingrese el valor de n: '))
producto = 1
# A partir de 2: multiplicar por 1 no cambia el resultado.
for i in range(2, n + 1):
    producto *= i
print(f'El resultado de la productoria es: {producto:.2f}')
```

A continuación, el resultado de una de las pruebas realizadas.

```
Ingrese el valor de n: 10
El resultado de la productoria es: 3628800.00
```

Problema 4.7

Dado como dato un número entero realice un diagrama de flujo y el programa correspondiente que calcule el resultado de la siguiente serie:

$$1^1 + 2^2 + 3^3 + \ldots + n^n$$

Dato: número entero
Resultado: suma de los términos de la serie

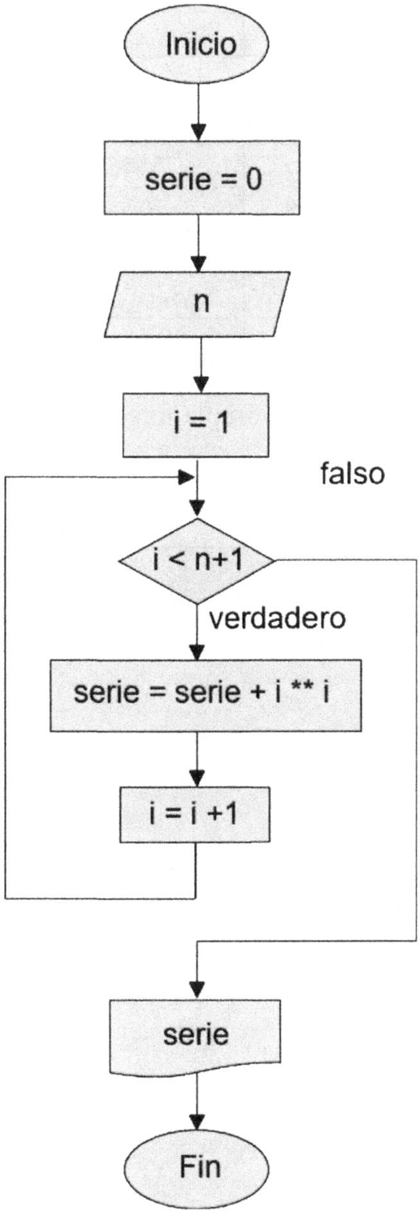

Diagrama de flujo 4.7

A continuación, presentamos el mapa de memoria para n = 9.

Tabla 4.7 Mapa de memoria del diagrama de flujo 4.7

n	*i*	*serie*
9		0
	1	1
	2	5
	3	32
	4	288
	5	3413
	6	50069
	7	873612
	8	17650828
	9	405071317
	10	10405071317
		10405071317

El programa correspondiente a la solución planteada es:

Programa 4_7.py

```
n = int(input('Ingrese el valor de n: '))
serie = 0
for i in range(1, n + 1):
    serie += i ** i
print(f'El resultado de la serie es: {serie}')
```

Se muestran los resultados de dos de las pruebas realizadas al programa.

CP1: se ingresa un número entero positivo.

Ingrese el valor de n: 10
El resultado de la serie es: 10405071317

CP2: se ingresa un número entero negativo.

Ingrese el valor de n: -8
El resultado de la serie es: 0

Problema 4.8

En matemáticas, la sucesión o serie de Fibonacci es la sucesión infinita de números naturales:

0, 1, 1, 2, 3, 5, 8, 13, 21, 34, 55, 89 ...

La sucesión comienza con los números 0 y 1 y, a partir del tercer número, cada término es la suma de los dos anteriores.

Leonardo de Pisa, también llamado Leonardo Pisano o también conocido como hijo de Boanccio o Fibonacci, fue un matemático italiano que difundió en Europa la utilidad práctica del sistema de numeración indo-arábigo frente a la numeración romana. Estos números fueron mucho más prácticos para hacer cálculos y se difundieron rápidamente, primero en toda Europa y, luego, en todo el mundo.

Figura 4.2 Leonardo de Pisa

Leonardo de Pisa también estudió el patrón de reproducción de los conejos y encontró que los números de Fibonacci ofrecían una manera de formalizarlo y, por lo tanto, estimar cuántas parejas de conejos puede haber en un determinado momento. La misma idea la aplicó para el análisis de otras áreas de la naturaleza: la distribución de los pétalos de una flor, el crecimiento del brócoli y de la coliflor, entre otros.

Realice un diagrama de flujo y el programa correspondiente, que calcule el término 12 de la serie Fibonacci, así como la suma de esta sucesión hasta ese término.

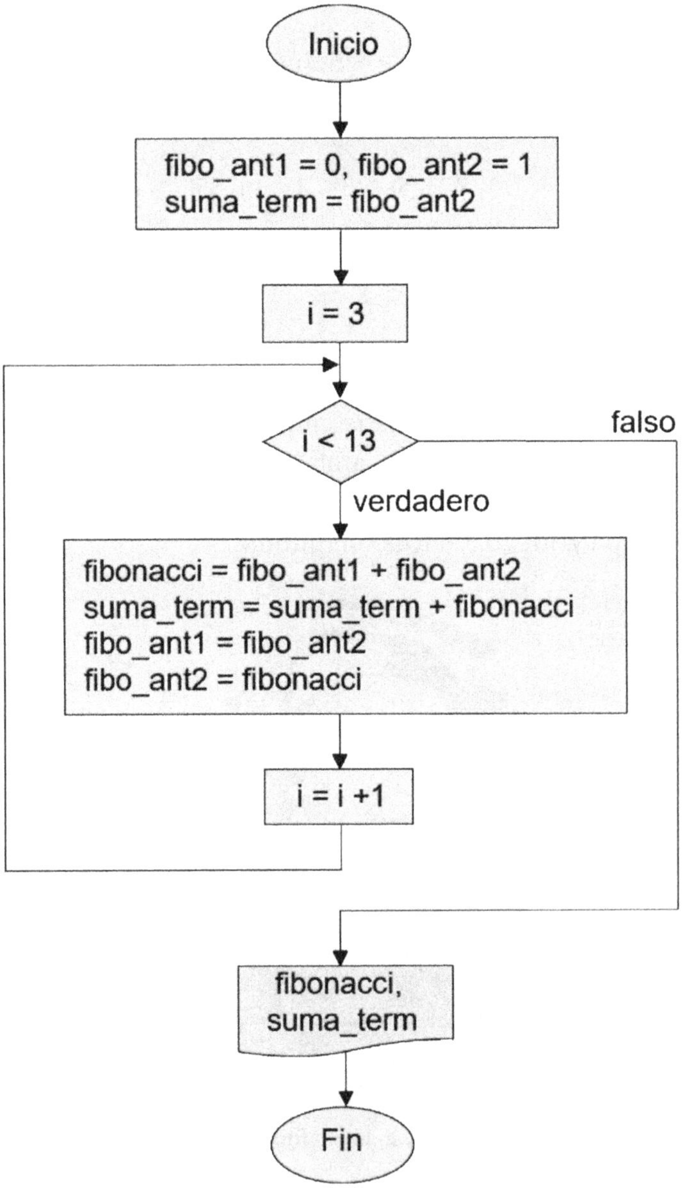

Diagrama de flujo 4.8

En este algoritmo hay un paso importante que es redefinir los valores de las variables *fibo_ant1* y *fibo_ant2* en cada iteración. Estas representan los dos valores previos de la serie usados para generar el siguiente término. Por lo tanto, se actualiza su contenido con el valor anterior y con el nuevo valor, respectivamente. A continuación, presentamos el mapa de memoria de este diagrama.

Tabla 4.8 Mapa de memoria del diagrama de flujo 4.8

fibo_ant1	*fibo_ant2*	*suma_term*	*i*	*fibonacci*
0	1	1	3	1
1	1	2	4	2
1	2	4	5	3
2	3	7	6	5
3	5	12	7	8
5	8	20	8	13
8	13	33	9	21
13	21	54	10	34
21	34	88	11	55
34	55	143	12	**89**
55	89	**232**		

El programa 4_8 muestra la codificación del diagrama de flujo anterior.

Programa 4_8.py

```
fibo_ant1 = 0
fibo_ant2 = 1
suma_terminos = fibo_ant2
for _ in range(3, 13): # Llega hasta el 12.
    fibonacci = fibo_ant1 + fibo_ant2
    suma_terminos += fibonacci
    fibo_ant1 = fibo_ant2
    fibo_ant2 = fibonacci
print('\nTérmino 12 de la serie de Fibonacci:', fibonacci)
print('Suma de los primeros 12 términos de la serie de Fibonacci:', suma_terminos)
```

Se muestra el resultado de la ejecución del programa.

```
Término 12 de la serie de Fibonacci: 89
Suma de los primeros 12 términos de la serie de Fibonacci: 232
```

Problema 4.9

Dado como dato un número entero de 4 dígitos, desarrolle un diagrama de flujo y el programa correspondiente que lo escriba como se muestra abajo. Por ejemplo, si el número es 9476, lo debe escribir de esta forma:

6	7	4	9

Dato: número entero de 4 dígitos
Resultado: la impresión de sus 4 dígitos en orden inverso

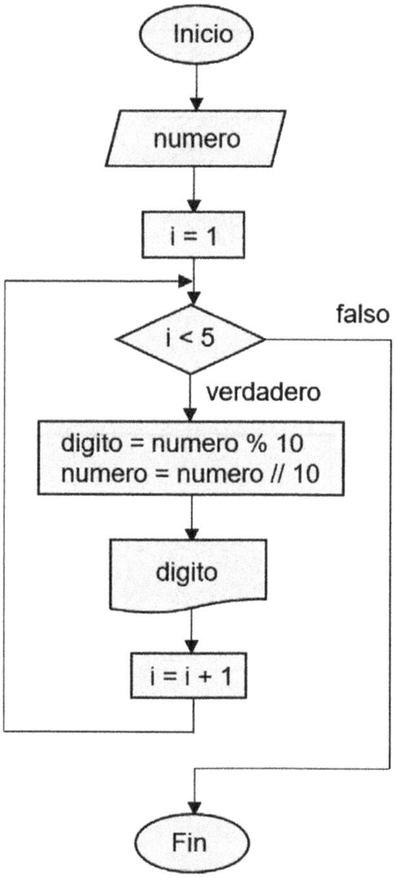

Diagrama de flujo 4.9

A continuación, presentamos el mapa de memoria de este diagrama. Se muestran en la última columna y escritos con negritas, los dígitos que se imprimen para el número = 7628.

Tabla 4.9 Mapa de memoria del diagrama de flujo 4.9

numero	*i*	*digito*
7628	1	**8**
762	2	**2**
76	3	**6**
4	4	**7**
0	5	

A continuación, presentamos el programa correspondiente.

Programa 4_9.py

```
numero = int(input('Ingrese un número entero de 4 dígitos: '))
for _ in range(1, 5):
    digito = numero % 10
    print(digito, '', end = '')
    numero = numero // 10
```

Los resultados de algunas de las pruebas realizadas se muestran más abajo. Se hicieron varias pruebas proporcionando números con diversas características. En la primera, CP1, se obtuvo el resultado esperado. En la segunda, CP2, el dato tiene solo 2 dígitos, pero como el ciclo exige hacer las operaciones 4 veces, imprime 0 ya que el número luego de las divisiones queda en 0. En el CP3, el dato tiene más de 4 dígitos y, en este caso, solo imprime los 4 últimos (las veces que establece el *for*). En el último caso de prueba se ingresó un negativo. ¿Puede explicar por qué el programa imprimió lo que aparece más abajo?

Para asegurarnos que el número solo tiene 4 dígitos y es un número positivo, se puede usar una instrucción de decisión antes del *for*. Queda a cargo del lector esta modificación junto con la respuesta de la pregunta planteada.

CP1: se ingresa un número de 4 dígitos.

```
Ingrese un número entero de 4 dígitos: 5678
8 7 6 5
```

CP2: se ingresa un número de 2 dígitos.

```
Ingrese un número entero de 4 dígitos: 97
7 9 0 0
```

CP3: se ingresa un número de 6 dígitos.

```
Ingrese un número entero de 4 dígitos: 694572
2 7 5 4
```

CP4: se ingresa un número negativo de 4 dígitos.

```
Ingrese un número entero de 4 dígitos: -4085
5 1 9 5
```

Problema 4.10

Dado como dato un número entero de 4 dígitos, desarrolle un diagrama de flujo y el programa correspondiente que imprima los dígitos del número de izquierda a derecha. Por ejemplo, si el número es 9476, debe imprimir los dígitos del número, uno por uno:

9	4	7	6

Dato: número entero de 4 dígitos
Resultado: impresión de los 4 dígitos, uno por uno

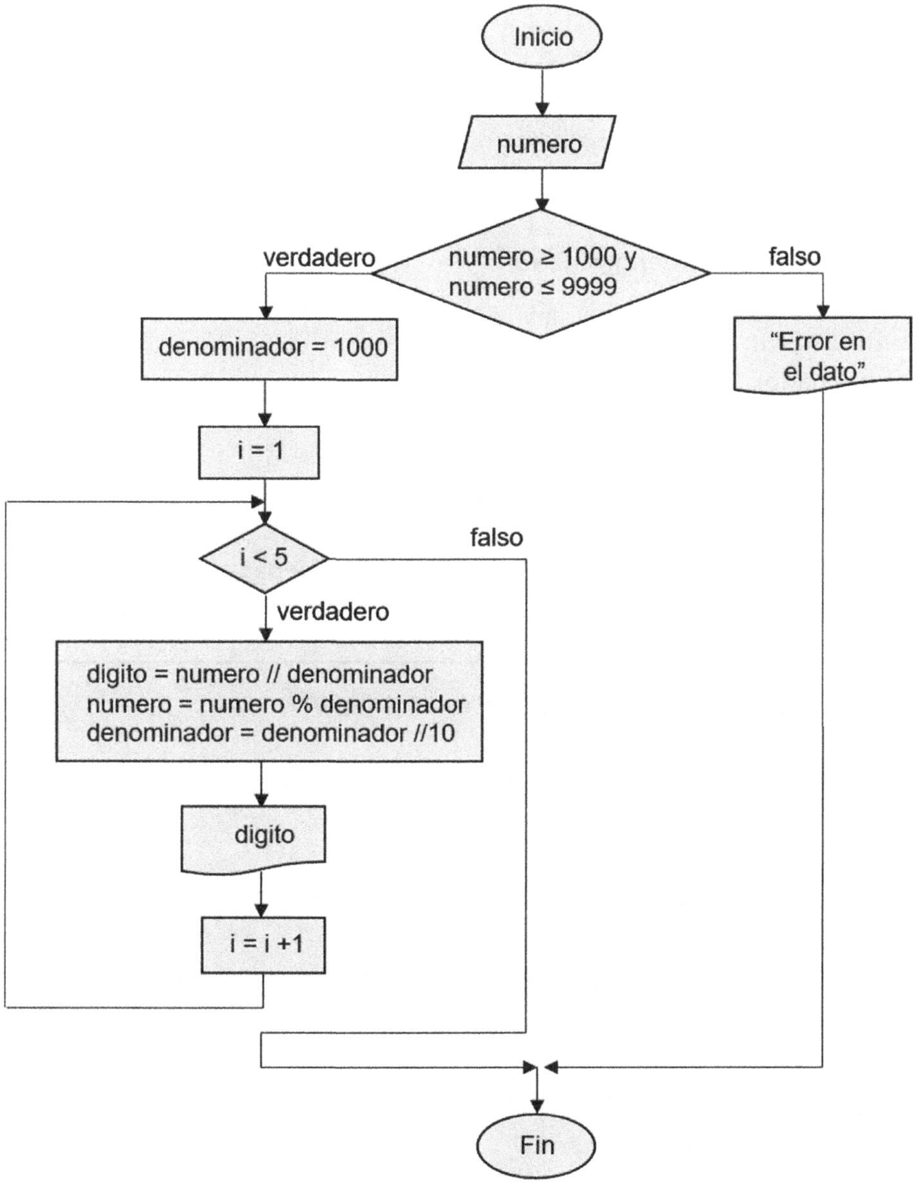

Diagrama de flujo 4.10

A continuación, presentamos el programa correspondiente. Observe que en esta solución hemos incluido una instrucción *if-else* para asegurarnos que el número tiene 4 dígitos y, de esta forma, que también es positivo.

Programa 4_10.py

```
numero = int(input('Ingrese un número entero de 4 dígitos: '))
if numero >= 1000 and numero <= 9999:
    denominador = 1000
    for _ in range(1, 5):
        digito = numero // denominador
        print(digito, '', end = '')
        numero = numero % denominador
        denominador //= 10
else:
    print('El número ingresado no está en el rango esperado.')
```

Se muestran los resultados de algunas de las pruebas realizadas al programa, considerando distintas entradas.

CP1: se ingresa un número entero positivo de 4 dígitos.

```
Ingrese un número entero de 4 dígitos: 7596
7 5 9 6
```

CP2: se ingresa un número entero positivo de 2 dígitos.

```
Ingrese un número entero de 4 dígitos: 56
El número ingresado no está en el rango esperado.
```

CP3: se ingresa un número entero positivo de 5 dígitos.

```
Ingrese un número entero de 4 dígitos: 35918
El número ingresado no está en el rango esperado.
```

CP4: se ingresa un número entero negativo de 4 dígitos.

```
Ingrese un número entero de 4 dígitos: -5748
El número ingresado no está en el rango esperado.
```

Problema 4.11

Dado como dato un número entero de 5 dígitos, elabora un diagrama de flujo y el programa correspondiente que, a partir de dicho número, obtenga otro número también de 5 dígitos, pero que los mismos estén en orden inverso. Al número obtenido se lo conoce como número espejo. Por ejemplo, si el número es 19476, su espejo es el número:

6	7	4	9	1

Dato: número entero positivo de 5 dígitos
Resultado: número entero positivo de 5 dígitos (espejo del dato)

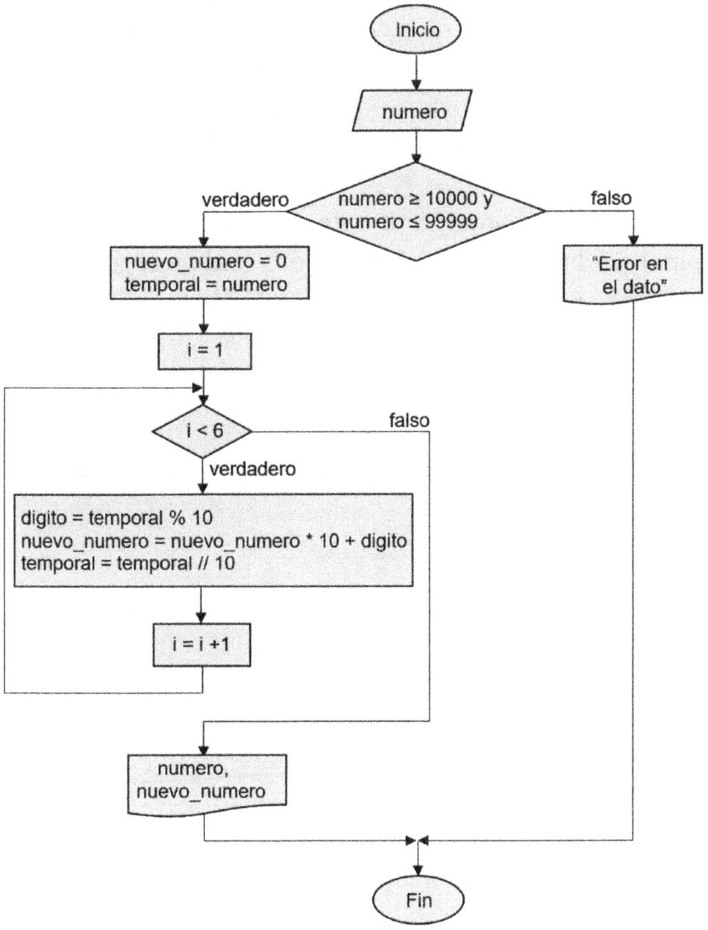

Diagrama de flujo 4.11

En la tabla 4.10 presentamos el mapa de memoria de este diagrama. Se muestra, escrito con negritas, el número generado a partir del dado.

Tabla 4.10 Mapa de memoria del diagrama de flujo 4.11

numero	_	*digito*	*nuevo_num*	*temporal*
19476			0	19476
	1	6	6	1947
	2	7	67	194
	3	4	674	19
	4	9	6749	1
	5	1	**67491**	0

A continuación, el programa correspondiente a la solución diseñada. Observe que en esta solución se incluyó la validación del número leído asegurando, antes de generar el nuevo número, que tenga 5 dígitos. Si no cumple la condición, solo se imprime un mensaje.

Programa 4_11.py

```
numero = int(input('Ingrese un número entero positivo de 5 dígitos: '))
if numero >= 10000 and numero <= 99999:
   nuevo_numero = 0
   temporal = numero
   for _ in range(1, 6):
      digito = temporal % 10
      nuevo_numero = nuevo_numero * 10 + digito
      temporal = temporal // 10
   print(f'\n{numero} --> {nuevo_numero}')
else:
   print('\nEl dato no está dentro del rango esperado.')
```

Se muestran los resultados de algunas de las pruebas realizadas al programa.

CP1: se ingresa un número entero positivo de 5 dígitos.

Ingrese un número entero de 5 dígitos: 78514
78514 --> 41587

CP2: se ingresa un número entero positivo de 5 dígitos.

Ingrese un número entero de 5 dígitos: 80001
80001 --> 10008

CP3: se ingresa un número entero positivo de 3 dígitos.

Ingrese un número entero de 5 dígitos: 307
El dato no está dentro del rango esperado.

CP4: se ingresa un número entero positivo de 6 dígitos.

Ingrese un número entero de 5 dígitos: 305896
El dato no está dentro del rango esperado.

Problema 4.12

Un número es considerado perfecto si la suma de todos sus divisores, excepto el mismo, es igual al propio número. Realice un diagrama de flujo y el programa correspondiente, tal que dado como dato un número entero positivo determine si es un número perfecto.

Dato: número entero positivo
Resultado: mensaje indicando si el número es o no perfecto

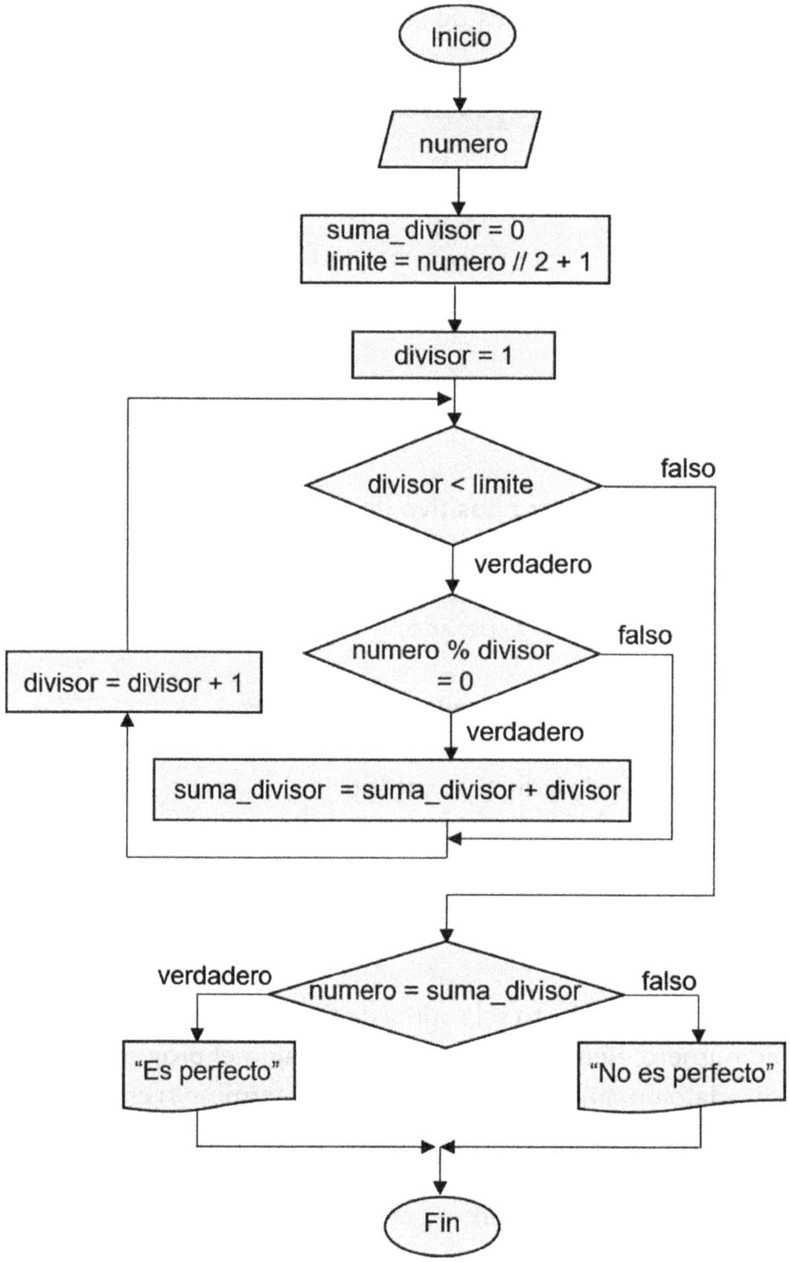

Diagrama de flujo 4.12

En la tabla 4.11 presentamos el mapa de memoria de este diagrama, considerando que el dato de entrada es 28. Se muestra, escrito con negritas, el mensaje indicando que el 28 es un número perfecto.

Tabla 4.11 Mapa de memoria del diagrama de flujo 4.12

numero	*limite*	*divisor*	*suma_divisores*
28	15		0
		1	1
		2	3
		3	
		4	7
		5	
		6	
		7	14
		8	
		9	
		10	
		11	
		12	
		13	
		14	28
			28 es un número perfecto

A continuación, presentamos el programa correspondiente.

Programa 4_12.py

```
numero = int(input('Ingrese un número entero positivo: '))
suma_divisores = 0
limite = numero // 2 + 1  # El posible divisor más grande.
for divisor in range(1, limite):
   if numero % divisor == 0:
      suma_divisores += divisor
if numero == suma_divisores:
   print('\nEl número', numero, 'es un número perfecto.')
else:
   print('\nEl número', numero, 'no es un número perfecto.')
```

Se muestran los resultados obtenidos en algunas de las pruebas realizadas.

CP1: se ingresa un número entero que no es un número perfecto.

Ingrese un número entero positivo: 304
El número 304 no es un número perfecto.

CP2: se ingresa un número entero que sí es un número perfecto.

Ingrese un número entero positivo: 496
El número 496 es un número perfecto.

CP3: se ingresa el número 1 que no es un número perfecto.

Ingrese un número entero positivo: 1
El número 1 no es un número perfecto.

Problema 4.13 V

Dado como dato un número entero realice un diagrama de flujo y el programa correspondiente que calcule la tabla de multiplicar del número hasta su propio valor. Por ejemplo, si el número ingresado es igual a 12, la tabla debe quedar de la siguiente forma:

Tabla 4.12 Tabla de multiplicar del 12

12	X	1	=	12
12	X	2	=	24
12	X	3	=	36
12	X	4	=	48
12	X	5	=	60
12	X	6	=	72
12	X	7	=	84
12	X	8	=	96
12	X	9	=	108
12	X	10	=	120
12	X	11	=	132
12	X	12	=	144

Solución diagrama de flujo: https://youtu.be/yOQotkyMSAI
Solución Programa 4_13: https://github.com/ebookscg-python/Libro1-python/tree/master/Cap4

Problema 4.14 V
Dado como dato un número entero positivo realice un diagrama de flujo y el programa correspondiente que cuente e imprima el total de divisores que tiene ese número, incluyendo al mismo número.

Solución diagrama de flujo: https://youtu.be/F8rZMMd3wOU
Solución Programa 4_14: https://github.com/ebookscg-python/Libro1-python/tree/master/Cap4

Problema 4.15 V
Dados dos números enteros ordenados en forma ascendente, realice un diagrama de flujo y el programa correspondiente que calcule e imprima la suma y el promedio de todos los números comprendidos entre los números ingresados, incluyendo a dichos números.

Solución diagrama de flujo: https://youtu.be/MWXrLmH3HsI
Solución Programa 4_15: https://github.com/ebookscg-python/Libro1-python/tree/master/Cap4

Problema 4.16 V
Dado como dato un entero positivo realice un diagrama de flujo y el programa correspondiente que calcule el resultado de la siguiente serie.

$$1+\frac{1}{2}-\frac{1}{3}+\ldots(+-)\frac{1}{n}$$

Solución diagrama de flujo: https://youtu.be/MSB2H8Yvipo
Solución Programa 4_16: https://github.com/ebookscg-python/Libro1-python/tree/master/Cap4

Problema 4.17 V
Desarrolle un diagrama de flujo y el programa correspondiente que calcule la suma de los números impares comprendidos entre 39 y 181.

Solución diagrama de flujo: https://youtu.be/1hEcFMwM99M
Solución Programa 4_17: https://github.com/ebookscg-python/Libro1-python/tree/master/Cap4

Problema 4.18 V
Dado como dato un número entero positivo, realice un diagrama de flujo y el programa correspondiente que calcule el factorial de dicho número, definido como:

$$n! = n * (n - 1) * (n - 2) * ... * 1$$

Solución diagrama de flujo: https://youtu.be/Zt5E8qEgtmA
Solución Programa 4_18: https://github.com/ebookscg-python/Libro1-python/tree/master/Cap4

4.2.2 Otras secuencias usadas en el *for*

De acuerdo a lo mencionado anteriormente, el número de iteraciones del ciclo *for* se determina por la secuencia que se usa. En la sección anterior presentamos y usamos la función *range()* para generar una secuencia. Sin embargo, también es posible usar secuencias previamente formadas, como cadenas y tuplas, entre otras. En esta sección vamos a utilizar cadenas de caracteres como secuencias en el *for* para resolver algunos problemas. A medida que se estudien datos estructurados se verá también su uso en los ciclos.

Un ciclo *for* controlado por medio de una cadena de caracteres se escribe de la siguiente manera:

```
for variable in cadena_de_caracteres:
    bloque de instrucciones   # Instrucciones que han de repetirse.
```

La *variable* toma el valor de cada uno de los caracteres de la cadena, desde la posición 0 hasta la última. Por lo tanto, el número de iteraciones será igual a la longitud de la cadena.

Problema 4.19
Dado como dato una cadena de caracteres que puede contener dígitos, por ejemplo '2to4p68xx', escriba un programa que obtenga e imprima la suma de todos sus dígitos.

Dato: cadena de caracteres
Resultado: suma de aquellos caracteres que puedan ser tratados como dígitos

A continuación, presentamos el programa correspondiente.

Programa 4_19.py

```
cadena_caracteres = input('Ingrese la cadena de caracteres: ')
suma_digitos = 0
for caracter in cadena_caracteres:
    try:
        suma_digitos += int(caracter)
    except ValueError:
        pass  # Si no es un dígito, no hay nada que hacer.
print(f'\nLa suma de los dígitos contenidos en la cadena es = {suma_digitos}')
```

1. La variable de control del *for* toma, en cada iteración, el valor de uno de los caracteres de la cadena. Por lo tanto, el número de veces que se ejecuta el ciclo depende de la longitud de la cadena. La cadena se recorre de izquierda a derecha.
2. En Python la instrucción *pass* se usa donde, por sintaxis, es necesaria alguna instrucción, pero por lógica no. También es muy útil para los desarrolladores de código ya que les permite, cuando una parte del programa aún no está terminada, continuar con lo demás colocando un *pass* en la sección inconclusa. En el programa se utilizó la instrucción *pass* en el bloque del *except* ya que, si no se pudo convertir a entero, no hay nada que hacer con ese carácter.

Se presentan los resultados de algunas de las pruebas realizadas.

CP1: se ingresa una cadena de caracteres que solo contiene dígitos.

```
Ingrese la cadena de caracteres: 78945
La suma de los dígitos contenidos en la cadena es = 33
```

CP2: se ingresa una cadena de caracteres que no contiene dígitos.

```
Ingrese la cadena de caracteres: maravilloso
La suma de los dígitos contenidos en la cadena es = 0
```

CP3: se ingresa una cadena de caracteres que contiene algunos dígitos y algunas letras.

```
Ingrese la cadena de caracteres: p1tg59hmq6x
La suma de los dígitos contenidos en la cadena es = 21
```

Problema 4.20

Este problema es una variante del anterior. Considere ahora que la cadena de caracteres contiene números reales, positivos o negativos, separados por coma. Por ejemplo: '508.54,-987.3,107.12'. Escriba un programa que obtenga la suma de todos los números. Para el ejemplo sería: 508.54 – 987.3 + 107.12.

Dato: cadena de caracteres
Resultado: suma de los números contenidos en la cadena

A continuación, presentamos el programa que resuelve este problema.

Programa 4_20.py

```
cadena = input('Ingrese la cadena de caracteres: ')
suma_numeros = 0
for caracter in cadena:
    if caracter == ',':
        posicion = cadena.index(',')
        # Se extrae el número que está antes de la coma.
        numero = cadena[0:posicion]
        # Evita repetir el número extraído.
        cadena = cadena[posicion + 1:]
        try:
            suma_numeros += float(numero)
        except ValueError:
            pass  # Si no es un número, no hay nada que hacer.
# Intenta sumar el último número: no se detecta en el for
# porque la cadena no termina con coma.
try:
    suma_numeros += float(cadena)
except ValueError:
    pass
print(f'\nLa suma de los números contenidos en la cadena es = '
      f'{suma_numeros:.2f}')
```

Es importante notar que la variable *cadena* se modifica dentro del ciclo. Sin embargo, no afecta el número de veces que se ejecuta el ciclo ya que, como se mencionó antes, el valor de la secuencia se evalúa una sola vez en la primera iteración. Se incluyó un *try-except* para intentar sumar el último número, ya que dentro del ciclo no se detecta porque la cadena dada no termina con coma. En el ejemplo 4_5 (ver en el repositorio) se ofrece una variante de solución en la cual, a la cadena recibida, se le pega una coma al final. De esta manera todo el procesamiento de la cadena se da dentro del ciclo.

A continuación, se presentan algunas pruebas de la solución propuesta. Las últimas dos pruebas son con cadenas que no corresponden a lo que se espera. En la primera de estas, el valor dado a la izquierda de la coma no puede convertirse a un número real y es el *try-except* el que evita el error durante la ejecución. En la segunda se usó un separador diferente al establecido y, por lo tanto, no se pueden extraer los números lo que implica que la suma da 0.

CP1: se ingresa una cadena con 2 números separados por coma.

Ingrese la cadena de caracteres: 10.5,-4.5
La suma de los números contenidos en la cadena es = 6.00

CP2: se ingresa una cadena con 5 números separados por coma.

Ingrese la cadena de caracteres: 305.23,87.12,-112.45,66.18,-20.2
La suma de los números contenidos en la cadena es = 325.88

CP3: se ingresa una cadena en la cual los caracteres que preceden a la coma no corresponden con un número.

Ingrese la cadena de caracteres: 104a,205.23
La suma de los números contenidos en la cadena es = 205.23

CP4: se ingresa una cadena que no contiene ningún número.
Ingrese la cadena de caracteres: ala, mar, casa
La suma de los números contenidos en la cadena es = 0.00

CP5: se ingresa una cadena con 4 números separados por el signo de interrogación.

Ingrese la cadena de caracteres: 120.56?305.14?18.5?-4.5
La suma de los números contenidos en la cadena es = 0.00

Existen otras secuencias iterables en Python, como las tuplas, los conjuntos, las listas y los diccionarios. En el caso de las tuplas, el número de iteraciones queda determinado por la longitud de esta. Conjuntos, listas y diccionarios son temas que aún no se han tratado. En el ejemplo 4_6 se presenta el uso del *for* con tuplas y, además, con el operador de asignación *walrus* (:=). Recuerde que este operador solo está disponible a partir de Python 3.8.

Ejemplo 4_6.py

```
# Se define una tupla formada por números enteros.
numeros = (5, 12, 4, 18, 11, 3, 24, 8, 5, 20)
# Se itera sobre todos los elementos de la tupla.
# Operador := válido a partir de Python 3.8.
for num in numeros:
    # A la variable cuadrado le asigna el cuadrado de num.
    if (cuadrado := num ** 2) > 100:
        print(f'El cuadrado de {num} = {cuadrado} es mayor a 100.')
# Equivalente a escribir:
for num in numeros:
    cuadrado = num ** 2
    if cuadrado > 100:
        print(f'El cuadrado de {num} = {cuadrado} es mayor a 100.')
```

Por medio del *for* se recorren todos los elementos de la tupla. El operador := permite asignar el resultado del cuadrado del número a la variable *cuadrado*, y esta conserva el valor que se imprime en la siguiente instrucción. Observe que más abajo se escribió un código equivalente; es decir, hace lo mismo sin usar el operador de asignación *walrus*. Sin embargo, hay casos que ponen en evidencia la utilidad de este operador. Para más información se puede consultar: https://www.python.org/dev/peps/pep-0572/

A continuación, se presenta la salida en terminal al ejecutar el ejemplo anterior. Solo se muestra la salida del primer ciclo porque, como ya se mencionó, los dos trozos de código hacen lo mismo.

```
El cuadrado de 12 = 144 es mayor a 100.
El cuadrado de 18 = 324 es mayor a 100.
El cuadrado de 11 = 121 es mayor a 100.
El cuadrado de 24 = 576 es mayor a 100.
El cuadrado de 20 = 400 es mayor a 100.
```

4.3 La estructura repetitiva while

La estructura repetitiva *while* se usa para implementar un ciclo cuando no se conoce *el número de veces* que debe repetirse. Imagine que entra a un museo de arte y empieza a recorrer las salas. ¿Cuántas veces se detendrá a mirar una obra de arte? De ante mano no puede saberlo. Dependerá de la cantidad de obras que haya, de si le gustan y del tiempo del que disponga. Bueno, en ciertos problemas que tienen una solución algorítmica existe una situación similar. Es decir, no se sabe cuántas veces debe ejecutarse el ciclo para llegar al resultado buscado.

En la instrucción *while*, el número de veces o de iteraciones que se ejecutará depende de una proposición o condición que debe evaluarse en cada iteración. Si la proposición resulta verdadera el ciclo se ejecuta, si es falsa se detiene la ejecución. En la figura 4.3 se presenta el diagrama de flujo de la estructura repetitiva *while*.

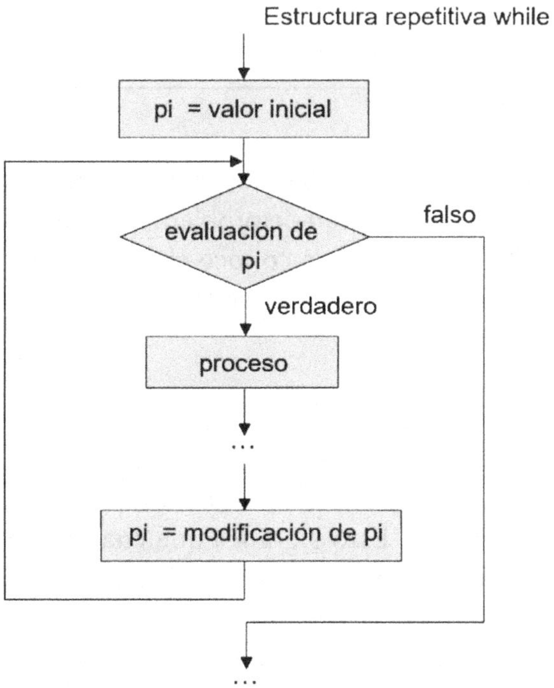

Figura 4.3 Estructura repetitiva *while*

Donde:

- *pi* representa la proposición o condición que controla el ciclo. Debe tener un valor verdadero para que este se ejecute.
- *proceso* representa la instrucción o conjunto de instrucciones que deben ejecutarse en el ciclo.
- *pi debe modificarse*, pero el cómo depende de cada problema.

1. El ciclo *while* podría NO ejecutarse, si la condición tuviera un valor *False* desde el inicio.
2. En el cuerpo del ciclo debe haber, al menos, una instrucción que altere el valor de la condición, de tal manera que garantice que, en algún punto, tome el valor *False* que ocasiona la interrupción del ciclo.
3. La condición escrita junto a la palabra reservada *while* se evalúa en cada iteración.
4. No se conoce el número de iteraciones que se ejecutará.

En el lenguaje Python, la instrucción *while* se escribe de la siguiente forma:

```
# Opcionalmente la condición se puede escribir entre ().
while condición:
   bloque de instrucciones # Instrucciones que han de repetirse.
```

A continuación, se presentan varios problemas con el propósito de ayudar a entender este tipo de ciclos y su uso en la solución de problemas. Es importante dar prioridad al ciclo *for* antes que al *while*. Es decir, si se conoce el número de iteraciones que deben ejecutarse, entonces debe usarse un *for*. El *while* solo cuando no sea posible utilizar un *for*.

Problema 4.21

Se tienen los comprobantes de gastos y compras realizados durante un viaje. Realice un diagrama de flujo y el programa correspondiente que permita obtener el total de esos gastos. El fin de datos es -1. Esto significa que cuando no tenga más datos que ingresar, debe escribir -1 para terminar. A este tipo de datos se le conoce como *bandera de fin de datos*. Deben ser del mismo tipo que los datos que se están proporcionando, pero con un valor especial, que claramente indique que no es un dato, sino el fin de estos.

Datos: gasto1, gasto2, ..., -1
Resultado: suma de los gastos y compras

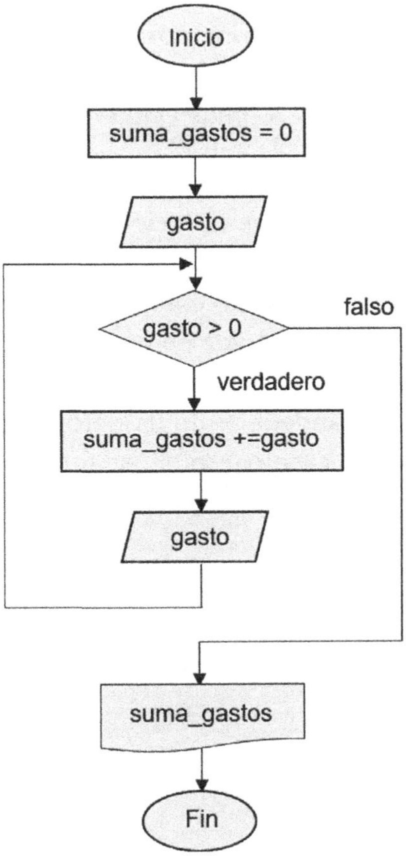

Diagrama de flujo 4.13

En la tabla 4.13 presentamos el mapa de memoria correspondiente a la solución diseñada. Se muestra escrito con negritas el resultado obtenido luego de sumar todos los gastos ingresados (sin incluir el -1).

Tabla 4.13 Mapa de memoria del diagrama de flujo 4.13

gasto	*suma_gastos*
1258	0
76	1258
845	1334
27	2179
128	2206
690	2334
275	3024
-1	**3299**

A continuación, presentamos el programa correspondiente. Observe que, aunque el fin de datos sea -1, en el diagrama y programa se establece como condición que el gasto sea mayor a cero. Esto se hace a fin de evitar que se introduzcan, por error, datos negativos diferentes a -1.

Es importante notar que se hicieron dos lecturas de la variable *gasto*. Esto se debe a que se usó en la condición que controla el ciclo y, por lo tanto, se le debe dar un valor inicial (dependiendo de dicho valor entra o no en el ciclo) y, una vez en el ciclo, se vuelve a leer para permitir ingresar los otros gastos. Además, con la segunda lectura también se permite leer la bandera de fin de datos que es la que ocasiona que el ciclo termine. En caso contrario, se tendría un ciclo infinito.

Programa 4_21.py

```
gasto = float(input('Ingrese el importe del gasto o de la compra: $'))
suma_gastos = 0
while gasto > 0:
   suma_gastos += gasto
   gasto = float(input('Ingrese el siguiente importe: $'))
print(f'\nTotal gastado durante el viaje = ${suma_gastos:.2f}')
```

Se presentan los resultados de dos de las pruebas aplicadas al programa.

CP1: se ingresan varios gastos y compras.

```
Ingrese el importe del gasto o de la compra: $540.65
Ingrese el siguiente importe: $108.2
Ingrese el siguiente importe: $315.60
Ingrese el siguiente importe: $278.30
Ingrese el siguiente importe: $619.70
Ingrese el siguiente importe: $99.5
Ingrese el siguiente importe: $-1

Total gastado durante el viaje = $1961.95
```

CP2: se ingresa un valor negativo al empezar.

```
Ingrese el importe del gasto o de la compra: $-5
Total gastado durante el viaje = $0.00
```

Problema 4.22

Realice un diagrama de flujo y el programa correspondiente para imprimir cada uno de los términos de la siguiente serie, así como la suma de estos.

1	5	8	12	15	19	22	26	29	...	3100

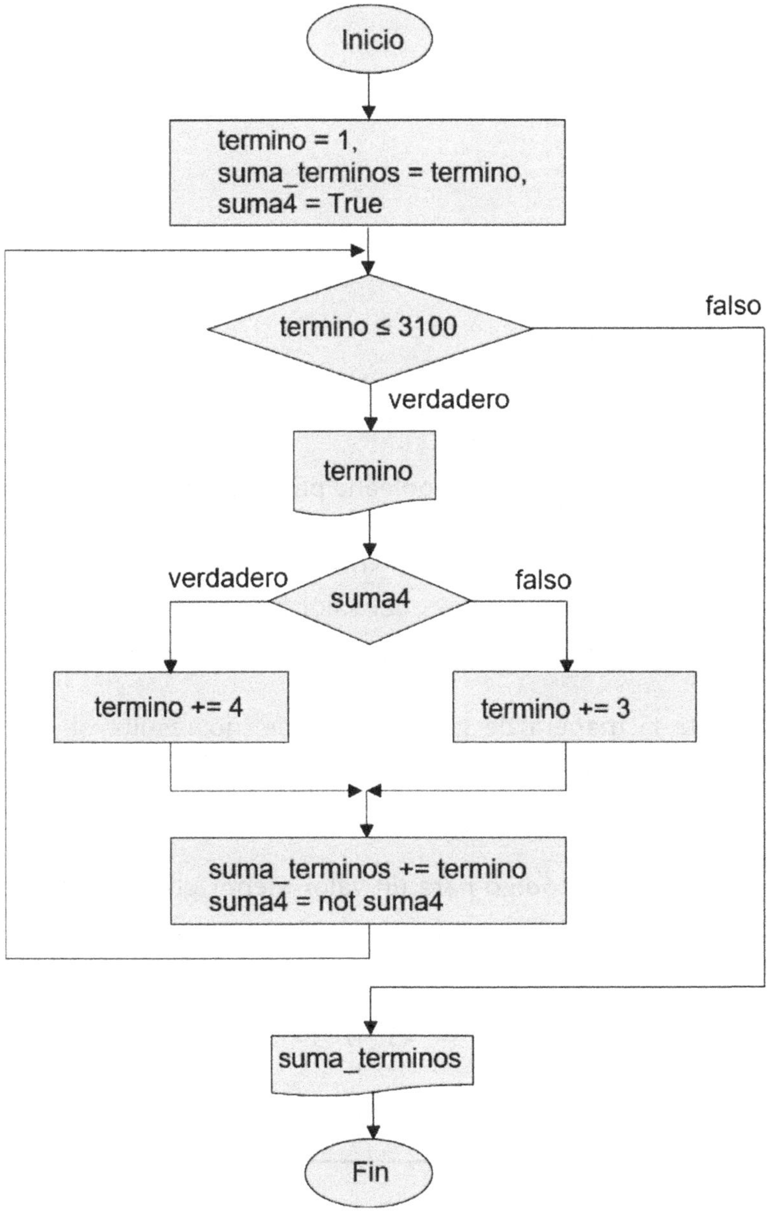

Diagrama de flujo 4.14

A continuación, presentamos el programa correspondiente.

Programa 4_22.py

```
termino = 1  # Siempre empieza en 1.
# Se va a generar a partir del segundo término.
suma_terminos = termino
suma4 = True
while termino <= 3100:
    print(termino,' ', end = '')
    if suma4:
        termino += 4
    else:
        termino += 3
    suma_terminos += termino
    suma4 = not suma4
print(f'\nLa suma de los términos es = {suma_terminos}')
```

En el programa se utilizó una variable booleana para alternar el incremento del término: 4 o 3. Cuando la variable *suma4* tiene el valor de *True*, al término se le suma 4. En cambio, cuando es *False* al término se le suma 3. Cualquiera haya sido el caso, a la variable *suma4* se le asigna la negación del valor booleano que tenga, logrando así la alternancia entre *True* y *False*.

Teniendo en cuenta la manera de generar la serie, no resulta obvio la cantidad de iteraciones que deba ejecutarse para llegar al límite establecido. Es por eso por lo que se usa un *while* y no un *for*.

Se presenta una prueba del código para un valor menor por cuestiones de espacio. El límite establecido es 100.

```
1  5  8  12  15  19  22  26  29  33  36  40  43  47  50  54  57  61  64  68  71  75  78  82  85
89  92  96  99
La suma de los términos es = 1560
```

Problema 4.23

Realice un diagrama de flujo y el programa correspondiente para calcular e imprimir el cuadrado y el cubo de números naturales que serán proporcionados por el usuario. No se sabe cuántos datos se van a ingresar, sino que el fin de datos estará indicado por cualquier valor negativo. Observe que en cada línea debe imprimir el número, el cuadrado y el cubo correspondiente.

Datos: número1, número2, ..., – número
Resultados: número, cuadrado y cubo para cada uno de los datos ingresados

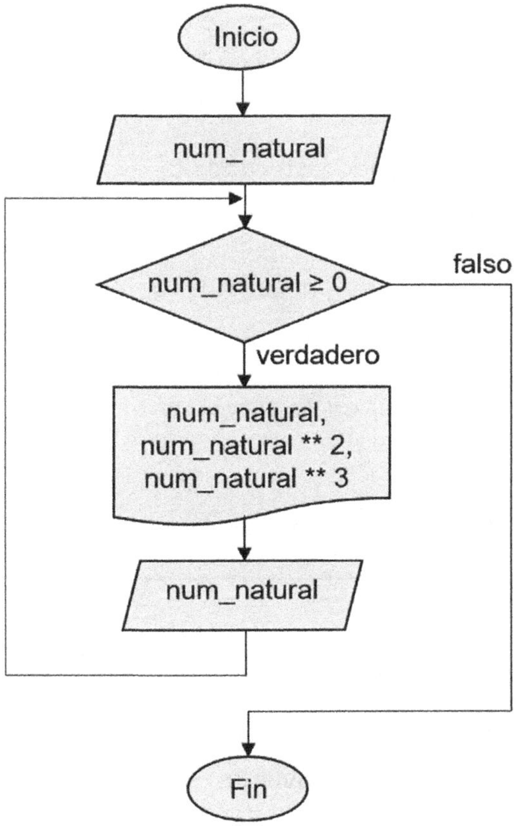

Diagrama de flujo 4.15

El programa correspondiente es el siguiente:

Programa 4_23.py

```
num_natural = int(input('Número -para calcular su cuadrado y su cubo: '))
while num_natural >= 0:
    print(f'{num_natural}, {num_natural ** 2}, {num_natural ** 3}')
    num_natural = int(input('Siguiente número (para terminar un negativo): '))
```

En el programa el cálculo del cuadrado y del cubo se incluyó en la instrucción *print()*, de tal manera que se evalúa la potencia y luego se imprime. Si los resultados obtenidos se hubieran usado posteriormente, entonces se deberían usar variables auxiliares para guardar los resultados. Se muestra la salida en la terminal al ejecutar el programa.

```
Número -para calcular su cuadrado y su cubo: 4
4, 16, 64

Siguiente número (para terminar un negativo): 10
10, 100, 1000

Siguiente número (para terminar un negativo): 12
12, 144, 1728

Siguiente número (para terminar un negativo): -1
```

Problema 4.24

Dado como dato un grupo de calificaciones de alumnos obtenidas en un examen de ingreso universitario, realice un diagrama de flujo y el programa correspondiente que determine cuantas calificaciones se obtuvieron en los rangos que aparecen abajo y cuál fue el promedio de las calificaciones. El fin de datos es -1.

Tabla 4.14 Rango de calificaciones

0..5.99
6..7.99
8..8.99
9..10

Datos: calificación1, calificación2, ..., -1
Resultados: total de calificaciones por rango y promedio

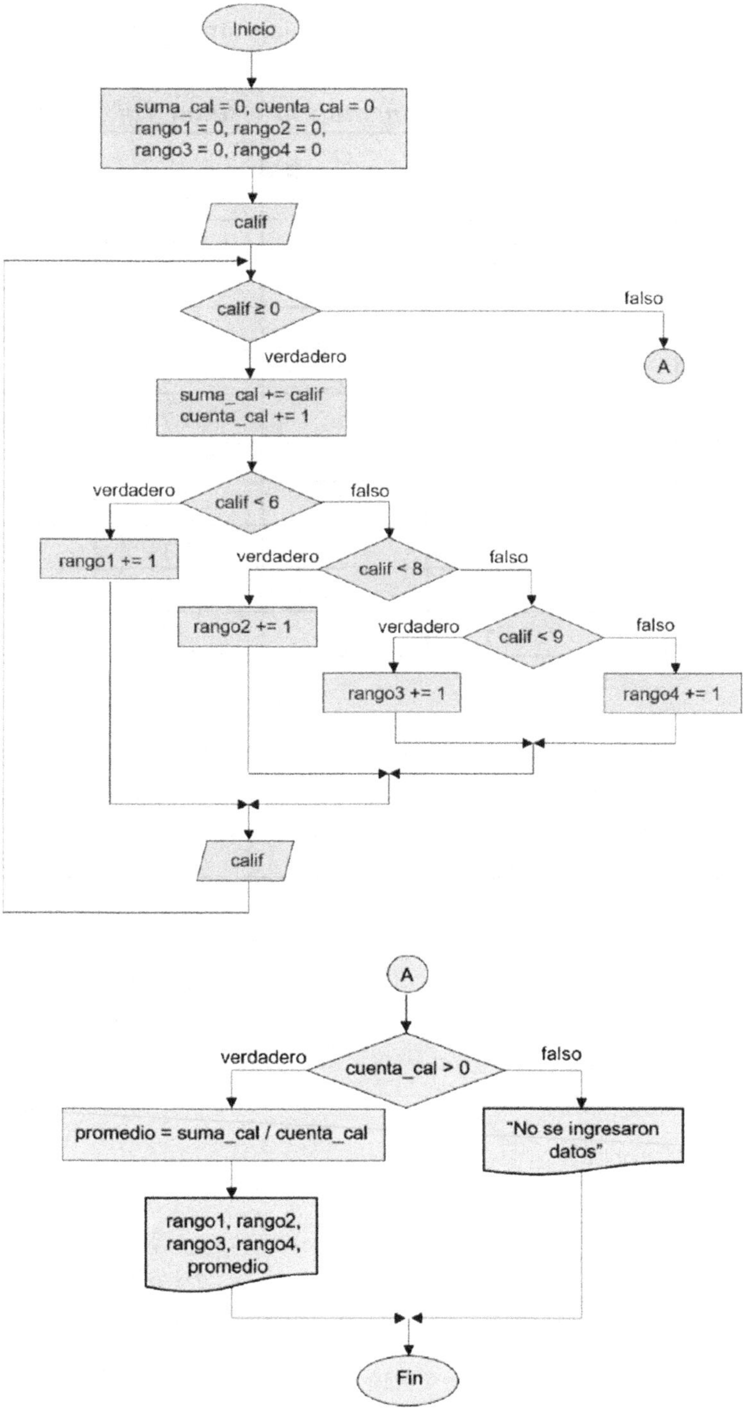

Diagrama de flujo 4.16

A continuación, presentamos el mapa de memoria de este diagrama. Se usaron nombres de variables reducidos por cuestiones de espacio.

Tabla 4.15 Mapa de memoria del diagrama de flujo 4.16

rango1	*rango2*	*rango3*	*rango4*	*cuenta_cal*	*suma_cal*	*calif*	*prom*
0	0	0	0	0	0	8.75	
		1		1	8.75	6.90	
	1			2	15.65	7.15	
	2			3	22.80	8.03	
		2		4	30.83	5.82	
1				5	36.65	6.09	
	3			6	42.74	7.34	
	4			7	50.08	9.17	
			1	8	59.25	3.90	
2				9	63.15	7.65	
	5			10	70.80	-1	
2	**5**	**2**	**1**				**7.08**

Presentamos el programa correspondiente a la solución diseñada.

Programa 4_24.py

```
suma_calificaciones = 0
cuenta_calificaciones = 0
rango1 = 0
rango2 = 0
rango3 = 0
rango4 = 0
calificacion = float(input('Ingrese una calificación: '))
while calificacion >= 0:
    suma_calificaciones += calificacion
    cuenta_calificaciones += 1
    if calificacion < 6:
        rango1 += 1
    elif calificacion < 8:
```

```
        rango2 += 1
    elif calificacion < 9:
        rango3 += 1
    else:
        rango4 += 1
    calificacion = float(input('Ingrese una calificación: '))
if cuenta_calificaciones > 0:
    promedio = suma_calificaciones / cuenta_calificaciones
    print(f'\nTotal de calificaciones entre 0 y 5.99: {rango1}')
    print(f'Total de calificaciones entre 6 y 7.99: {rango2}')
    print(f'Total de calificaciones entre 8 y 8.99: {rango3}')
    print(f'Total de calificaciones entre 9 y 10: {rango4}')
    print(f'\nPromedio de las calificaciones = {promedio:.2f}')
else:
    print(f'\nNo se ingresaron datos.'.upper())
```

Por sus características, el ciclo *while* puede no ejecutarse como sucede en la segunda prueba que aparece más abajo. Para evitar una división entre 0, al calcular el promedio, se agregó una instrucción *if-else* para evaluar este caso. También se pudo usar un *try-except*.

CP1: se ingresan varias calificaciones.

```
Ingrese una calificación: 5.6
Ingrese una calificación: 7.3
Ingrese una calificación: 6.5
Ingrese una calificación: 8.9
Ingrese una calificación: 4.5
Ingrese una calificación: 7.6
Ingrese una calificación: 8
Ingrese una calificación: 9.2
Ingrese una calificación: 8.3
Ingrese una calificación: 9.5
Ingrese una calificación: -1

Total de calificaciones entre 0 y 5.99: 2
Total de calificaciones entre 6 y 7.99: 3
```

Total de calificaciones entre 8 y 8.99: 3
Total de calificaciones entre 9 y 10: 2

Promedio de las calificaciones = 7.54

CP2: se ingresa solo un valor negativo.

Ingrese una calificación: -9
NO SE INGRESARON DATOS.

Problema 4.25
La conjetura de Ulam, Collatz o de 3n+1 como normalmente se conoce, fue enunciada por el matemático alemán Lothar Collatz (1910-1990) y aún no ha sido resuelta. La conjetura dice que, independientemente del número entero con que se comience, si se aplican las reglas de la conjetura, al final siempre se llegará al número 1.

El enunciado señala lo siguiente: comience con un entero positivo, si es par divídalo por dos, si es impar multiplíquelo por 3 y súmele 1. Repita el proceso obteniendo enteros positivos hasta que obtenga el número 1.

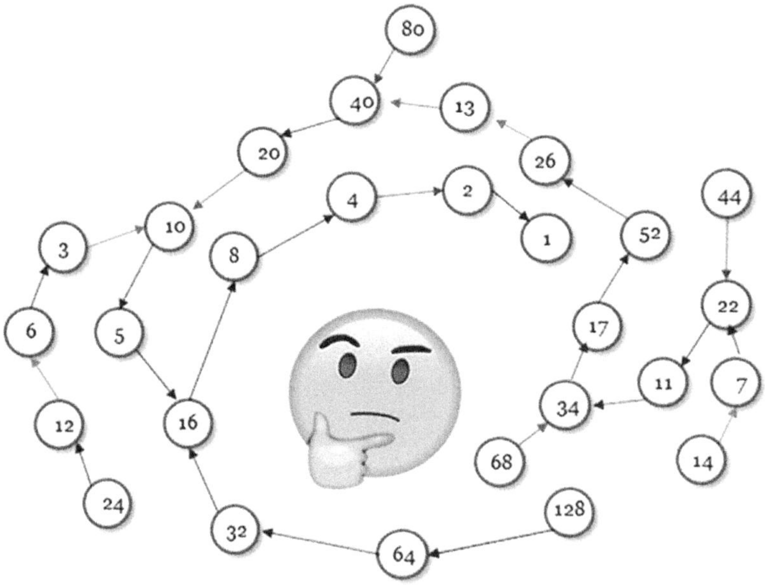

Figura 4.4 Serie de Ulam o Collatz

Dato: número entero positivo
Resultado: términos de la serie de Ulam

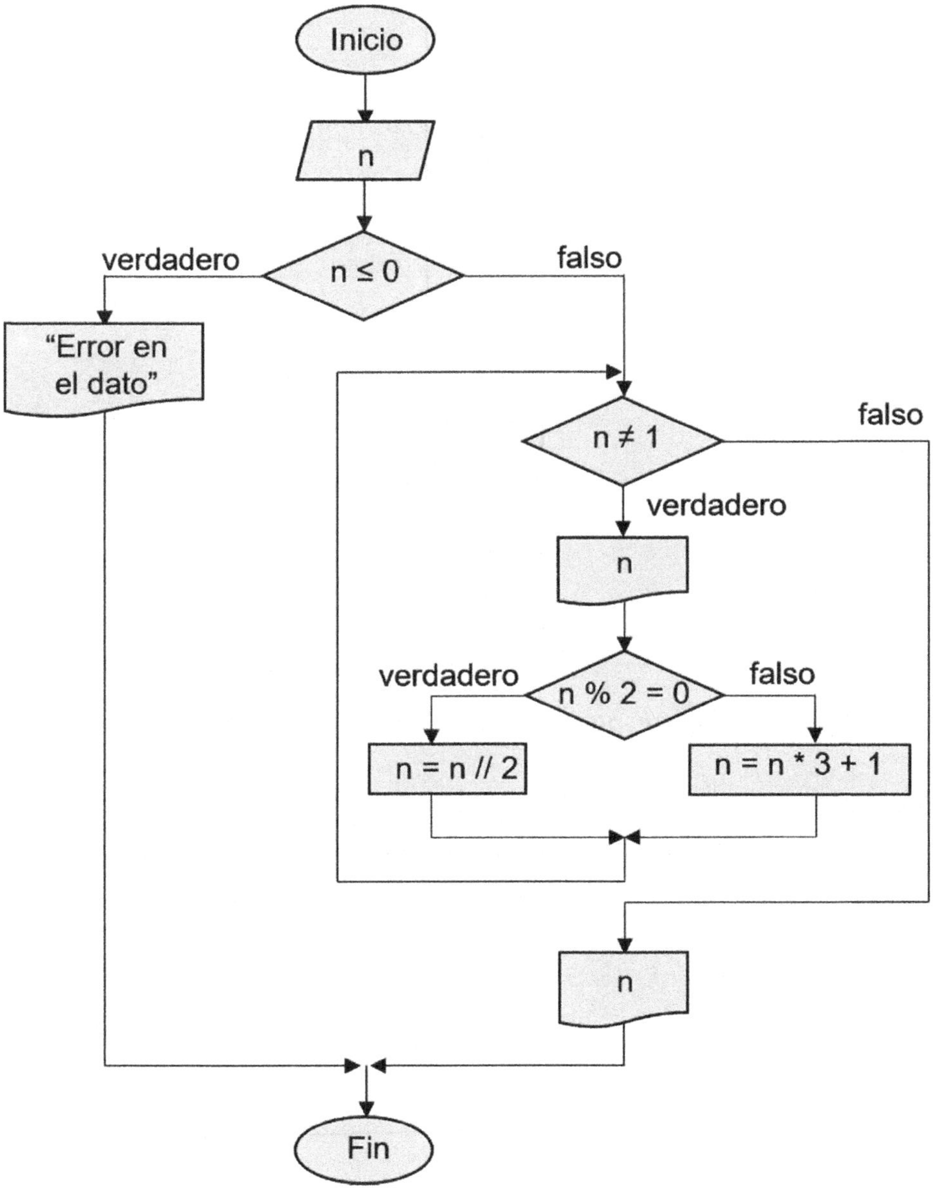

Diagrama de flujo 4.17

A continuación, presentamos el mapa de memoria de este diagrama para n = 11.

Tabla 4.16 Mapa de memoria del diagrama de flujo 4.17

n
11
34
17
52
26
13
40
20
10
5
16
8
4
2
1

Presentamos el programa correspondiente a la solución diseñada.

Programa 4_25.py

```
n = int(input('Ingrese un entero positivo: '))
if n <= 0:
   print('\nError en el dato.')
else:
   print('\nNúmeros de la serie de Ulam:')
   while n != 1:
      print(n, '', end = '')
      if n % 2 == 0:
         n //= 2
      else:
         n = n * 3 + 1
   print(n)  # El 1 no se imprime en el ciclo.
```

Se presentan los resultados de algunas pruebas. En la segunda de estas se ingresa el número 27. Este es uno de los más interesantes porque necesita 111 pasos para llegar al 1, alcanzando un valor máximo de 9232. En la última se proporciona un valor negativo que origina que no se ejecute el ciclo y se imprima un mensaje. Es importante notar que, si no se evalúa el valor del número asegurándose que sea mayor que 0, el ciclo *while* se hace infinito. Es decir, dado un número entero negativo si se divide entre 2 o se multiplica por 3 y se le suma 1, no hay manera de llegar a 1.

CP1: se ingresa el 7.

Ingrese un entero positivo: 7
Números de la serie de Ulam:
7 22 11 34 17 52 26 13 40 20 10 5 16 8 4 2 1

CP2: se ingresa el 27.

Ingrese un entero positivo: 27
Números de la serie de Ulam:
27 82 41 124 62 31 94 47 142 71 214 107 322 161 484 242 121 364 182 91
274 137 412 206 103 310 155 466 233 700 350 175 526 263 790 395 1186 593
1780 890 445 1336 668 334 167 502 251 754 377 1132 566 283 850 425 1276
638 319 958 479 1438 719 2158 1079 3238 1619 4858 2429 7288 3644 1822
911 2734 1367 4102 2051 6154 3077 9232 4616 2308 1154 577 1732 866 433
1300 650 325 976 488 244 122 61 184 92 46 23 70 35 106 53 160 80 40 20
10 5 16 8 4 2 1

CP3: se ingresa un número entero negativo.

Ingrese un entero positivo: -3
Error en el dato.

Problema 4.26

El Instituto Nacional Electoral necesita realizar un programa que evalúe la intención de voto de los ciudadanos para las próximas elecciones. En esas elecciones participarán 4 candidatos que se identificarán con los números consecutivos del 1 al 4. Se realizará una encuesta callejera preguntando el número del candidato a quien se votará. Los datos se ingresarán de forma desordenada, tal y como se vayan recibiendo de las encuestas. El fin de datos estará dado por -1. Observe, por ejemplo, los siguientes valores:

4 2 4 4 1 1 3 4 4 1 2 2 4 4 -1

La lista muestra que el primer voto corresponde al candidato 4, el segundo al candidato 2, el tercero y cuarto al candidato 4, y así sucesivamente. La lista indica que el candidato 1 obtuvo 3 votos, el candidato 2 obtuvo 3 votos, el candidato 3 obtuvo 1 voto y el candidato 4 obtuvo 7 votos.

Teniendo en cuenta lo anterior y, dado como datos las intenciones de voto de un grupo de ciudadanos, desarrolle el diagrama de flujo y el programa correspondiente, que calcule el total obtenido por cada candidato y el porcentaje de intenciones de voto con respecto al total de respuestas registradas.

Datos: $voto_1$, $voto_2$, $voto_3$, ..., -1
Resultados: total y porcentaje de intenciones de voto de cada candidato

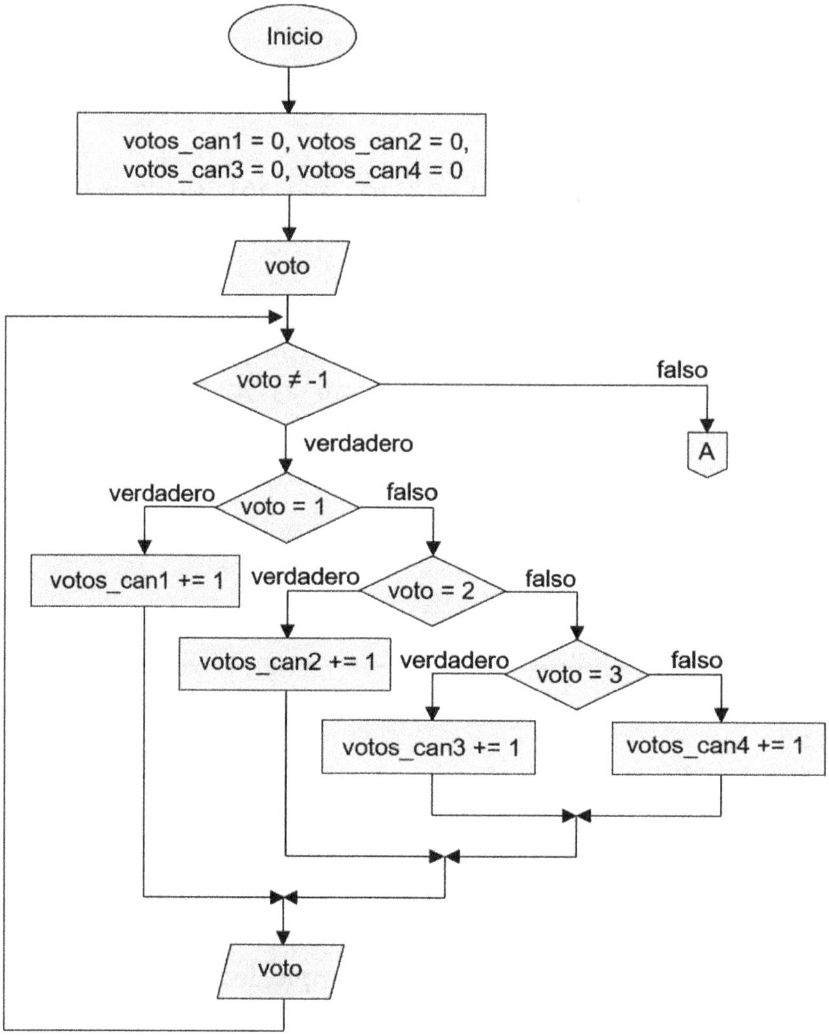

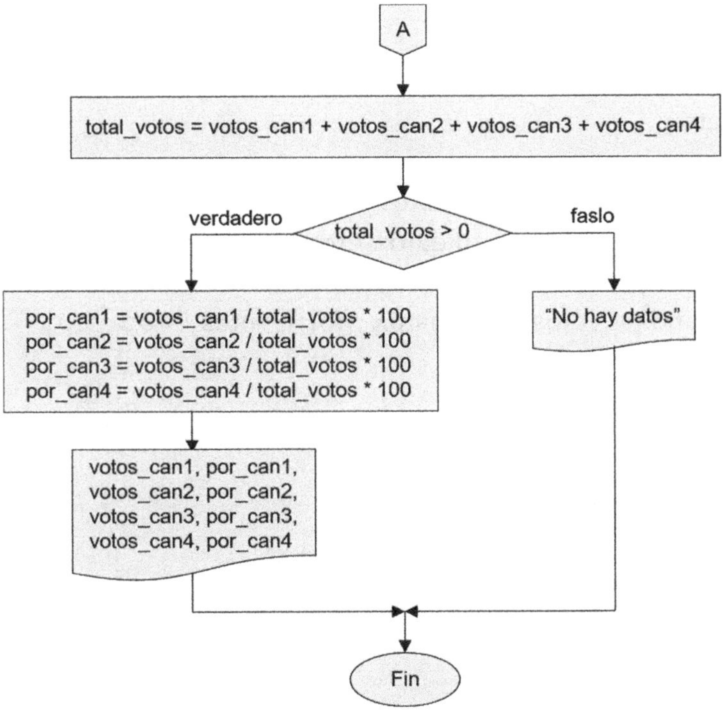

Diagrama de flujo 4.18

El programa correspondiente al diseño es el siguiente.

Programa 4_26.py

```
votos_candidato1 = 0
votos_candidato2 = 0
votos_candidato3 = 0
votos_candidato4 = 0
voto = int(input('\nIngrese número del candidato (1, 2, 3, 4): '))
while voto != -1:
    if voto == 1:
        votos_candidato1 += 1
    elif voto == 1:
        votos_candidato2 += 1
    elif voto == 3:
        votos_candidato3 += 1
    elif voto == 4:
        votos_candidato4 += 1
```

```
    voto = int(input('Ingrese número del candidato (1, 2, 3, 4): '))
total_votos = votos_candidato1 + votos_candidato2 + votos_candidato3 +
votos_candidato4
if total_votos > 0:
    porcentaje_cand1 = votos_candidato1 / total_votos * 100
    porcentaje_cand2 = votos_candidato2 / total_votos * 100
    porcentaje_cand3 = votos_candidato3 / total_votos * 100
    porcentaje_cand4 = votos_candidato4 / total_votos * 100
    print(f'\nTotal de intenciones de votos para el candidato 1:'
          f' {votos_candidato1}')
    print(f'Representa un: {porcentaje_cand1:.2f}% del total.')
    print(f'\nTotal de intenciones de votos para el candidato 2:'
          f' {votos_candidato2}')
    print(f'Representa un: {porcentaje_cand2:.2f}% del total.')
    print(f'\nTotal de intenciones de votos para el candidato 3:'
          f' {votos_candidato3}')
    print(f'Representa un: {porcentaje_cand3:.2f}% del total.')
    print(f'\nTotal de intenciones de votos para el candidato 4:'
          f' {votos_candidato4}')
    print(f'Representa un: {porcentaje_cand4:.2f}% del total.')
else:
    print('\nNo hay datos que analizar.')
```

A continuación, se presentan los resultados de algunas pruebas del programa. Los valores fuera del rango de 1 a 4 no se procesan.

CP1: se ingresa una intención de voto para cada candidato y algunos datos fuera del rango establecido.

```
Ingrese número del candidato al que votará (1, 2, 3, 4): 3
Ingrese número del candidato al que votará (1, 2, 3, 4): 1
Ingrese número del candidato al que votará (1, 2, 3, 4): 5
Ingrese número del candidato al que votará (1, 2, 3, 4): 4
Ingrese número del candidato al que votará (1, 2, 3, 4): 2
Ingrese número del candidato al que votará (1, 2, 3, 4): 6
Ingrese número del candidato al que votará (1, 2, 3, 4): -1
```

```
Total de intenciones de votos para el candidato 1: 1
Representa un: 25.00% del total.
Total de intenciones de votos para el candidato 2: 1
Representa un: 25.00% del total.
Total de intenciones de votos para el candidato 3: 1
Representa un: 25.00% del total.
Total de intenciones de votos para el candidato 4: 1
Representa un: 25.00% del total.
```

CP2: se ingresa solo datos fuera del rango esperado.

```
Ingrese número del candidato al que votará (1, 2, 3, 4): 5
Ingrese número del candidato al que votará (1, 2, 3, 4): 6
Ingrese número del candidato al que votará (1, 2, 3, 4): -1
No hay datos que analizar.
```

CP3: se ingresan varios datos de intenciones de voto para los 4 candidatos.

```
Ingrese número del candidato al que votará (1, 2, 3, 4): 4
Ingrese número del candidato al que votará (1, 2, 3, 4): 2
Ingrese número del candidato al que votará (1, 2, 3, 4): 3
Ingrese número del candidato al que votará (1, 2, 3, 4): 4
Ingrese número del candidato al que votará (1, 2, 3, 4): 2
Ingrese número del candidato al que votará (1, 2, 3, 4): 2
Ingrese número del candidato al que votará (1, 2, 3, 4): 2
Ingrese número del candidato al que votará (1, 2, 3, 4): 3
Ingrese número del candidato al que votará (1, 2, 3, 4): 4
Ingrese número del candidato al que votará (1, 2, 3, 4): -1

Total de intenciones de votos para el candidato 1: 0
Representa un: 0.00% del total.
Total de intenciones de votos para el candidato 2: 4
Representa un: 44.44% del total.
Total de intenciones de votos para el candidato 3: 2
Representa un: 22.22% del total.
Total de intenciones de votos para el candidato 4: 3
Representa un: 33.33% del total.
```

Problema 4.27

Los administradores de un auditorio ubicado en una ciudad de Guatemala necesitan un software para calcular el importe de cada venta (cada cliente es una venta) y, al final del día, el total de boletos vendidos, desglosados por tipo de localidad, así como el total recaudado.

En el auditorio existen 3 tipos diferentes de localidades, cada una identificada con una clave: A, B y C. Los precios de cada localidad se muestran en la tabla de abajo.

Tabla 4.17

Tipo de localidad	Precio
A	$980
B	$750
C	$520

Dados como datos el tipo y cantidad de entradas vendidas realice un diagrama de flujo y el programa correspondiente que calcule e imprima:

1. El importe (en $) de cada venta.
2. El total de entradas vendidas al final del día.
3. El total de entradas detalladas por tipo de localidad.
4. El total recaudado.

Datos:

tipo_local1, cantidad1
tipo_local2, cantidad2
...
X, -1

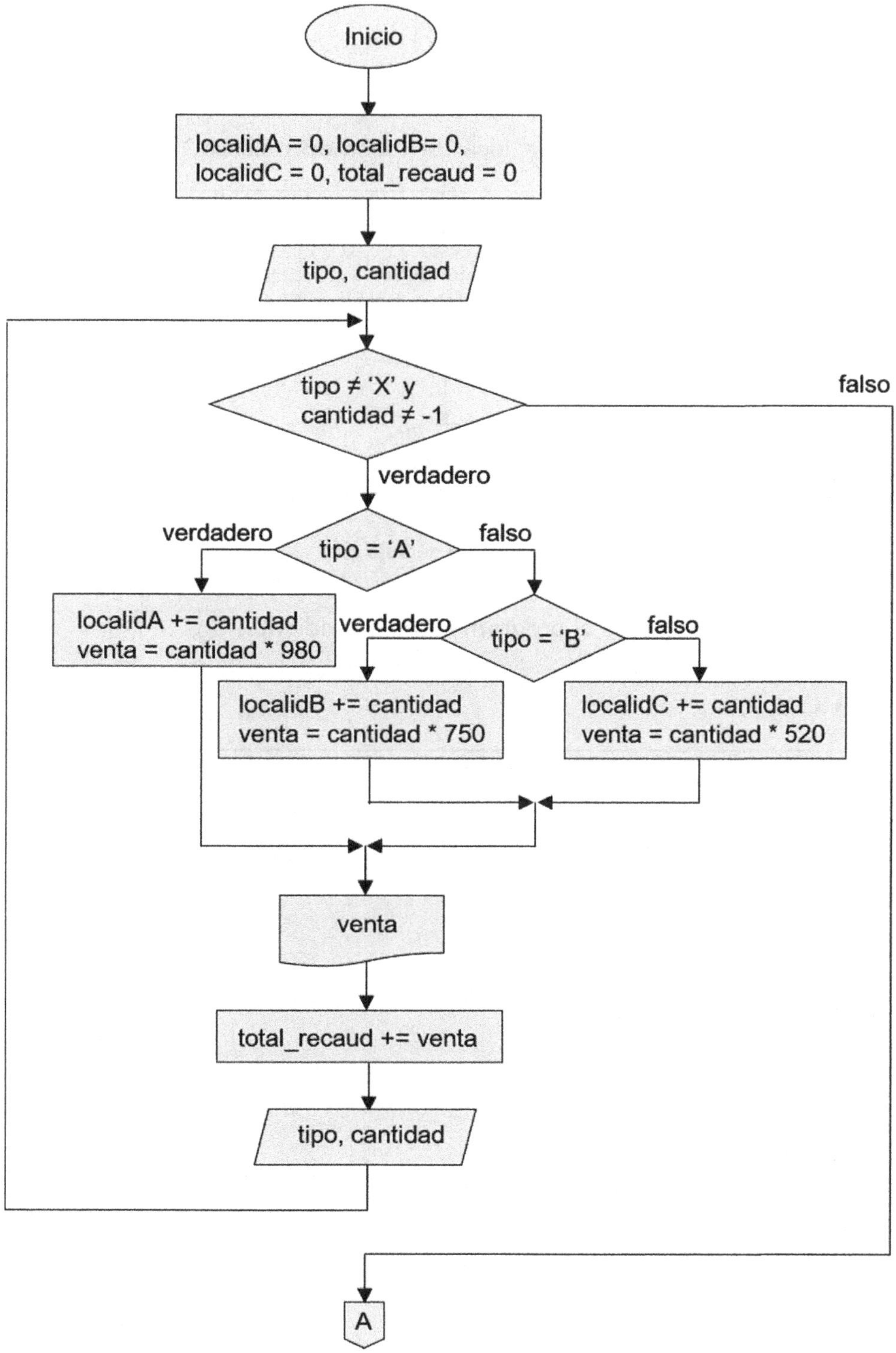
Inicio
localidA = 0, localidB= 0,
localidC = 0, total_recaud = 0
tipo, cantidad
tipo ≠ 'X' y
cantidad ≠ -1
falso
verdadero
verdadero
tipo = 'A'
falso
localidA += cantidad
venta = cantidad * 980
verdadero
tipo = 'B'
falso
localidB += cantidad
venta = cantidad * 750
localidC += cantidad
venta = cantidad * 520
venta
total_recaud += venta
tipo, cantidad
A

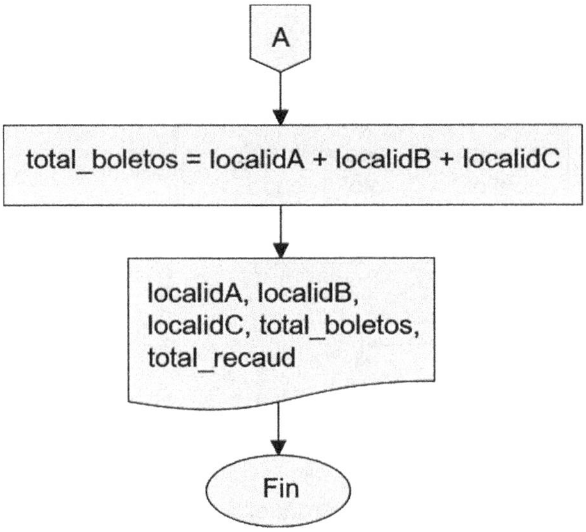

Diagrama de flujo 4.19

A continuación, presentamos el programa correspondiente.

Programa 4_27.py

```
localidadesA = 0
localidadesB = 0
localidadesC = 0
total_recaudado = 0
tipo = input('\nTipo de localidad (A, B, C) o X para terminar: ').upper()
cantidad = int(input('Ingrese la cantidad de boletos o -1 para terminar: '))
while tipo != 'X' and cantidad != -1:
    if tipo == 'A':
        localidadesA += cantidad
        venta = cantidad * 980
    elif tipo == 'B':
        localidadesB += cantidad
        venta = cantidad * 750
    else:
        localidadesC += cantidad
        venta = cantidad * 520
    print('\nTotal a pagar por los boletos: $', venta)
```

```
    total_recaudado += venta
    tipo = input('\nTipo de localidad (A, B, C) o X para terminar: ').upper()
    cantidad = int(input('Ingrese la cantidad de boletos o -1 para terminar: '))
total_boletos = localidadesA + localidadesB + localidadesC
print(f'\nTotal de localidades por tipo: {localidadesA} – '
      f'{localidadesB} – {localidadesC}')
print(f'\nTotal de boletos: {total_boletos}, con una recaudación de:'
      f' ${total_recaudado:.2f}')
```

En la solución presentada no se tuvo en cuenta que el usuario pudiera ingresar un tipo diferente a los previstos. Se sugiere analizar:

1. ¿Qué pasa si se ingresa un tipo diferente a lo indicado?
2. ¿Cuáles serían los cambios al código para prevenir resultados inconsistentes?

Es importante destacar que, en aplicaciones del mundo real, sería necesario validar todas las entradas ya que una cantidad negativa también afectaría el resultado. A continuación, se muestra una prueba del programa.

```
Tipo de localidad (A, B, C) o X para terminar: A
Ingrese la cantidad de boletos: 3
Total a pagar por los boletos: $ 2940

Tipo de localidad (A, B, C) o X para terminar: B
Ingrese la cantidad de boletos: 4
Total a pagar por los boletos: $ 3000

Tipo de localidad (A, B, C) o X para terminar: B
Ingrese la cantidad de boletos: 2
Total a pagar por los boletos: $ 1500

Tipo de localidad (A, B, C) o X para terminar: B
Ingrese la cantidad de boletos: 4
Total a pagar por los boletos: $ 3000
```

```
Tipo de localidad (A, B, C) o X para terminar: 4
Ingrese la cantidad de boletos: 2
Total a pagar por los boletos: $ 1040

Tipo de localidad (A, B, C) o X para terminar: C
Ingrese la cantidad de boletos: 1
Total a pagar por los boletos: $ 520

Tipo de localidad (A, B, C) o X para terminar: C
Ingrese la cantidad de boletos: 5
Total a pagar por los boletos: $ 2600

Tipo de localidad (A, B, C) o X para terminar: C
Ingrese la cantidad de boletos: 2
Total a pagar por los boletos: $ 1040

Tipo de localidad (A, B, C) o X para terminar: A
Ingrese la cantidad de boletos: 2
Total a pagar por los boletos: $ 1960

Tipo de localidad (A, B, C) o X para terminar: X
Ingrese la cantidad de boletos: -1

Total de localidades por tipo: 5 – 10 – 10
Total de boletos: 25, con una recaudación de: $17600.00
```

Problema 4.28

Dados como datos dos números naturales, realice un diagrama de flujo y el programa correspondiente que calcule el máximo común divisor (MCD) entre esos dos números.

Datos: número1, número2
Resultado: MCD de los dos números

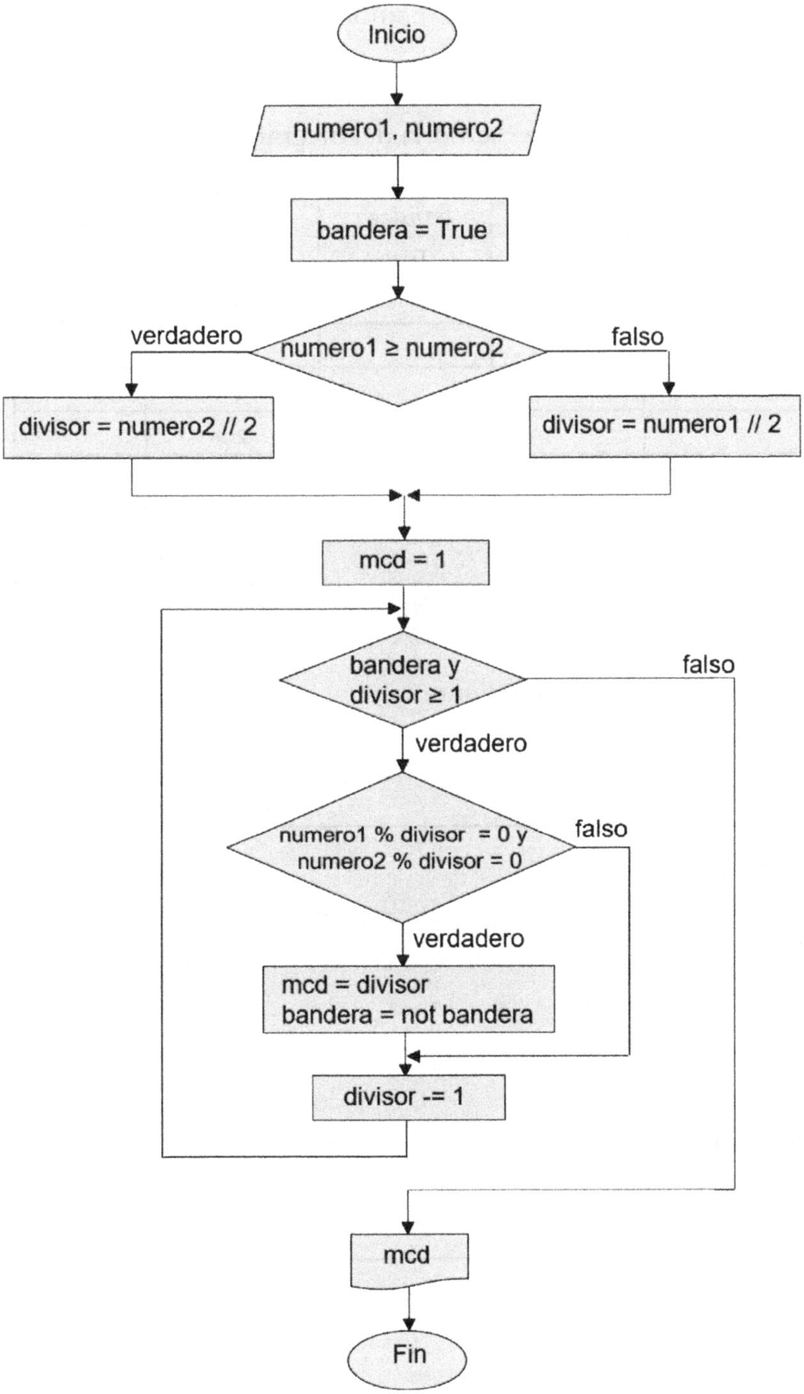

Diagrama de flujo 4.20

A continuación, presentamos el mapa de memoria de este diagrama, siendo la entrada los números 48 y 80 y su MCD = 16.

Tabla 4.18 Mapa de memoria del diagrama de flujo 4.20

numero1	*numero2*	*bandera*	*divisor*	*mcd*
48	80	True	24	
			23	
			22	
			21	
			20	
			19	
			18	
			17	
		False	16	**16**

Presentamos el programa correspondiente.

Programa 4_28.py

```
numero1 = int(input('\nIngrese el primer número entero positivo: '))
numero2 = int(input('Ingrese el segundo número entero positivo: '))
bandera = True
mcd = 1
if numero1 >= numero2:
   divisor = numero2 // 2
else:
   divisor = numero1 // 2
while bandera and divisor >= 1:
   if numero1 % divisor == 0 and numero2 % divisor == 0:
      mcd = divisor
      bandera = not bandera
   divisor -= 1
print(f'\nEl MCD de {numero1} y {numero2} es: {mcd}')
```

A continuación, se muestran algunas pruebas hechas al programa.

CP1: se ingresan 2 números enteros positivos.

Ingrese el primer número entero positivo: 144
Ingrese el segundo número entero positivo: 48
El MCD de 144 y 48 es: 24

CP2: se ingresan 2 números enteros positivos.

Ingrese el primer número entero positivo: 3500
Ingrese el segundo número entero positivo: 6950
El MCD de 3500 y 6950 es: 50

CP3: se ingresan 2 números enteros positivos, uno de ellos es un número primo.

Ingrese el primer número entero positivo: 49
Ingrese el segundo número entero positivo: 7
El MCD de 49 y 7 es: 1

Problema 4.29

Dados como datos dos números naturales, realice un diagrama de flujo y el programa correspondiente que calcule el mínimo común múltiplo (mcm) entre esos dos números. El *mcm* es el menor número natural distinto de cero que es múltiplo común de ellos.

Datos: número1, número2
Resultado: mcm de los dos números

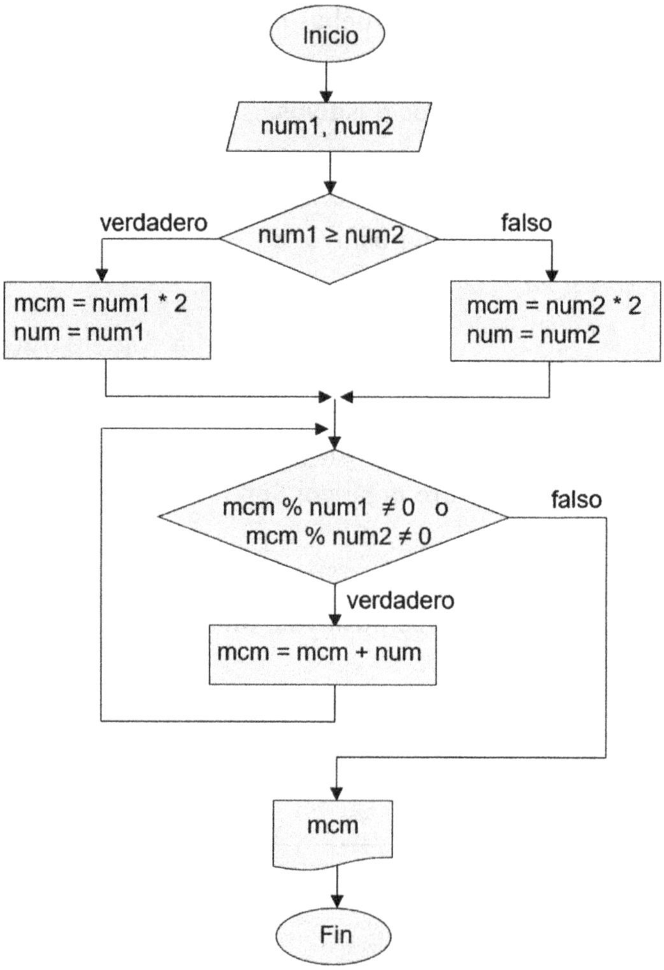

Diagrama de flujo 4.21

A continuación, presentamos el mapa de memoria de este diagrama considerando los datos 6 y 13, cuyo mcm es 78.

Tabla 4.19 Mapa de memoria del diagrama de flujo 4.21

numero1	*numero2*	*mcm*	*numero*
6	13	26	13
		39	
		52	
		65	
		78	

Presentamos el programa correspondiente.

Programa 4_29.py

```
numero1 = int(input('\nIngrese el primer número entero positivo: '))
numero2 = int(input('Ingrese el segundo número entero positivo: '))
if numero1 > 0 and numero2 > 0:
    if numero1 >= numero2:
        mcm = numero1 * 2
        numero = numero1
    else:
        mcm = numero2 * 2
        numero = numero2
    while mcm % numero1 != 0 or mcm % numero2 != 0:
        mcm += numero
    print(f'\nEl mcm de {numero1} y {numero2} es = {mcm}')
else:
    print('Los datos ingresados no son números positivos.')
```

Se muestran algunas de las pruebas aplicadas al programa.

CP1: se ingresan 2 números enteros positivos.

Ingrese el primer número entero positivo: 2
Ingrese el segundo número entero positivo: 3
El mcm de 2 y 3 es = 6

CP2: se ingresan 2 números enteros positivos.

Ingrese el primer número entero positivo: 54
Ingrese el segundo número entero positivo: 9
El mcm de 54 y 9 es = 108

CP3: se ingresan 2 números enteros negativos.

Ingrese el primer número entero positivo: -16
Ingrese el segundo número entero positivo: -60
Los datos ingresados no son números positivos.

Problema 4.30 V

Dado como dato un entero positivo, realice un diagrama de flujo y el programa correspondiente que determine si es o no un número primo.

Un número primo es aquel número natural mayor que 1 que únicamente tiene dos divisores, el 1 y el mismo.

Tabla 4.20 Números primos del 1 al 100 (sombreados)

1	2	3	4	5	6	7	8	9	10
11	12	13	14	15	16	17	18	19	20
21	22	23	24	25	26	27	28	29	30
31	32	33	34	35	36	37	38	39	40
41	42	43	44	45	46	47	48	49	50
51	52	53	54	55	56	57	58	59	60
61	62	63	64	65	66	67	68	69	70
71	72	73	74	75	76	77	78	79	80
81	82	83	84	85	86	87	88	89	90
91	92	93	94	95	96	97	98	99	100

Solución diagrama de flujo: https://youtu.be/PaYd6RtaoNs
Solución Programa 4_30: https://github.com/ebookscg-python/Libro1-python/tree/master/Cap4

Problema 4.31 V

Realiza un diagrama de flujo y el programa correspondiente que calcule el valor de π utilizando la siguiente serie:

$$\pi = \frac{4}{1} - \frac{4}{3} + \frac{4}{5} - \frac{4}{7} + \frac{4}{9} - \cdots$$

Se requiere calcular tantos términos como sea necesario para que el último valor obtenido sea menor o igual a 0.00001.

Solución diagrama de flujo: https://youtu.be/zdsYZG4sXbQ
Solución Programa 4_31: https://github.com/ebookscg-python/Libro1-python/tree/master/Cap4

4.4 Estructuras repetitivas anidadas

Las estructuras repetitivas anidadas son aquellas en las que en el bloque del ciclo se escribe otro ciclo. De ahí el nombre de anidadas. Los ciclos que se anidan pueden o no ser del mismo tipo y, a mayor nivel de anidamiento, mayor la complejidad de la solución.

Si para resolver un problema se usa una estructura repetitiva y, terminada esta, se requiere otra, éstas no se consideran anidadas o en cascada.

A continuación, se presentan algunos problemas que ayudarán a comprender mejor este concepto y a aplicarlo en la solución de problemas.

Problema 4.32

Se dice que un número entero positivo es perfecto si la suma de sus divisores positivos es igual al propio número. Por ejemplo, el 18 no es un número perfecto porque sus divisores son 1, 2, 3, 6, y 9, y la suma de estos es igual a 21. El 28, por otra parte, es un número perfecto porque sus divisores son 1, 2, 4, 7 y 14 y su suma es igual a 28.

Dado como dato un número entero positivo realice un diagrama de flujo y el programa correspondiente que calcule e imprima todos los números perfectos comprendidos entre 1 y el número dado.

Tabla 4.21 Números perfectos del 1 al 100 (sombreados con color)

1	2	3	4	5	6	7	8	9	10
11	12	13	14	15	16	17	18	19	20
21	22	23	24	25	26	27	28	29	30
31	32	33	34	35	36	37	38	39	40
41	42	43	44	45	46	47	48	49	50
51	52	53	54	55	56	57	58	59	60
61	62	63	64	65	66	67	68	69	70
71	72	73	74	75	76	77	78	79	80
81	82	83	84	85	86	87	88	89	90
91	92	93	94	95	96	97	98	99	100

Dato: número entero positivo
Resultado: números perfectos entre 1 y el número de entrada

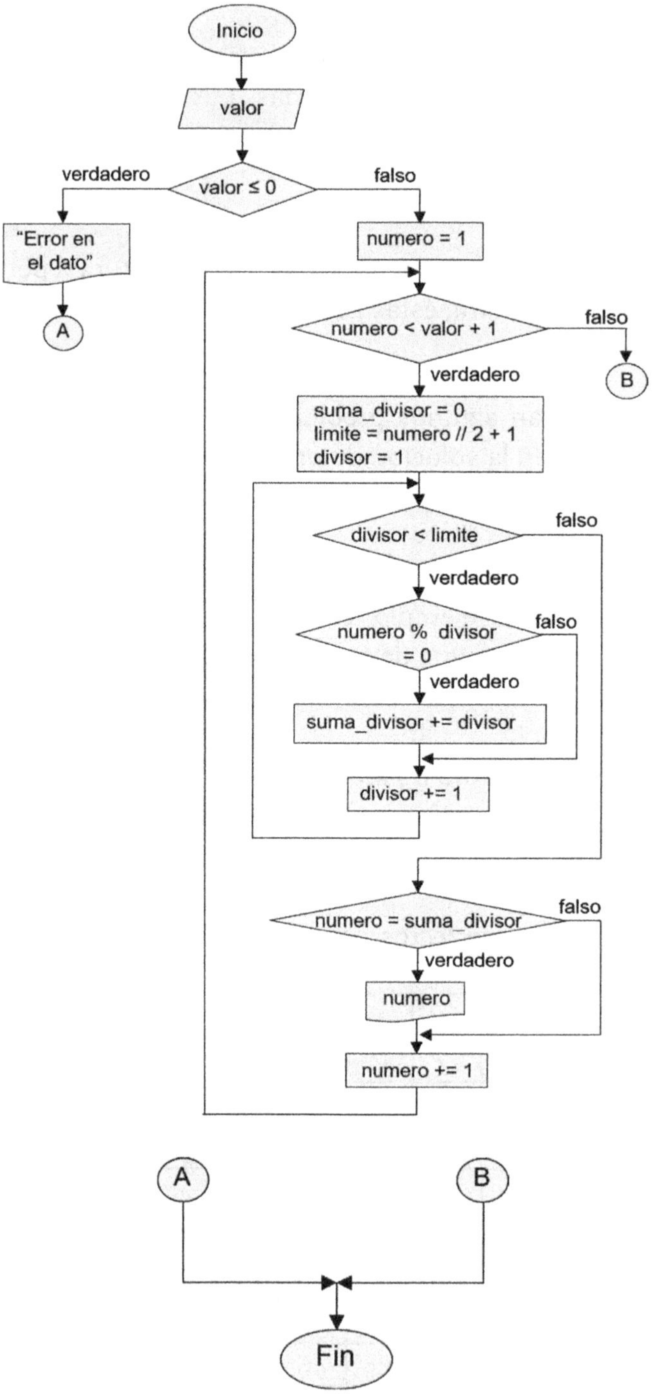

Diagrama de flujo 4.22

A continuación, presentamos el programa correspondiente.

Programa 4_32.py

```
valor = int(input('\nIngrese un número entero positivo: '))
if valor <= 0:
    print('\nError en el dato.'.upper())
else:
    for numero in range(1, valor + 1):
        suma_divisores = 0
        limite = numero // 2 + 1
        for divisor in range(1, limite):
            if numero % divisor == 0:
                suma_divisores += divisor
        if numero == suma_divisores:
            print('Número perfecto:', numero)
```

Se presentan algunas pruebas del programa.

CP1: se ingresa el número 100.

```
Ingrese un número entero positivo: 100
Número perfecto: 6
Número perfecto: 28
```

CP2: se ingresa el número 15000.

```
Ingrese un número entero positivo: 15000
Número perfecto: 6
Número perfecto: 28
Número perfecto: 496
Número perfecto: 8128
```

CP3: se ingresa un número negativo.

```
Ingrese un número entero positivo: -9
ERROR EN EL DATO.
```

Problema 4.33

Dado como dato un número entero, escriba un programa que genere una secuencia de números como la que se muestra a continuación (ejemplo para n = 7). En este caso, no se pide el diagrama. Se sugiere analizar el problema, diseñar el algoritmo (que puede ser expresado en lenguaje natural o solo mentalmente), escribir el programa y probarlo para distintos valores de n. Más abajo se presenta una posible solución.

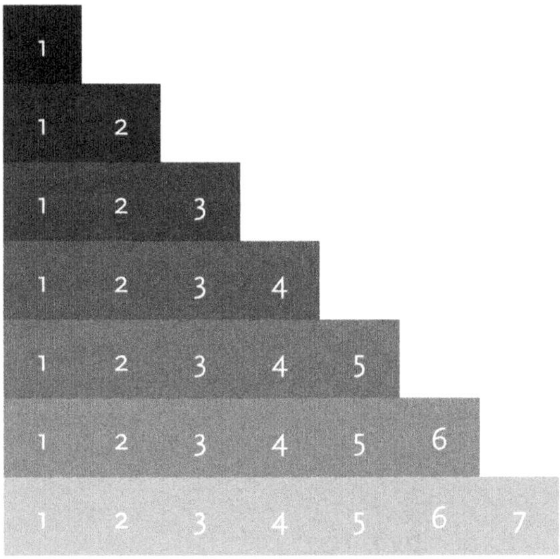

Figura 4.5 Figura generada para n = 7

Programa 4_33.py

```
valor = int(input('\nIngrese un número entero positivo: '))
if valor <= 0:
   print('\nError en el dato.'.upper())
else:
   for renglon in range(1, valor + 1):
      for numero in range(1, renglon + 1):
         print(numero, ' ', end = '')
      print()
```

Se presentan los resultados de dos de las pruebas del programa desarrollado.

CP1: se ingresa el número 7.

```
Ingrese un número entero positivo: 7
1
1 2
1 2 3
1 2 3 4
1 2 3 4 5
1 2 3 4 5 6
1 2 3 4 5 6 7
```

CP2: se ingresa un número negativo.

```
Ingrese un número entero positivo: -3
ERROR EN EL DATO.
```

Problema 4.34

Dado como dato un número entero positivo realice un diagrama de flujo y el programa correspondiente que imprima todos los números primos que encuentre hasta ese número inclusive.

Dato: número entero positivo
Resultado: todos los números primos menores o iguales al número ingresado

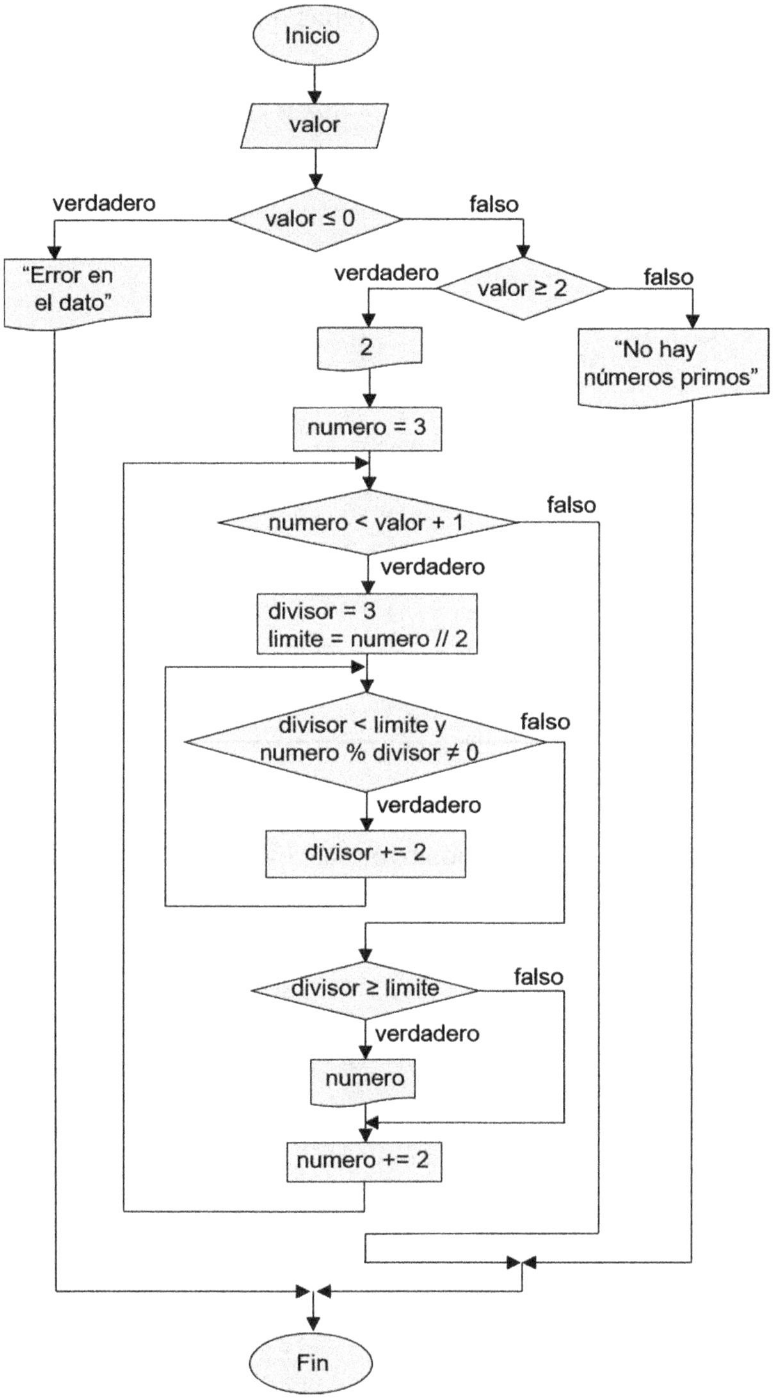

Diagrama de flujo 4.23

A continuación, presentamos el programa correspondiente.

Programa 4_34.py

```
valor = int(input('\nIngrese hasta qué valor quiere analizar: '))
if valor <= 0:
    print('\nError en el dato.')
else:
    if valor >= 2:  # Descarta el 1.
        print('\nEl número 2 es un número primo.')
        for numero in range(3, valor + 1, 2):  # Descarta los pares.
            divisor = 3
            limite = numero // 2
            while divisor < limite and numero % divisor != 0:
                divisor += 2
            if divisor >= limite:
                print(f'El número {numero} es un número primo.')
    else:
        print('\nNo hay números primos.')
```

Es importante comentar, para despertar el interés por el reúso de código en el lector, que este problema es una generalización del 4.30, por lo que se pudo usar el código de este en la solución del problema actual. Por ahora no tenemos los elementos necesarios para hacerlo, pero lo haremos más adelante.

Se muestran los resultados de algunas pruebas aplicadas al programa.

CP1: se ingresa el número 10.

```
Ingrese hasta qué valor quiere analizar: 10

El número 2 es un número primo.
El número 3 es un número primo.
El número 5 es un número primo.
El número 7 es un número primo.
```

CP2: se ingresa el número 30.

Ingrese hasta qué valor quiere analizar: 30

El número 2 es un número primo.
El número 3 es un número primo.
El número 5 es un número primo.
El número 7 es un número primo.
El número 11 es un número primo.
El número 13 es un número primo.
El número 17 es un número primo.
El número 19 es un número primo.
El número 23 es un número primo.
El número 29 es un número primo.

CP3: se ingresa el número 1.

Ingrese hasta qué valor quiere analizar: 1
No hay números primos.

CP4: se ingresa un número negativo.

Ingrese hasta qué valor quiere analizar: -9
Error en el dato.

Problema 4.35

Realice un diagrama de flujo y el programa correspondiente que imprima todos los pares de datos que satisfagan la siguiente expresión:

$$p^4 + r^3 < 510$$

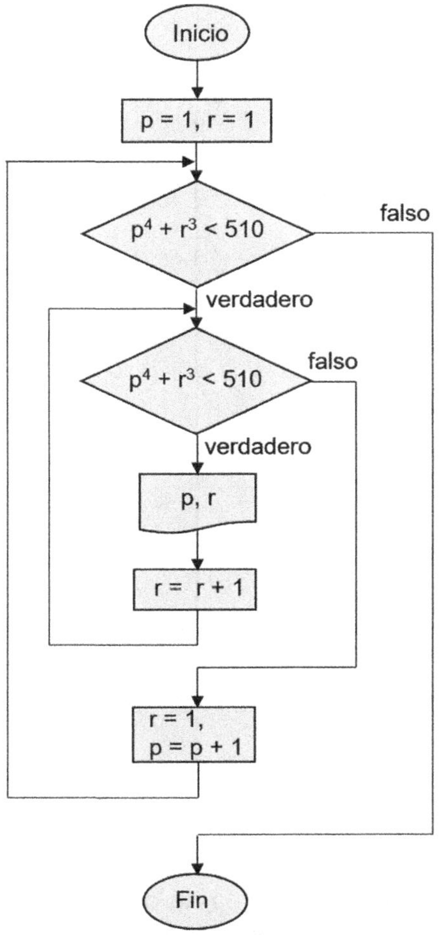

Diagrama de flujo 4.24

A continuación, presentamos el programa.

Programa 4_35.py

```
p = 1
r = 1
while p** 4 + r ** 3 < 510:
   while p** 4 + r ** 3 < 510:
      print(f'{p} y {r} < 510')
      r += 1
   r = 1
   p += 1
```

Se muestran los resultados de la prueba.

1 y 1 < 510	Continúa...
1 y 2 < 510	3 y 1 < 510
1 y 3 < 510	3 y 2 < 510
1 y 4 < 510	3 y 3 < 510
1 y 5 < 510	3 y 4 < 510
1 y 6 < 510	3 y 5 < 510
1 y 7 < 510	3 y 6 < 510
2 y 1 < 510	3 y 7 < 510
2 y 2 < 510	4 y 1 < 510
2 y 3 < 510	4 y 2 < 510
2 y 4 < 510	4 y 3 < 510
2 y 5 < 510	4 y 4 < 510
2 y 6 < 510	4 y 5 < 510
2 y 7 < 510	4 y 6 < 510

Problema 4.36

Dado como dato un número entero, escriba un programa que genere una secuencia de números como la que se muestra a continuación (ejemplo para n = 7).

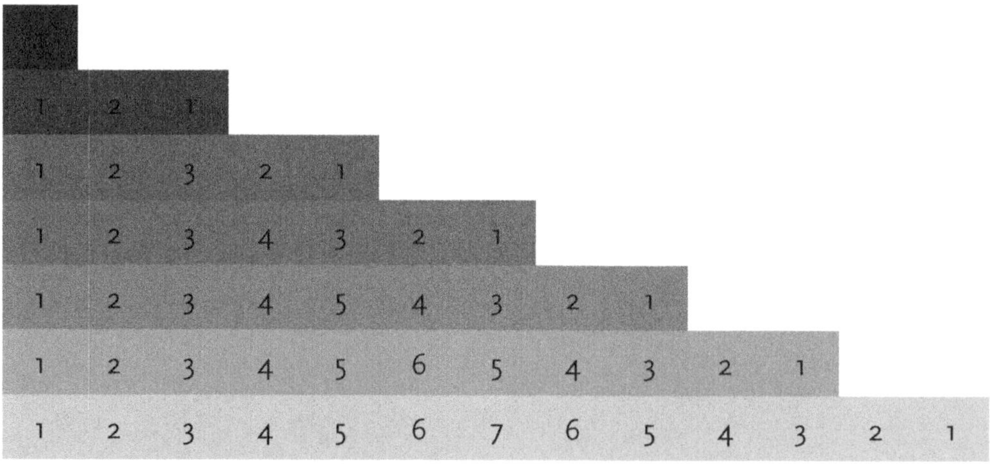

Figura 4.6 Figura generada por la impresión para n = 7

El programa es el siguiente:

Programa 4_36.py

```
limite = int(input('\nIngrese un número entero positivo: '))
if limite <= 0:
   print('\nError en el dato.')
else:
   for numero in range(1, limite + 1):
      for valor in range(1, numero + 1):
         print(valor, '', end = '')
      for valor in range(numero – 1, 0, -1):
         print(valor, '', end = '')
      print()  # Provoca un salto de línea.
```

Se muestra el resultado de algunas pruebas.

CP1: se ingresa el 7.

```
Ingrese un número entero positivo: 7

1
1 2 1
1 2 3 2 1
1 2 3 4 3 2 1
1 2 3 4 5 4 3 2 1
1 2 3 4 5 6 5 4 3 2 1
1 2 3 4 5 6 7 6 5 4 3 2 1
```

CP2: se ingresa un número negativo.

```
Ingrese un número entero positivo: -3
Error en el dato.
```

Problema 4.37

Dado como dato un número entero positivo realice un diagrama de flujo y el programa correspondiente que imprima todos los primos gemelos que hay hasta el número dado inclusive. Los primos gemelos son aquellos números primos con una diferencia entre ellos de exactamente dos.

Dato: número entero positivo
Resultado: todos los primos gemelos menores que el número

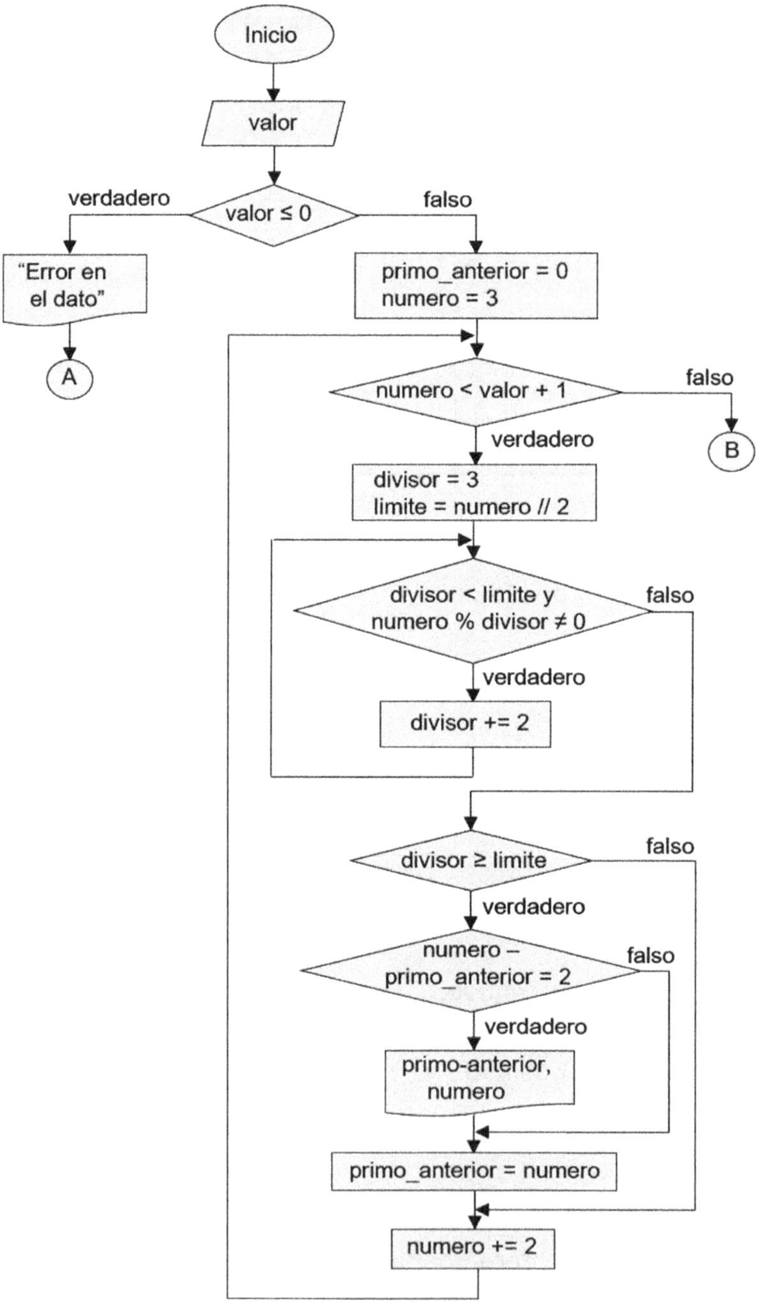

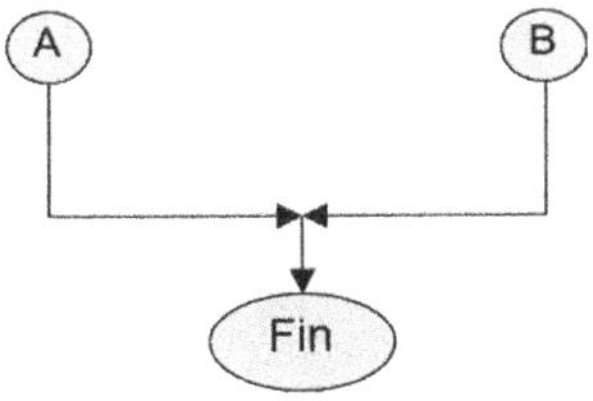

Diagrama de flujo 4.25

A continuación, presentamos el programa.

Programa 4_37.py

```
valor = int(input('\nIngrese hasta qué valor quiere analizar: '))
if valor <= 0:
   print('¡Error en el dato!'.upper())
else:
   print('\nLista de pares de primos gemelos:')
   primo_anterior = 0
   # Descarta los pares y el número primo 2.
   for numero in range(3, valor + 1, 2):
      divisor = 3
      limite = numero // 2
      while divisor < limite and numero % divisor != 0:
         divisor += 2
      if divisor >= limite:  # Demuestra que el número es primo.
         if numero - primo_anterior == 2:
            print(f'{primo_anterior} - {numero}'.center(30))
         primo_anterior = numero
```

En este problema también se puede reusar código desarrollado en problemas anteriores; sin embargo, como ya se mencionó aún no contamos con los elementos para hacerlo. Se muestran los resultados de algunas pruebas aplicadas al programa.

CP1: se ingresa un número positivo > 0.

```
Ingrese hasta qué valor quiere analizar: 20
Lista de pares de primos gemelos:
```

3 – 5
5 – 7
11 – 13
17 – 19

CP2: se ingresa un número positivo > 0.

Ingrese hasta qué valor quiere analizar: 50
Lista de pares de primos gemelos:
3 – 5
5 – 7
11 – 13
17 – 19
29 – 31
41 – 43

CP3: se ingresa un número negativo.

Ingrese hasta qué valor quiere analizar: -16
¡ERROR EN EL DATO!

Problema 4.38

Por alguna razón que se desconoce, al capturar un texto, algunas letras se ingresaron como mayúsculas cuando debían ser minúsculas. Escriba un programa que pida el texto a modificar y, posteriormente, cada una de las letras que deben pasarse de mayúsculas a minúsculas. El cambio debe hacerse siempre que la letra no esté al inicio de la frase. Cuando el usuario ya no quiera hacer cambios ingresará una cadena vacía (oprimirá la tecla "*enter*").

Dato: cadena de caracteres y letras (cadenas de longitud 1)
Resultado: el texto modificado

Como la solución del problema se basa principalmente en el uso de funciones de las cadenas, presentamos directamente el programa. Sin embargo, se sugiere al lector diseñar la solución por medio del diagrama de flujo o el algoritmo en pseudo código y, luego de asegurarse que la solución es correcta, realizar la codificación.

Programa 4_38.py

```
texto = input('\nIngrese el texto a modificar: ')
letra = input('Ingrese la letra que debe pasarse a minúsculas: ')
while letra != '':
    nuevo_texto = ''
    pos = texto.find(letra)
    while pos != -1:
        if pos > 0:
            nuevo_texto += texto[0:pos] + chr((ord(letra) + 32))
        else:
            nuevo_texto += texto[0:pos + 1]
        texto = texto[pos + 1:]
        pos = texto.find(letra)
    letra = input('Ingrese la letra que debe pasarse a minúsculas: ')
    nuevo_texto += texto
    texto = nuevo_texto
print('\nTEXTO MODIFICADO:\n', texto.center(60))
```

En el programa se usaron las funciones *ord()* y *chr()* que obtienen el valor numérico de un carácter y el carácter de un valor numérico respectivamente. Al sumarle 32 al valor numérico de la letra se tiene el valor numérico de esa letra, pero en minúscula (recuerde que en el estándar Unicode la diferencia entre mayúsculas y minúsculas es 32). Por lo tanto, al aplicarle a ese valor la función *chr()* se obtiene la letra minúscula, necesaria para hacer el cambio.

A continuación, se presentan los resultados de algunas pruebas realizadas.

CP1: se ingresa un texto con mayúsculas que deberán cambiarse.

```
Ingrese el texto a modificar: ToDoS loS TomaTeS eSTán maDuroS

Ingrese la letra que debe pasarse a minúsculas: D
Ingrese la letra que debe pasarse a minúsculas: S
Ingrese la letra que debe pasarse a minúsculas: T
Ingrese la letra que debe pasarse a minúsculas:
```

```
TEXTO MODIFICADO:
        Todos los tomates están maduros
```

CP2: se ingresa un texto que no tiene mayúsculas mal aplicadas.

```
Ingrese el texto a modificar: Irene fue al campo temprano

Ingrese la letra que debe pasarse a minúsculas: P
Ingrese la letra que debe pasarse a minúsculas: I
Ingrese la letra que debe pasarse a minúsculas: L
Ingrese la letra que debe pasarse a minúsculas:

TEXTO MODIFICADO:
        Irene fue al campo temprano
```

CP3: se ingresa un texto con mayúsculas que deberán cambiarse.

```
Ingrese el texto a modificar: LA PRIMAVERA HA LLEGADO

Ingrese la letra que debe pasarse a minúsculas: A
Ingrese la letra que debe pasarse a minúsculas: E
Ingrese la letra que debe pasarse a minúsculas: O
Ingrese la letra que debe pasarse a minúsculas: I
Ingrese la letra que debe pasarse a minúsculas: U
Ingrese la letra que debe pasarse a minúsculas:

TEXTO MODIFICADO:
         La PRiMaVeRa Ha LLeGaDo
```

Problema 4.39 V

Un número es considerado deficiente si la suma de sus divisores, excepto el mismo, es menor al propio número. Por ejemplo, 21 es un número deficiente porque sus divisores son 1, 3 y 7 y la suma de estos es 11.

Dado como dato un número entero positivo realice un diagrama de flujo y el programa correspondiente que calcule todos los números deficientes de 1 a dicho número.

Solución diagrama de flujo: https://youtu.be/Trni2RFXPj4
Solución Programa 4_39: https://github.com/ebookscg-python/Libro1-python/tree/master/Cap4

Problema 4.40 V
Realice un diagrama de flujo y el programa correspondiente que imprima todas las ternas (x, y, z) que satisfagan la siguiente expresión:

$$4 * x^4 + 2 * y^3 + z^3 < 6321$$

Solución diagrama de flujo: https://youtu.be/UlQElKHLTAY
Solución Programa 4_40: https://github.com/ebookscg-python/Libro1-python/tree/master/Cap4

4.5 Instrucciones continue y break

En esta sección se presentan dos instrucciones utilizadas en los ciclos *for* y *while* en Python: *continue* y *break*.

La primera de ellas, *continue*, se usa en los ciclos para interrumpir la iteración actual y pasar a la siguiente. Es decir, se ejecuta la siguiente iteración sin haber terminado la actual. En general, el mismo efecto que se logra con la instrucción *continue*, se puede obtener formulando la condición apropiada en la instrucción de decisión. Por lo tanto, antes de usar un *continue*, hay que cuestionarse si realmente es indispensable o hay alguna otra manera más clara de expresar lo mismo. Estrictamente, un *continue* dentro de un ciclo altera la idea de que todo el bloque de instrucciones se ejecuta el mismo número de iteraciones. En el ejemplo 4_7 se presentan algunos ejemplos.

La instrucción *break* interrumpe el ciclo (*for* o while) en el cual está y pasa el control a la instrucción inmediata siguiente al ciclo. Es decir, el ciclo se interrumpe sin evaluar la condición que lo controla y se sigue con la secuencia de instrucciones posterior al ciclo. Cuando el *break* se utiliza en ciclos anidados, solo interrumpe el ciclo en el que está.

Es importante destacar que la presencia de instrucciones *break* puede ocasionar un código difícil de entender y de mantener. Considere que, en el caso del *for*, la primera línea nos dice cuántas iteraciones se ejecutarán, pero si en el bloque del ciclo hay un *break*, en ciertos casos, esa cantidad de iteraciones ya no se ejecuta y, por lo tanto, genera incertidumbre. También puede suceder algo parecido en el *while* si tiene una condición explícita que lo controla y, ante una determinada condición, se produce la interrupción. Esto se interpreta como que la condición establecida no era totalmente apropiada (o general).

Un uso común, **no por eso recomendable**, es en los ciclos *while* que no tienen una condición escrita explícitamente. Más abajo se muestra un ejemplo de su uso. En ese ejemplo también se muestra otra manera de estructurar el algoritmo si se quiere evitar un ciclo de este tipo.

Ejemplo 4_7.py

```
'''
El ciclo permite hacer tantas lecturas como sean necesarias para
obtener un número mayor que 0. Observe que solo cuando se cumpla
esta condición se ejecutará el break interrumpiendo el ciclo.
'''
print('\nOpción 1: uso de break'.upper())
while True:
    numero = int(input('Ingrese un número entero positivo: '))
    if numero > 0:
        break;

print('\nOpción 2: sin usar break y usando una selección'.upper())
bandera = True
while bandera:
    numero = int(input('Ingrese un número entero positivo: '))
    if numero > 0:
        bandera = False

print('\nOpción 3: sin usar break y usando doble lectura'.upper())
numero = int(input('Ingrese un número entero positivo: '))
while numero <= 0:
    numero = int(input('Ingrese un número entero positivo: '))
'''
Ejemplo del uso de las instrucciones continue y break.
El continue se usa para no evaluar los números fuera de rango y los pares.
El break se usa para interrumpir el ciclo solo cuando el usuario ya no quiera seguir
buscando números primos mayores que 100.
```

```
'''
print('\n\nOpción 1: uso de break y continue'.upper())
while True:
    numero = int(input('Ingrese un número entero positivo > 100: '))
    # Descarta los fuera de rango y los pares.
    if numero <= 100 or numero % 2 == 0:
        continue  # Inicia nuevamente el ciclo.
    divisor = 3
    limite = numero // 2
    while divisor <= limite and numero % divisor != 0:
        divisor += 2
    if divisor >= limite:
        print(f'El {numero} es un número primo')
    respuesta = input('Quiere evaluar otro número: SI/NO ')
    if respuesta.upper() == 'NO':
        break  # Interrumpe el ciclo.

print('\n\nOpción 2: sin usar el break y continue'.upper())
respuesta = input('Quiere evaluar un número: SI/NO ')
while respuesta.upper() != 'NO':
    numero = int(input('Ingrese un número entero positivo > 100: '))
    # Descarta los fuera de rango y los pares.
    if numero > 100 and numero % 2 != 0:
        divisor = 3
        limite = numero // 2
        while divisor <= limite and numero % divisor != 0:
            divisor += 2
        if divisor >= limite:
            print(f'El {numero} es un número primo')
        respuesta = input('Quiere evaluar otro número: SI/NO ')
```

4.6 Problemas de práctica

Durante este capítulo hemos incrementado nuestro conocimiento estudiando los ciclos. Además, hemos adquirido experiencia en la solución de problemas aplicando todos los conceptos estudiados hasta el momento de manera integral. Pero, de acuerdo con lo mencionado anteriormente, si se quiere lograr un pensamiento algorítmico versátil y potente es imprescindible realizar mucha práctica.

En esta sección se listan algunos problemas con diferentes niveles de complejidad que ayudarán a reforzar los conceptos estudiados y a ganar confianza en el desarrollo de soluciones algorítmicas. Además, cuanto más practique más posibilidades existen que, junto a sus capacidades, desarrolle también buenos hábitos de programación. Recuerde que no alcanza con escribir un programa que resuelva el problema. El programa debe estar bien escrito.

En todos los problemas de esta sección es de fundamental importancia que:

1. **Lea y analice** cuidadosamente el enunciado.
2. **Diseñe la solución**: determine la entrada, el resultado esperado y las operaciones requeridas (algoritmo) para alcanzar el objetivo. El algoritmo lo puede representar por medio de un diagrama de flujo o escribir en seudocódigo.
3. **Pruebe la solución diseñada** por medio de mapas de memoria.
4. **Corrija los errores** encontrados en el paso anterior (modifique su diseño si hace falta) y regrese al punto 3.
5. **Implemente su solución**: codifique su algoritmo usando el lenguaje Python.
6. **Pruebe la solución codificada** por medio de ejecuciones del programa con diferentes casos de prueba. Trate de pensar en variedad de casos: los más comunes, los casos con valores extremos, aquellos que por su valor pueden ocasionar errores de ejecución, etc.
7. **Corrija** los errores encontrados en el punto anterior y regrese al paso 2 o paso 5 según necesite modificar desde el diseño o solo el código.
8. **¿Existe una mejor manera de resolver el problema? ¡Inténtelo!**

Problema 4.41

Un número es considerado abundante o excesivo si la suma de sus divisores es mayor al propio número. Por ejemplo, 12, 18, 20, 24, 30, 36, 40, 42, 48, 54, 56, 60, 66, 70, 72, 78, 80, 84, 88, 90, 96 y 100 son números abundantes.

Dado como dato un número natural realice un diagrama de flujo y el programa correspondiente que imprima todos los números abundantes que existen entre 2 y el número dado inclusive.

Problema 4.42

Dado como dato un número natural escriba un programa que genere una secuencia de números como la que se muestra a continuación (ejemplo para n = 6).

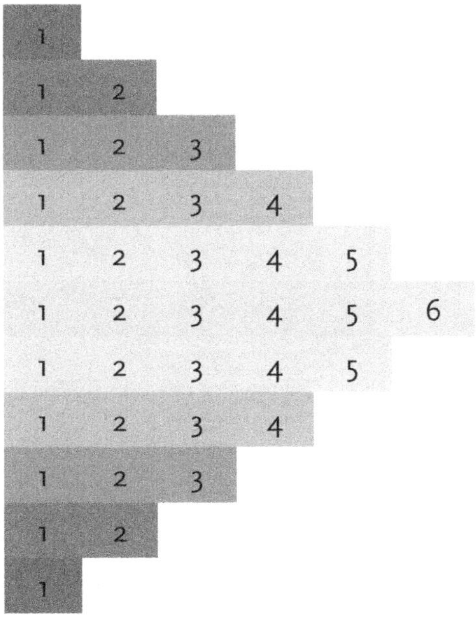

Figura 4.7 Figura generada por la impresión para n = 6

Problema 4.43

Una tienda departamental de Guatemala quiere premiar al vendedor de la semana. En la tienda existen 5 vendedores en el área de electrónica, una de las áreas de mayor éxito en la organización por el monto de las ventas que realiza.

Datos: $ven_{1,1}$ $ven_{1,2}$ $ven_{1,3}$ $ven_{1,4}$ $ven_{1,5}$ $ven_{1,6}$ $ven_{1,7}$
$ven_{2,1}$ $ven_{2,2}$ $ven_{2,3}$ $ven_{2,4}$ $ven_{2,5}$ $ven_{2,6}$ $ven_{2,7}$
...
$ven_{5,1}$ $ven_{5,2}$ $ven_{5,3}$ $ven_{5,4}$ $ven_{5,5}$ $ven_{5,6}$ $ven_{5,7}$

Los vendedores se identifican con los números del 1 al 5 y los días de la semana con los números del 1 al 7.

Realice un diagrama de flujo y el programa correspondiente que obtenga e imprima lo siguiente:

1. Ventas diarias (la suma de las ventas de todos los vendedores).
2. Las ventas de cada vendedor al final de la semana.
3. El vendedor que más vendió en la semana y el total de sus ventas.
4. El día que más se vendió en la semana y el total de ventas.
5. El número del vendedor que no haya vendido nada en toda la semana (si fue el caso).

Problema 4.44

En Canadá, debido a la gran cantidad de bosques que hay, existe una gran preocupación para prevenir y manejar los incendios forestales. Debido a esto, registran los datos de los incendios ocurridos durante la última década en las diferentes provincias del país, con el objeto de analizarlos y poder tomar mejores decisiones.

Datos:

nombre_provincia$_1$
  k_1
  $ha_{1,1,}$ $ha_{1,2,}$ ... ha_1, k_1

nombre_provincia2,
  k2
  $ha_{2,1,}$ $ha_{2,2,}$ ... ha_2, k_2

...

XXX

Donde:

- nombre_provincia$_i$: es el nombre de la provincia i que sufrió, por lo menos, un incendio durante la última década. No todas las provincias tuvieron incendios, razón por la cual se ingresará XXX cuando ya se hayan ingresado todos los datos disponibles.
- k_i: es la cantidad de incendios que sufrió la provincia i, con $k_i > 0$.
- $ha_{i,j}$: es la cantidad de hectáreas de bosque de la provincia i que fueron consumidas durante el incendio j.

Realice el diagrama de flujo y el programa correspondiente para:

1. Obtener e imprimir el total de hectáreas de bosque incendiadas por provincia.
2. Determinar si en el **primer** incendio de cada provincia se afectaron, por lo menos, 500 hectáreas. Imprima un mensaje adecuado indicando si se encontró o no este patrón.
3. Encuentre la provincia que tuvo la menor cantidad de hectáreas de bosque incendiadas. Se debe imprimir el nombre de la provincia, el total de incendios que tuvo y el total de hectáreas afectadas.
4. Encuentre la provincia (si hubiera) en la cual en **todos** sus incendios se afectaron

máximo 100 hectáreas. Puede suponer que, si existe, solo una provincia cumple con esta condición. En caso de encontrarse la provincia, se debe imprimir su nombre y un mensaje adecuado.

Problema 4.45

Resuelva el problema 4.20 usando un ciclo *while* en lugar de un *for*. Considere que el *for* se utilizó porque se recorrió toda la secuencia de caracteres y, cada vez que se encontraba una coma, se extraía el número que estaba a su izquierda. ¿Qué planteamiento hay que hacer para justificar el uso del *while*?

Problema 4.46

Escriba un programa que encuentre e imprima todos los números de 3 dígitos que cumplan con la siguiente condición:

$$abc = a^3 + b^3 + c^3$$

Capítulo 5

FUNCIONES, MÓDULOS Y ARCHIVOS

5.1 Funciones

En los capítulos previos se diseñaron e implementaron soluciones a numerosos problemas. Todos los programas desarrollados están formados por una secuencia de instrucciones dedicadas a leer datos, asignar valores, tomar decisiones, repetir bloques de instrucciones e imprimir resultados. Se puede decir que ya tenemos las bases algorítmicas necesarias para cualquier problema. Sin embargo, hay problemas para los cuales, por su tamaño o complejidad, resultaría bastante difícil o poco práctico escribir un programa con solo esos elementos. Es decir, necesitamos nuevas herramientas para elaborar programas con otras características.

En el capítulo 4 se desarrollaron trozos de código idénticos (o casi) para problemas distintos, por lo que cabe preguntarse, ¿tiene sentido? ¿es posible escribir el código una vez y usarlo varias veces? Y las respuestas son ¡NO! y ¡Sí!, respectivamente. Es decir, no tiene sentido escribir varias veces lo mismo. Es mucho mejor hacerlo una única vez, probarlo muy bien asegurándonos que el código esté bien escrito, sea correcto, completo y eficiente y luego emplearlo en todos aquellos problemas que lo requieran. En Python una manera de lograr esto es a través de las funciones.

Además de la **generalidad** y el consecuente **reúso** del código, otra gran ventaja de las funciones es que favorecen la **división** del problema en problemas más pequeños y, por lo tanto, más fáciles de resolver. Es decir, estamos en presencia de uno de los principios del diseño de software: dividir el problema en partes, resolver cada una de ellas y luego integrar. Esto promueve el trabajo en equipo y ayuda también a generar programas más fáciles de entender y de mantener. Y, como si todo esto fuera poco, facilita la **abstracción**. Al programar usando funciones, podemos abstraer, olvidarnos de los detalles y enfocarnos en el objetivo principal del problema. ¿Cómo se calcula el valor absoluto? ¿Cómo se obtiene la tangente de un ángulo? No hace falta preocuparse por eso, las funciones *abs()* y *tan()* se encargan de ello, en el programa solo hay que utilizarlas.

Una función es un grupo de líneas de código que tienen un propósito específico y que debe escribirse respetando cierta sintaxis. Por eso también se dice que es un **subprograma**, porque puede verse como un pequeño programa. Las funciones pueden usarse en la solución de varios problemas, solo se requiere llamarlas o invocarlas y, de esta manera, no se repite código. Por ejemplo, en varios problemas del capítulo 4 se necesitó determinar si un número es o no primo. En cada caso se debió escribir el código para ello cuando, en realidad, lo óptimo hubiera sido definir una función con ese propósito y luego emplearla en todos los problemas que la necesitaban. Casos como este se presentan continuamente. Otro ejemplo son las funciones incorporadas que tiene Python, *sqrt()* y *abs()* entre otras. Las mismas fueron desarrolladas una vez y pueden ser usadas en muchísimos programas.

> Una función es un grupo de líneas de código que tienen un propósito específico y que debe escribirse respetando cierta sintaxis.

Para escribir una función en Python se usa la sintaxis:

```
def nombre_función (parámetros formales):
    # cuerpo de la función
```

Siempre se empieza con la palabra reservada *def* seguida del nombre de la función. Este se escribe en minúsculas, con guión bajo si requiere de más de una palabra y se sugiere que la primera palabra sea un verbo. También es fuertemente sugerido que el nombre tenga relación con el objetivo de la función. Luego, si los hubiera, los parámetros formales, encerrados entre paréntesis y separados por coma, y se termina con dos puntos. El cuerpo de la función se escribe en la siguiente línea, dejando la sangría correspondiente.

Para usar la función, se debe incluir su nombre en la parte del código (del programa que la necesite) donde se requiera, según el algoritmo diseñado. Lo mismo que hicimos con las funciones predefinidas de Python.

En el cuerpo de las funciones se puede encontrar la palabra reservada *return* que se utiliza para que la función regrese un resultado. No se usa cuando, por ejemplo, la función calcula e imprime o bien, cuando modificó alguno de los parámetros, quedando ahí el resultado. Las funciones se ejecutan desde la primera línea hasta encontrar un *return* o, si este no está presente, hasta que ya no queden instrucciones. Como resultado se tiene el valor que acompaña al *return* o, en su ausencia, el valor *None*. El tipo NoneType de Python tiene como único valor a *None* y se puede entender como la ausencia de valor o vacío. Antes de ver algunos ejemplos de funciones, se requiere otro poco de teoría.

5.1.1 Parámetros

Los parámetros permiten comunicarse con las funciones pasándole datos y, en ciertos casos, son las funciones las que se comunican dejando en ellos el resultado de lo que hacen. Se tienen dos tipos de parámetros, dependiendo de donde estén:

- **Formales**: son los que se listan en el encabezado de la función.
- **Actuales**: son los que se proporcionan al momento de llamar a la función.

Parametrizar las funciones ayuda a generalizar la solución obtenida, ya que el mismo código puede aplicarse a diversos datos. Retomando la función *sqrt()* de Python, es cuestión de cambiarle el dato (el parámetro) y nos sirve para cualquier número. El parámetro que tiene el encabezado de *sqrt()* es el formal, mientras que el que le damos al llamar a la función es el actual. Analice el ejemplo 5_1 en el que se muestran algunas funciones simples y su uso, comentadas en el mismo código.

Ejemplo 5_1.py

```
'''
Función que genera un saludo personalizado.
Recibe un nombre como parámetro.
No regresa ningún resultado, por eso no aparece el return.
'''
def saluda(nombre):
    print('\nHola', nombre)

'''
Función que regresa el mayor de 2 números.
Recibe dos números como parámetros.
Regresa el mayor de los números.
'''
```

```
def encuentra_mayor(numero1, numero2):
    if numero1 > numero2:
        mayor = numero1
    else:
        mayor = numero2
    return mayor
'''
Función que lee y regresa un entero, asegurándose que el
dato dado es un número entero.
Recibe un mensaje como parámetro.
Regresa el número entero leído.
'''
def lee_entero(mensaje):
    bandera = True
    while bandera:
        try:
            entero = int(input(mensaje))
            bandera = False
        except:
            print('solo se aceptan números enteros.'.upper())
    return entero
#===================================================================
# Pruebas de las funciones.
#===================================================================
# Se llama a la función con el nombre de la persona a saludar.
saluda('Juan')
# Imprime el valor None, ya que la función no regresa un resultado.
print(saluda('Antonio'))

# Se proporcionan los datos que deben compararse.
# El resultado se despliega junto al mensaje que está a la izquierda.
precio1 = 25.3
precio2 = 18.6
print('\nEl mayor es:', encuentra_mayor(precio1, precio2))
# Se proporciona el mensaje que debe mostrarse cuando se pide el dato.
# El resultado obtenido por la función se guarda en las variables.
anio_construc_museo = lee_entero('¿En qué año fue construido el museo? ')
anio_construc_estadio = lee_entero('¿En qué año fue construido el estadio? ')
```

A continuación, se muestra el resultado de una prueba realizada. Primero se despliega el saludo con Juan como nombre, porque ese es el valor que se le dio al parámetro actual. Después el saludo a Antonio seguido del valor *None,* resultado del *print()* porque la función *saluda()* no regresa explícitamente ningún resultado por medio de un *return*. Luego está el resultado de la comparación entre los números dados. En este caso los parámetros actuales son precio1 y precio2. En la prueba de la tercera función, el parámetro actual fue un mensaje que es el que aparece cuando se pide el dato. Al ejecutarse se dieron datos que no pueden convertirse a enteros para mostrar el efecto del ciclo *while* y del *try-except*.

```
Hola Juan

Hola Antonio

None

El mayor es: 25.3

¿En qué año fue construido el museo? año 1893
SOLO SE ACEPTAN NÚMEROS ENTEROS.

¿En qué año fue construido el museo? 1893.5
SOLO SE ACEPTAN NÚMEROS ENTEROS.

¿En qué año fue construido el museo? 1893

¿En qué año fue construido el estadio? 1930
```

Con los parámetros actuales se pasan las referencias a los objetos, es decir no se hacen copias de las variables. Para saber qué efecto se puede tener sobre esos datos, hay que saber si se trata de un dato inmutable o mutable. Recuerde que los datos inmutables son aquellos que no pueden cambiar su valor, mientras que los mutables sí pueden hacerlo. Ejemplo de los primeros son los números y las cadenas de caracteres y de los otros las listas, aunque todavía no las hemos estudiado. Es muy importante tener en cuenta esta característica ya que si pasamos un número y suponemos que la función lo modifica, por ejemplo, lo eleva al cuadrado, estaremos partiendo de una premisa equivocada. El número al regresar a donde fue llamada la función mantendrá su valor original. En el caso de las listas y de otros datos mutables, sucede exactamente lo contrario. Debemos tener presente que, cualquier cambio que se le haga en la función, este permanecerá al salir de la función. En el ejemplo 5_2 se muestran algunos casos que ilustran lo que acabamos de explicar. No se incluyeron ejemplos con listas para no confundir al lector.

Ejemplo 5_2.py

```
# Parámetro numérico (inmutable).
def f1(numero):
    numero = numero ** 2
    print("\nNúmero desde f1:", numero)
# Parámetro cadena de caracteres (inmutable).
def f2(cadena):
    cadena = cadena.upper()
    print("\nFrase desde f2:", cadena)

# ==============================================================
# Pruebas de las funciones.
# ==============================================================
numero = 5
f1(numero)
print("Número luego de llamar a f1:", numero)
frase = 'hoy es un día soleado'
f2(frase)
print("Frase luego de llamar a f2:", frase)
```

Los resultados obtenidos al ejecutar el ejemplo 5_2 se muestran a continuación.

```
Número desde f1: 25
Número luego de llamar a f1: 5

Frase desde f2: HOY ES UN DÍA SOLEADO
Frase luego de llamar a f2: hoy es un día soleado
```

Un parámetro formal puede tener un **valor por omisión**. Estos se usan cuando no se proporciona un valor al invocar a la función. La sintaxis que se sigue es:

```
def nombre_función (parámetro = valor):
    # cuerpo de la función
```

En el encabezado puede haber algunos parámetros formales que tengan un valor por omisión y otros no.

En los ejemplos presentados hasta el momento, los parámetros formales eran reemplazados por los correspondientes actuales al llamar a la función. Los actuales podían ser constantes (por ejemplo cuando se pasa el valor de "Juan" a la función *saluda()*) o variables (por ejemplo cuando se pasa precio1 y precio2 a la función *encuentra_mayor()*). La correspondencia se hizo directa, precio1 sustituyó a numero1 y precio2 a numero2. Este paso de parámetros se conoce como **posicional**. Es decir, es la posición de los parámetros actuales la que determina su correspondencia con los formales. Es importante notar que, en este caso, los nombres de los parámetros actuales no necesitan ser iguales a los de los parámetros formales.

Existe otra manera de pasar los parámetros y es a través de nombres o también llamados **parámetros de palabras claves** (en inglés: *keyword arguments*). En este caso, el valor que se pasa a los parámetros formales queda determinado por el nombre o palabra clave usada en los parámetros actuales, no por la posición de los mismos. Por lo tanto, los nombres dados a los parámetros actuales deben ser exactamente los mismos que los utilizados en los parámetros formales y no afecta el orden en el cual se listan.

Si en una lista de parámetros actuales, se requiere usar de ambos tipos, se debe respetar que primero van los posicionales y luego los de palabras claves. Es decir, después de los de palabras claves no se puede incluir ninguno posicional.

Otra posible combinación de parámetros es parámetros por omisión con parámetros con nombre. En el ejemplo 5_3 se muestra una función y la llamada a esta con los tipos de parámetros mencionados.

Ejemplo 5_3.py

```
'''
Genera una cadena con el nombre completo de una persona,
ordenado de dos formas diferentes, según uno de los parámetros.
'''
```

```
def genera_nombre(nombre, apellido_paterno, apellido_materno, orden = False):
  if orden:
    nomb_comp = apellido_paterno + ' ' + apellido_materno + ', ' + nombre
  else:
    nomb_comp = nombre + ' ' + apellido_paterno + ' ' + apellido_materno
  return nomb_comp

# Paso de parámetros posicionales.
print('\nEjemplos de paso de parámetros posicionales:'.upper())
print(genera_nombre('Juan', 'Pérez', 'Dallia', True))
print(genera_nombre('Juan', 'Pérez', 'Dallia', False))
nombre = 'Irene'
apellido_pat = 'Leno'
apellido_mat = 'Arredondo'
print(genera_nombre(nombre, apellido_pat, apellido_mat, True))

# Paso de parámetros por nombre. No importa el orden, solo los nombres.
print('\nEjemplo de paso de parámetros por nombre:'.upper())
print(genera_nombre(nombre = 'Lucía', apellido_paterno = 'Larios',
          apellido_materno = 'Ruíz', orden = False))
print(genera_nombre(orden = True, apellido_paterno = 'Larios',
          nombre = 'Lucía', apellido_materno = 'Ruíz'))

# Uso del valor por omisión del parámetro formal orden.
print('\nParámetros por nombre y por omisión:'.upper())
print(genera_nombre(apellido_paterno = 'Pastore', nombre = 'Luis',
          apellido_materno = 'Genero'))

'''
Uso combinado de parámetros posicionales y por nombre. Luego de un
parámetro por nombre no se puede escribir uno posicional.
'''
print(f'\nEjemplo de paso de parámetros posicionales seguidos de '
   f'parámetros por nombre:'.upper())
```

A continuación, se presenta el resultado obtenido al ejecutar el código anterior.

```
EJEMPLOS DE PASO DE PARÁMETROS POSICIONALES:
Pérez Dallia, Juan
Juan Pérez Dallia
Leno Arredondo, Irene

EJEMPLO DE PASO DE PARÁMETROS POR NOMBRE:
Lucía Larios Ruíz
Larios Ruíz, Lucía

PARÁMETROS POR NOMBRE Y POR OMISIÓN:
Luis Pastore Genero

EJEMPLO DE PASO DE PARÁMETROS POSICIONALES SEGUIDOS DE
PARÁMETROS POR NOMBRE:
Pedro Nardoni Lazo
```

Es importante tener en cuenta que el alcance de los parámetros formales se limita al espacio de la función. Es decir, terminada la función los parámetros formales desaparecen.

5.1.2 Alcance de las variables

En las funciones se pueden usar variables como, por ejemplo, la variable *nombre_completo* en la función *genera_nombre()*. Estas variables se consideran **locales** a la función. Esto quiere decir que la variable se crea cuando se usa por primera vez en la función y desaparece cuando esta termina.

Analice las líneas de código que se incluyeron en el ejemplo 5_4. En *func1*, x es el parámetro formal el cual existe cuando se invoca a la función y toma el valor del parámetro actual. Se incrementa en 2, se imprime y, al terminar la función, desaparece. En *func2*, *x* y *z* son variables locales a las que se les asignan cierto valor, se imprimen y, al terminar la función, desaparecen. Esto provoca que la *x* creada en el nivel más general, dándole el valor de 5, no sufra cambios luego de cada llamada a las respectivas funciones. Y, por supuesto, las variables locales a una función no existen para los niveles más generales.

Ejemplo5_4.py

```
def func1(x):
    x = x + 2  # Se modifica el valor del parámetro formal.
    print(f'Desde func1, el valor de x = {x}')

def func2():
    x = 'rojo'  # x es variable local a la función.
    z = x + 'blanco'
    print(f'Desde func2, el valor de x = {x}')
    print(f'Desde func2, el valor de z = {z}')

x = 5
print(f'Valor de x = {x}')  # Imprime 5
func1(x)
print(f'Valor de x = {x}')  # Imprime 5
func2()
print(f'Valor de x = {x}')  # Imprime 5
```

La ejecución del código anterior genera la siguiente salida:

```
Valor de x = 5
Desde func1, el valor de x = 7
Valor de x = 5
Desde func2, el valor de x = rojo
Desde func2, el valor de z = rojoblanco
Valor de x = 5
```

Si se tienen funciones anidadas, es decir funciones que tienen otras funciones en su interior, el concepto alcance de variables y alcance de parámetros es el mismo. Se aplica de afuera hacia dentro.

5.1.3 Documentación de funciones

Ya se ha mencionado la importancia de la documentación de los programas y se han presentado dos maneras de escribirlos en Python, según se traten de comentarios de una línea o de varias. Existe otro tipo de comentarios pensado hacia quien vaya a usar el código, no tanto para quien lo vaya a mantener, aunque, obviamente, un buen comentario ayuda a todos. Este tipo especial de comentarios, llamado *docstring*, facilita que se puedan leer fuera del código. Por ejemplo, con la función *help()* o imprimiendo la documentación, por medio del atributo especial: *__doc__* .

En el caso de las funciones, la documentación de estas resulta de gran utilidad porque, como se ha dicho, las mismas pueden usarse en un sinnúmero de problemas y no necesariamente se tiene acceso al código o se está en condiciones de revisarlo y entenderlo. Solo se necesita saber qué hacen las funciones, qué esperan como parámetros y qué regresan como resultado. Todo esto debe incluirse en la documentación por medio de un *docstring*. Es importante mencionar que los *docstring* no son exclusivos para funciones, también deben escribirse en los módulos, clases y métodos.

Los *docstring* se encierran entre triples comillas dobles o simples. Se escriben inmediatamente debajo del encabezado de la función y deben describir qué hace la función, los parámetros en caso de necesitarlos, el resultado si regresa alguno y la excepción si lanza alguna. En el ejemplo 5_5 se presenta la función *calcula_factorial* (problema ya resuelto en capítulos anteriores), acompañada de la correspondiente.

Ejemplo 5_5.py

```
def calcula_factorial(numero):
    """Calcula el factorial de un número.

    Parámetro:
        numero: es un número de tipo int y debe ser > 0.
    Regresa:
        El factorial del número recibido.
    """
    factorial = 1
    for valor in range(2, numero + 1):
        factorial *= valor
```

```
    return factorial
# Para consultar la documentación de la función.
print(calcula_factorial.__doc__)
# Ejemplo de uso de la función.
n = int(input('Ingrese un número entero positivo: '))
print(f'El factorial de {n} es = {calcula_factorial(n)}')
```

El resultado de una de las pruebas del código se muestra a continuación. Observe que las primeras líneas corresponden al uso del atributo *__doc__* de la función. Esto ocasionó que se desplegara por medio del *print* toda la información que se incluyó en el *docstring* de la función.

```
Calcula el factorial de un número.

    Parámetro:
        numero: es un número de tipo int y debe ser > 0.
    Regresa:
        El factorial del número recibido.

Ingrese un número entero positivo: 8
El factorial de 8 es = 40320
```

Desde la terminal también es posible obtener la documentación de la función por medio del *help()*. Este se puede aplicar a cualquier función, ya sea desarrollada por nosotros o predefinida en Python. Se presenta un ejemplo.

En la terminal, dando nuestra función como parámetro:

```
help(calcula_factorial)
Help on function calcula_factorial in module __main__:

calcula_factorial(numero)
    Calcula el factorial de un número.

    Parámetro:
        numero: es un número de tipo int y debe ser > 0.
    Regresa:
        El factorial del número recibido.
```

En la terminal, dando la función abs() de Python como parámetro:

```
help(abs)
Help on built-in function abs in module builtins:

abs(x, /)
   Return the absolute value of the argument.
```

Es importante poner en práctica todo lo explicado hasta el momento sobre funciones y parámetros. Para ello se van a resolver algunos problemas. En estos problemas no vamos a presentar el diagrama de flujo ni el mapa de memoria. Sin embargo, se sugiere que, como parte de la solución y, luego de leer y analizar el enunciado, los elabore. Seguramente le ayudarán en su proceso de aprendizaje.

1. Se sugiere que siempre diseñe la solución algorítmica antes de implementarla. Puede ser con un diagrama de flujo o con el algoritmo en pseudo código.
2. Los mapas de memoria son de vital importancia para probar que la solución diseñada es correcta antes de pasar a su implementación. Recuerde que cuanto antes detecte y corrija los errores, más fácil (y barato) será.

Problema 5.1

Escriba una función que reciba un número entero positivo y que regrese *True* si el número es primo y *False* en caso contrario. Determinar si un número es o no primo ya se ha resuelto en capítulos anteriores, como parte de diferentes problemas. Ahora lo vamos a escribir una vez más y lo vamos a encapsular en una función, de tal manera que pueda aplicarse en cualquier otro problema que lo requiera.

Dato: número entero positivo
Resultado: un valor de tipo bool indicando si el número es o no primo

Se presenta el código de la función escrita y algunos usos de esta, considerando problemas resueltos en el capítulo anterior.

Programa 5_1.py

```
def es_primo(numero):
    """ Determina si un número es primo o no.

    Parámetro:
        numero: es de tipo int o float y > 0.
    Regresa:
        True si el número es primo o False en caso contrario.
    """
    primo = False
    if numero == 2:
        primo = True
    else:
        # Descarta el 1 y todos los pares > 2.
        if numero > 2 and numero % 2 != 0:
            divisor = 3
            limite = numero // 2
            while divisor < limite and numero % divisor != 0:
                divisor += 2
            if divisor >= limite:
                primo = True
    return primo
# ==================================================================
# Algunos usos de la función.
# ==================================================================
# Determina si un número es o no primo (problema 4.30).
dato = int(input('\nIngrese un número entero positivo: '))
if dato <= 0:
    print('\nError en el dato.')
else:
    if es_primo(dato):
        print(f'El número {dato} sí es un número primo')
    else:
        print(f'El número {dato} no es un número primo')

# Encuentra todos los primos hasta el valor dado (problema 4.34).
valor = int(input('\nIngrese hasta qué valor quiere analizar: '))
if valor <= 0:
```

```
    print('\nError en el dato.')
else:
    for numero in range(2, valor + 1):
        if es_primo(numero):
            print(f'El número {numero} sí es un número primo')

# Encuentra todos los primos gemelos hasta el valor dado (problema 4.37).
valor = int(input('\nIngrese hasta qué valor quiere encontrar primos gemelos: '))
if valor <= 0:
    print('\nError en el dato.')
else:
    print('\nLista de pares de primos gemelos:')
    primo_anterior = 0
    for numero in range(3, valor + 1, 2):
        if es_primo(numero):
            if numero - primo_anterior == 2:
                print(f'{primo_anterior} - {numero}'.center(30))
            primo_anterior = numero
```

A continuación, se presenta el resultado de una de las corridas del código.

```
Ingrese un número entero positivo: 46
El número 46 no es un número primo

Ingrese hasta qué valor quiere analizar: 15
El número 2 sí es un número primo
El número 3 sí es un número primo
El número 5 sí es un número primo
El número 7 sí es un número primo
El número 11 sí es un número primo
El número 13 sí es un número primo

Ingrese hasta qué valor quiere encontrar primos gemelos: 20

Lista de pares de primos gemelos:
          3 - 5
          5 - 7
          11 - 13
          17 - 19
```

Problema 5.2

Escriba una función que calcule y regrese la raíz cuadrada de un número por medio del método de la bisección. La función recibe el número (del que se va a obtener la raíz cuadrada) y otro número que indica el error aceptable en el valor de la raíz.

El método de la bisección se usa para aproximar raíces y trabaja de la siguiente manera:

1. Se define un valor inferior (la primera vez es 0)
2. Se define un valor superior (la primera vez es el mismo número)
3. Se calcula la aproximación, como (inferior + superior) / 2
4. Se calcula el valor absoluto de: el valor obtenido (paso previo) al cuadrado, menos el número.
5. Si el resultado (paso anterior) es menor que el error, hemos encontrado la raíz y el proceso se detiene.
6. Si la aproximación al cuadrado es menor que el número, entonces se redefine el valor inferior con esa aproximación.
7. Si la aproximación al cuadrado es mayor que el número, entonces se redefine el valor superior con esa aproximación.
8. El proceso debe repetirse (pasos 3 al 7) hasta llegar a la condición que permita detener el proceso.

Datos: número (entero o real positivo) y error (número real positivo)
Resultado: aproximación de la raíz cuadrada del número

Analice el problema, diseñe el algoritmo, haga el mapa de memoria, por ejemplo, ingresando 9 y 0.1, luego codifique y prueba la función. En el programa 5_2 se presenta una solución.

Programa 5_2.py

```
def calcula_raiz_biseccion(numero, error):
    """ Obtiene la aproximación de la raíz cuadrada de un número
    por medio del método de la bisección.

    Parámetros:
      numero: es un número int o float, > 0.
      error: es un número float, > 0.
    Regresa:
```

```
    La aproximación de la raíz cuadrada del número con un error < error.
    """
    inferior = 0
    superior = numero
    raiz = (inferior + superior) / 2
    while abs(raiz ** 2 - numero) >= error:
        if raiz ** 2 > numero:
            superior = raiz
        else:
            inferior = raiz
        raiz = (inferior + superior) / 2
    return raiz
# ==========================================================================
# Algunos usos de la función.
# ==========================================================================
raiz1 = calcula_raiz_biseccion(9, 0.1)
raiz2 = calcula_raiz_biseccion(35.5, 0.001)
print(f'\nRaíz de 9, con un error menor a 0.1, es = {raiz1:.4f}')
print(f'Raíz de 35.5, con un error menor a 0.001, es = {raiz2:.5f}')
```

Al ejecutar el código precedente se obtiene la siguiente salida en la terminal:

```
Raíz de 9, con un error menor a 0.1, es = 2.9883
Raíz de 35.5, con un error menor a 0.001, es = 5.95815
```

5.1.4 Lista arbitraria de parámetros

En Python una función puede tener una lista arbitraria de parámetros, lo cual es muy útil cuando no se sabe de antemano el número de datos que recibirá. Este tipo de parámetros se indica en el encabezado por medio de un * precediendo un nombre de parámetro. En el ejemplo 5_6 se presenta una función con una lista arbitraria de parámetros formales y el uso de esta.

Ejemplo 5_6.py

```
def imprime(*args):
    """ Imprime los valores recibidos.

    Parámetro:
      *args: cero o varios valores.
    """
    print('Esto recibí:', args)

# ==================================================================
# Pruebas de la función.
# ==================================================================
# No se pasan parámetros.
imprime()
# Se pasan 3 cadenas de caracteres.
imprime('rojo', 'verde', 'azul')
# Se pasan 4 números reales.
imprime(12.50, 89.50, 30.20, 22.35)
# Se pasan 4 datos de diferentes tipos.
imprime(True, 16, -45.8, 'hola')
```

A continuación, se presenta el resultado obtenido al ejecutar el código anterior.

```
Esto recibí: ()
Esto recibí: ('rojo', 'verde', 'azul')
Esto recibí: (12.5, 89.5, 30.2, 22.35)
Esto recibí: (True, 16, -45.8, 'hola')
```

5.1.5 Solo parámetros posicionales y solo parámetros por nombre

En secciones previas presentamos que los parámetros pueden pasarse por posición o por nombre, dependiendo de cómo se llame a la función. Sin embargo, existe una manera de establecer el tipo de paso de parámetros cuando se define la función. En el caso de los parámetros posicionales se utiliza el carácter / y para los otros el *.

Al incluir el carácter / se especifica que los parámetros que están a su izquierda son solamente posicionales. Así, el nombre del parámetro no tiene ninguna utilidad fuera de la función y los valores siempre se asignan de acuerdo con su posición.

En el caso del *, indica que los parámetros que están a su derecha aceptan parámetros por nombre solamente.

Cuando en el encabezado de una función se usan diferentes tipos de parámetros formales, se debe respetar el siguiente orden:

```
def función(parámetros_posicionales_solamente, /, parámetros_posicionales o
parámetros_por nombre, *, parámetros_por_nombre_solamente):
```

Si a algún parámetro posicional se le da un valor por omisión, entonces a partir de él, todos los demás parámetros (excepto los por nombre solamente) deben tener un valor por omisión.

5.1.6 Lanzar excepciones desde una función

Existen situaciones en las cuales resulta imposible que la función realice una o más operaciones de acuerdo con lo previsto. Por ejemplo, considere el caso de una función definida para calcular y regresar el promedio de un grupo de números. Si la función no recibe datos, entonces se tendrá la excepción ocasionada por la división entre 0. Se podría evitar incluyendo una instrucción *if-else* para evaluar que el total de datos sea diferente de 0 y, siendo así, calcula el promedio. Pero, en caso contrario, ¿qué regresa? Algo parecido sucede si usamos un *try-except*, evitamos el error, pero ¿qué regresa? En ambos casos, ya sea por el *else* o por el *except*, se puede asignar un valor por omisión al promedio, cero o un negativo. Sin embargo, tanto el cero como el valor negativo, podrían ser valores obtenidos luego de calcular el promedio de varios números. Por lo tanto, se descarta esta posible solución. Otra opción es asignar el valor *None*, el cual se utiliza para asignar un valor nulo a una variable, en lugar de un número. De esta manera, al recibir el resultado no queda ninguna duda de si fue o no posible obtener el promedio. Esta resulta una buena solución, pero no en todos los casos. Es decir, dado que no es posible dividir entre cero, el *None* es representativo de esta situación. Pero en otros problemas podría ser un resultado confuso. Imagine que estamos buscando el nombre de un amigo en la lista de invitados a una fiesta. Podemos encontrarlo, podemos no encontrarlo porque no lo invitaron o podemos no encontrarlo porque la lista todavía está incompleta. Para precisar qué pasó, necesitamos algo más.

Las excepciones proveen una manera general de tratar estos casos, ya que si se detecta un error se puede lanzar una excepción acorde con este. Para eso se usa la instrucción *raise*. En el ejemplo 5_7 se puede observar que la suma de los números recibidos en el parámetro (lista arbitraria de parámetros) y la división por el total de números son parte del bloque de instrucciones del *try*. Si algún error se produce, en este caso puede ser que alguno de los parámetros no sea un número o bien que no se reciban datos, entonces se ejecuta el bloque del *except* lanzando una excepción. En el ejemplo se usaron dos excepciones de Python, pero se pudo usar alguna definida por el mismo desarrollador. Asimismo, se muestran dos casos en los cuales se manejan los posibles errores y se generalizó con la excepción *Exception*. Sin embargo, se pudo usar dos bloques *except*, uno por cada tipo de excepción.

Ejemplo 5_7.py

```
def calcula_promedio(*numeros):
    """ Calcula el promedio de los números proporcionados.

    Parámetro:
        *numeros: cero o varios números, int o float.
    Regresa:
        El promedio de los números.
    Lanza:
        ZeroDivisionError: cuando no se proporcionan datos.
        ValueError: cuando alguno de los datos proporcionados no es numérico.
    """
    try:
        suma = 0
        for valor in numeros:
            suma += valor
        return suma / len(numeros)
    except ZeroDivisionError:
        raise ZeroDivisionError('No hay datos: división entre 0.')
    except TypeError:
        raise TypeError(Error en los datos: no son numéricos.')

#==================================================================
# Pruebas de la función.
#==================================================================
```

```
# CP1: no se proporcionan datos: división entre 0.
try:
    promedio = calcula_promedio()
    print('\nCP1 --> El promedio es =', promedio)
except Exception as error:
    print('\nCP1 -->', error)
# CP2: se proporcionan datos no numéricos.
try:
    promedio = calcula_promedio(4.5, 'hola', 23, -33)
    print('CP2 --> El promedio es =', promedio)
except Exception as error:
    print('CP2 -->', error)
# CP3: se proporcionan 2 números enteros.
print('CP3 --> El promedio es =', calcula_promedio(4, 8))
# CP4: se proporcionan 8 números reales.
prom = calcula_promedio(3.5, 8.2, -9.6, 12.2, 25.7, 48.7, -41.55, 39.33)
print('CP4 --> El promedio es =', prom)
```

Se presentan los resultados de la ejecución del código precedente.

```
CP1 --> No hay datos: división entre 0.
CP2 --> Error en los datos: no son numéricos.
CP3 --> El promedio es = 6.0
CP4 --> El promedio es = 10.81
```

5.1.7 Tuplas como resultado de funciones

En ejemplos anteriores se presentaron funciones que regresan un resultado explícito por medio del *return* o ninguno. Cuando no se escribe el *return* acompañando un valor, por omisión, la función regresa *None*.

Ahora bien, si se necesita obtener más de un resultado de la función, una opción para lograrlo son las tuplas. Recuerde que una tupla es una colección inmutable de elementos ordenados. Por lo tanto, junto al *return* se pondrán todos los valores, separados por coma, que se quiera dar como resultado de la función. Considere el siguiente problema.

Problema 5.3
Escriba una función que calcule y regrese el total de días y de horas transcurridos, a partir de un número (parámetro) que representa horas. Es decir, la función recibe un número entero positivo y regresa el total de días y de horas que abarca ese número. Además, escriba otra función que lea y valide el dato, asegurándose que es un número entero positivo. Por último, escriba el código necesario para leer un número, calcular los días y horas e imprimirlos.

Programa 5_3.py

```
def lee_entero_positivo(mensaje):
    """ Lectura de un número entero positivo.

    Parámetro:
      mensaje: de tipo str. Es el mensaje que debe desplegarse en el input().
    Regresa:
      Un número entero positivo.
    """
    bandera = True
    while bandera:
      try:
        entero = int(input(mensaje))
        if entero > 0:
          bandera = False
        else:
          print('¡el número debe ser > 0!'.upper())
      except:
        print('solo se aceptan números enteros.'.upper())
    return entero

def dias_y_horas(numero):
    """ Calcula cuantos días y horas están comprendidos en el valor recibido.

    Parámetro:
      numero: es un número de tipo int y > 0.
    Regresa:
      Cantidad de días y horas comprendidos en el número recibido.
    """
```

```
    dias = numero // 24
    horas = numero % 24
    return dias, horas

# ----------------------------------------------------------------
# Pruebas de las funciones.
# ----------------------------------------------------------------
retraso_recital = lee_entero_positivo('Total de horas de retraso del recital: ')
dias, horas = dias_y_horas(retraso_recital)
print(f'El recital se retrasó {dias} días y {horas} horas')
prox_vuelo = lee_entero_positivo('¿Cuántas horas faltan para el próximo vuelo: ')
dias, horas = dias_y_horas(prox_vuelo)
print(f'El próximo vuelo sale en {dias} días y {horas} horas')
```

Como la función que calcula días y horas debe regresar dos resultados, entonces se usa una tupla. A continuación, los resultados obtenidos en algunas de las pruebas realizadas.

CP1: se ingresan datos enteros > 0.

```
Ingrese total de horas de retrasó del recital: 47
El recital se retrasó 1 días y 23 horas

Ingrese cuántas horas faltan para el próximo vuelo: 18
El próximo vuelo sale en 0 días y 18 horas
```

CP2: se ingresa una cadena de caracteres en la primera lectura.

```
Ingrese total de horas de retrasó del recital: setenta
SOLO SE ACEPTAN NÚMEROS ENTEROS.

Ingrese total de horas de retrasó del recital: 70
El recital se retrasó 2 días y 22 horas

Ingrese cuántas horas faltan para el próximo vuelo: 105
El próximo vuelo sale en 4 días y 9 horas
```

CP3: se ingresa un entero negativo en la primera lectura.

```
Ingrese total de horas de retrasó del recital: -38
¡EL NÚMERO DEBE SER > 0!

Ingrese total de horas de retrasó del recital: 38
El recital se retrasó 1 días y 14 horas

Ingrese cuántas horas faltan para el próximo vuelo: 8
El próximo vuelo sale en 0 días y 8 horas
```

Problema 5.4

Escriba una función que reciba como parámetros las coordenadas de dos puntos, por medio de dos tuplas, y que calcule y regrese la distancia entre los mismos. También debe escribir una función que permita leer un número real, asegurándose que es válido y las líneas de código para probar estas funciones. Recuerde que la fórmula para calcular la distancia entre dos puntos, conociendo sus coordenadas es la siguiente:

$$\text{distancia} = \sqrt{(x1 - x2)^2 + (y1 - y2)^2}$$

A continuación, se presenta la solución al problema.

Programa 5_4.py

```
def lee_real(mensaje):
    """ Lectura de un número real.

    Parámetro:
      mensaje: tipo str. Se despliega en el input().
    Regresa:
      Un número de tipo float.
    """
    bandera = True
    while bandera:
```

```
        try:
            real = float(input(mensaje))
            bandera = False
        except:
            print('solo se aceptan números reales.'.upper())
    return real

def calcula_distancia(punto1, punto2):
    """ Calcula la distancia entre dos puntos, dadas sus coordenadas.

    Parámetro:
        punto1: de tipo tuple, guarda las coordenadas del primer punto.
        punto2: de tipo tuple, guarda las coordenadas del segundo punto.
    Regresa:
        La distancia entre los puntos. Es de tipo float.
    """
    distancia = ((punto2[0] - punto1[0]) ** 2 + (punto2[1] - punto1[1]) ** 2) ** 0.5
    return distancia
# ==================================================================
# Algunas pruebas de las funciones.
# ==================================================================
x1 = lee_real('Ingrese la coordenada x del primer punto: ')
y1 = lee_real('Ingrese la coordenada y del primer punto: ')
x2 = lee_real('Ingrese la coordenada x del segundo punto: ')
y2 = lee_real('Ingrese la coordenada y del segundo punto: ')
# Se forman las tuplas que representan a los puntos.
punto1 = (x1, y1)
punto2 = (x2, y2)
distancia = calcula_distancia(punto1, punto2)
print(f'\nLa distancia entre los puntos es = {distancia:.2f}')
```

Los resultados de una de las pruebas realizadas son:

```
Ingrese la coordenada x del primer punto: 7.5
Ingrese la coordenada y del primer punto: 3.8

Ingrese la coordenada x del segundo punto: 14.23
Ingrese la coordenada y del segundo punto: 2.58

La distancia entre los puntos es = 6.84
```

Existen usos más complejos de las funciones, que no se estudiarán en este capítulo. Por ejemplo, las funciones como objetos, las funciones anónimas o lambdas y las funciones polimórficas. Estos conceptos escapan al alcance de este capítulo.

5.2 Módulos

Se ha visto que las funciones ayudan a dividir la solución de un problema en partes más pequeñas y esto favorece el reúso de código y el trabajo en equipo, entre muchas ventajas. Ahora bien, todas las funciones desarrolladas se guardaron en el mismo archivo que el código que las usó. Esto no promueve el reúso del código ni el trabajo en equipo (todos los miembros del equipo deberían trabajar en el mismo archivo). Los módulos son la respuesta a este inconveniente.

Un **módulo** es un archivo de Python, con extensión *.py*, que almacena funciones y, en algunos casos, instrucciones de código, así como clases. Para poder usar esas funciones solo se requiere importar el módulo, igual que como se hace para trabajar con las funciones matemáticas del módulo *math*. A continuación, se presenta el módulo *geometrico.py* el cual almacena la declaración de la variable pi y dos funciones, una para calcular el área de un rectángulo y otra para el área de un círculo. Observe que se incluyó *docstring* a nivel del módulo y también en cada una de las funciones.

Módulo: geometrico.py

```
""" Módulo para figuras geométricas.
Ofrece funciones dedicadas al cálculo de operaciones con
diversas figuras geométricas.
```

```
Funciones:
   -area_rectangulo: calcula el área de un rectángulo.
   -perimetro_rectangulo: calcula el perímetro de un rectángulo.
   -area_circulo: calcula el área de un círculo.
   -perimetro_circulo: calcula el perímetro de un círculo.
"""

pi = 3.1415926  # Asigna valor a la variable pi.

def area_rectangulo(base, altura):
   """ Calcula y regresa el área de un rectángulo.

   Parámetro:
      – base: de tipo int o float > 0, es la base de un rectángulo.
      – altura: de tipo int o float > 0, es la altura de un rectángulo.
   Regresa:
      El área de un rectángulo, de tipo int o float (depende de los datos).
   """
   return base * altura

def area_circulo(radio):
   """ Calcula y regresa el área de un círculo.

   Parámetro:
      – radio: de tipo int o float > 0, es el radio de un círculo.
   Regresa:
      El área de un círculo, de tipo float.
   """

   return pi * radio ** 2
```

En el ejemplo 5_8 se presenta un ejemplo del uso de este módulo. En la primera línea se importó el módulo y, posteriormente, su usaron las funciones. Es muy importante tener en cuenta que el módulo solo se importa una vez por cada sesión del intérprete, ya que, si posteriormente se hace algún cambio en el módulo, este no se verá reflejado. Para evitar casos como estos se requiere reiniciar el intérprete.

Ejemplo 5_8.py

```
# Importa todo el módulo geometrico.
import geometrico
salon_l1 = 5.2
salon_l2 = 6.5
area_salon = geometrico.area_rectangulo(salon_l1, salon_l2)
print(f'\nEl área del salón es = {area_salon:.2f} m2')
radio_mesa = 1.0
area_mesa = geometrico.area_circulo(radio_mesa)
print(f'\nEl área de la mesa es = {area_mesa:.2f} m2')
```

En el módulo *geometrico.py* se enunciaron en la documentación dos funciones que no fueron desarrolladas. Queda a cargo del lector su implementación y prueba para asegurarse que las mismas dan un resultado correcto.

Problema 5.5
Escriba un módulo que contenga funciones especializadas para leer y validar:

1. Un número entero positivo
2. Un número entero negativo
3. Un número real positivo
4. Un número real negativo
5. Un número entero (positivo o negativo)
6. Uno número real (positivo o negativo)

La función recibe como parámetro un mensaje, el cual debe desplegarse cuando se pide el dato, y regresa como resultado un valor del tipo esperado. Puede usar las funciones desarrolladas en los problemas anteriores para guiarse. Recuerde probar todas las funciones que escriba.

Si escribió una función para cada uno de los casos enunciados y se está preguntando si hay alguna manera más general de resolver el problema, la respuesta es sí. Y es por medio de **funciones polimórficas**, de las cuales haremos una breve introducción con base en este ejercicio. En la solución que se muestra más abajo, las funciones tienen un parámetro formal en el cual se recibe el tipo de dato que debe leerse. De ahí el nombre de polimórfica, que quiere decir que puede adoptar muchas formas. Es decir, la misma función hace lo mismo, lo que cambia es el tipo de dato con el que trabaja. Analice el código del módulo *lecturas.py*. En este caso se dice que las funciones son polimórficas porque trabajan para distintos tipos de datos. Una vez entendido y probado el módulo, agréguele las funciones necesarias para que cubra todos los requisitos del problema.

Módulo: lecturas.py

```
""" Módulo para realizar lecturas, validando los datos de entrada.

Funciones:
  -lee_numero: lee y regresa un número (int o float).
  -lee_numero_positivo: lee y regresa un número (int o float) > 0..
"""
def lee_numero(tipo, mensaje):
    """ Lectura de un número entero o real, sin importar el signo.

    Parámetro:
       tipo: de tipo type. Indica qué tipo de número se debe leer.
       mensaje: de tipo str. Es el mensaje que se despliega en el input().
    Regresa:
       Un número, de tipo int o float.
    """
    bandera = True
    while bandera:
       try:
          numero = tipo(input(mensaje))
          bandera = False
       except:
          print(f'solo se aceptan números de tipo {tipo}.'.upper())
    return numero

def lee_numero_positivo(tipo, mensaje):
    """ Lectura de un número entero o real positivo.

    Parámetro:
       tipo: de tipo type. Indica qué tipo de número se debe leer.
       mensaje: de tipo str. Es el mensaje que se despliega en el input().
    Regresa:
```

```
        Un número positivo, de tipo int o float.
    """
    bandera = True
    while bandera:
        try:
            numero = tipo(input(mensaje))
            if numero > 0:
                bandera = False
            else:
                print('¡el número debe ser > 0!'.upper())
        except:
            print(f'solo se aceptan números de tipo {tipo}.'.upper())
    return numero
# ==============================================================
# Algunas pruebas de las funciones.
# ==============================================================
edad = lee_numero_positivo(int, 'Ingrese la edad del alumno: ')
temperatura = lee_numero(float, 'Ingrese la temperatura actual: ')
print(f'\nEl alumno tiene {edad} años')
print(f'La temperatura del día de hoy es {temperatura} °C')
```

Se muestran resultados de algunas de las pruebas realizadas.

CP1: se ingresa un número real en lugar del entero esperado.

```
Ingrese la edad del alumno: 21.5
SOLO SE ACEPTAN NÚMEROS DE TIPO <CLASS 'INT'>.
```

CP2: se ingresa un número entero negativo en lugar del positivo esperado.

```
Ingrese la edad del alumno: -22
¡EL NÚMERO DEBE SER > 0!
```

CP3: se ingresa un número entero positivo.

```
Ingrese la edad del alumno: 22
```

CP4: se ingresa una cadena en lugar del real esperado.

Ingrese la temperatura actual: alta
SOLO SE ACEPTAN NÚMEROS DE TIPO <CLASS 'FLOAT'>.

CP5: se ingresa una cadena (números y un carácter) en lugar del real esperado.

Ingrese la temperatura actual: 35.3C
SOLO SE ACEPTAN NÚMEROS DE TIPO <CLASS 'FLOAT'>.

CP6: se ingresa un número real positivo.

Ingrese la temperatura actual: 35.3

El alumno tiene 22 años
La temperatura del día de hoy es 35.3 °C

CP7: se ingresa un número entero positivo y un real negativo.

Ingrese la edad del alumno: 18
Ingrese la temperatura actual: -3

El alumno tiene 18 años
La temperatura del día de hoy es -3.0 °C

5.3 Algunos comentarios finales sobre funciones y módulos

Organizar bien la solución de un problema complejo o de muchas líneas de código es parte de un buen diseño. A manera de resumen de lo planteado a lo largo de este capítulo y complementando el material, se ofrecen algunas ventajas del uso de funciones y módulos y, luego, se dan algunos lineamientos sobre la escritura de funciones.

Las funciones y módulos favorecen la aplicación de algunos de los principios del desarrollo de software:

- **Dividir y conquistar**: promueve la división de las soluciones en partes más pequeñas y simples. Estas resultan más fáciles de desarrollar y, además, pueden estar a cargo de equipos diferentes (o miembros diferentes de un mismo equipo).

- **DRY** (Do not Repeat Yourself): promueve que cada pieza de software solo se escriba una vez.
- **Cohesión**: promueve que cada elemento de software, en este caso las funciones o los módulos, tengan un objetivo autocontenido. Es decir, que no dependan de otros componentes de software para su funcionamiento. Además, que la función tenga uno y solo un objetivo claramente definido. En el caso de los módulos, que todos los elementos de este estén fuertemente relacionados entre sí.
- **Abstracción**: promueve concentrarse en la solución del problema, dejando los detalles a cargo de las funciones que implementarán cada uno de los subproblemas. Es decir, ayuda a esconder detalles de implementación.
- **Reúso**: promueven el reúso de código. Una vez desarrollada y probada una función, solo debe usarse sin necesidad de repetir código.
- **Comprensión**: promueve que cada pieza de software sea más fácil de comprender y, por lo tanto, de mantener.

Algunos lineamientos a tener en cuenta al escribir funciones:

1. Los nombres deben ser lo más precisos en cuanto a lo que hace la función.
2. Los nombres se deben escribir con minúsculas, usando guión bajo para separar las palabras en caso de que se requiera.
3. Todos los parámetros formales deben usarse en la función.
4. Debe documentarse apropiadamente: qué hace, descripción de los parámetros y del resultado y lanzamiento de excepciones.
5. Se debe respetar el orden de los parámetros según su tipo, de acuerdo con lo visto previamente.
6. Se debe tener en cuenta la longitud de la función. Si tiene muchas líneas de código, considere si debe partirse en otras funciones.

5.4 Archivos

En general, todos los sistemas de cómputo cuentan con facilidades para manejar archivos. Los archivos se identifican por un nombre y permiten guardar información de manera permanente en memoria secundaria (memoria de la computadora diferente de la usada mientras se ejecuta el programa) para ser utilizada posteriormente en diversos programas.

Seguramente está familiarizado con el término archivo, porque un archivo es donde se guarda una foto tomada con su celular o su cámara, un archivo es donde se guarda un documento recibido de la escuela o del banco. ¡En el mundo digital actual estamos inundados de archivos!

Más allá de la naturaleza de los archivos (fotos, videos, texto, números), todos comparten la característica de guardar la información de manera permanente (siempre que no se dañe el dispositivo donde se guardó) y de poder manipular grandes volúmenes de datos.

Python provee la sintaxis necesaria para el **manejo de archivos**, independiente del sistema operativo que se esté usando. En esta sección vamos a presentar lo necesario para operar con archivos y, en particular, con archivos de texto. Este tipo de archivos se caracteriza porque la información se almacena en formato texto; por lo tanto, si se consulta el archivo se pueden ver claramente los datos guardados. El manejo de estos archivos es bastante simple.

Con la instrucción:

archivo = **open**('nombre_archivo', 'operación')

se indica al sistema operativo que debe crearse un archivo, llamado *nombre_archivo* (puede ser una variable o una constante tipo cadena de caracteres), que sea capaz de realizar la operación: 'w' (*write*: escritura), 'r' (*read*: lectura) o 'a' (append, agregar) y regresar un "manejador de archivo" que se asigna a la variable *archivo*. Por ejemplo, si escribimos:

arch_calif = **open(**'calificaciones.dat '**,** 'w'**)**

se crea el archivo llamado *calificaciones.dat*, para escribir en él y el manejador del archivo se guarda en *arch_calif*. El manejador queda posicionado al inicio del archivo. A su vez, con:

arch_invit = **open(**invitados**,** 'r'**)**

se accede al archivo cuyo nombre está en la variable *invitados* para leer de él, y el manejador se guarda en *arch_invit*. El manejador queda posicionado al inicio del archivo. Si el archivo no existe, se lanza la excepción:

FileNotFoundError: [Errno 2] No such file or directory: XXX

Por último, con la instrucción:

arch_invit = **open**(invitados, 'a')

se accede al archivo cuyo nombre está en la variable *invitados* para agregar información en él, y el manejador se guarda en *arch_invit*. El manejador queda posicionado al final del archivo. Si el archivo no existe, se crea uno con ese mismo nombre. La diferencia entre las opciones 'w' y 'a' es que, con la primera, se crea un archivo y, si ya existe, se empieza a escribir desde el inicio ocasionando la sobreescritura del archivo. En cambio, con la segunda, se escribe agregando a partir de lo que ya contiene, sin dañar la información.

Una vez usados los archivos es conveniente cerrarlos para asegurarnos que la información no se daña. La instrucción para cerrar archivos es:

arch_invit.**close()**

En la siguiente tabla se presentan las instrucciones necesarias para escribir/leer datos hacia y desde un archivo.

Tabla 5.1 Instrucciones lectura/escritura con archivos

Instrucción	Explicación
f.read()	Regresa una cadena con el contenido del archivo asociado al manejador de archivo f.
f.readline()	Regresa la siguiente línea del archivo asociado al manejador de archivo f.
f.readlines()	Regresa una lista formada por cada una de las líneas del archivo asociado al manejador de archivo f.
f.read(n)	Regresa n caracteres del archivo asociado al manejador de archivo f.
f.write(cadena)	Escribe la cadena de caracteres al final del archivo asociado al manejador de archivo f.
f.writelines(sec)	"sec" es una secuencia de cadenas de caracteres. Escribe cada elemento de la secuencia en una línea diferente del archivo asociado al manejador de archivo f.

A continuación, se presentan algunos problemas cuya solución ayudará a entender este concepto. Siempre que sea posible, utilizaremos funciones para seguir reforzando también ese tema.

Problema 5.6
Escriba una función que reciba como parámetro una cadena de caracteres y un parámetro de longitud variable. La función debe crear un archivo con el nombre recibido y debe guardar en líneas diferentes del archivo cada uno de los valores del parámetro variable. La solución del problema se encuentra en el módulo *archivos.py* y las pruebas en el programa 5_5.

Problema 5.7
Escriba una función que reciba como parámetro una cadena de caracteres que representa el nombre de un archivo de texto, que se supone ya fue creado. La función debe leer el contenido del archivo y regresarlo en formato de cadena. Considere todos los casos que puedan presentarse. La solución del problema se encuentra en el módulo *archivos.py* y las pruebas en el programa 5_5.

Problema 5.8
Escriba una función que reciba como parámetro una cadena de caracteres que representa el nombre de un archivo de texto, que almacena datos, cada uno en una línea distinta. La función debe leer el contenido del archivo y regresar el total de números almacenados y la suma de estos. Considere todos los casos que puedan presentarse. La solución del problema se encuentra en el módulo *archivos.py* y las pruebas en el programa 5_5.

Módulo: archivos.py

```
# Solución del problema 5.6
def escribe_archivo(arch, *args):
    """ Crea un archivo y guarda en líneas diferentes cada
    uno de los valores recibidos por medio del parámetro args.

    Parámetro:
       arch: de tipo str. Nombre con el que se creará el archivo.
       *args: parámetro de longitud variable.
    """
    arch = open(arch, 'w')
    for val in args:
```

```
        arch.write(str(val))
        arch.write('\n')
    arch.close()

# Solución del problema 5.7 – alternativa 1
def lee1_archivo(arch):
    """ Regresa el contenido del archivo llamado arch.

    Parámetro:
        arch: de tipo str. Nombre del archivo que debe leerse.
    regresa:
        El contenido del archivo con formato de str.
    Lanza:
        FileNotFoundError: cuando no se puede abrir el archivo.
    """
    try:
        lee = open(arch, 'r')
        linea = lee.read();  # Se lee todo el contenido del archivo.
        lee.close()
        return linea
    except FileNotFoundError:
        raise FileNotFoundError('No se pudo abrir el archivo.'.upper())

# Solución del problema 5.7 – alternativa 2
def lee2_archivo(arch):
    try:
        lee = open(arch, 'r')
        cadena = ''
        for val in lee:  # Itera sobre el archivo.
            cadena += val
        lee.close()
        return cadena
    except FileNotFoundError:
        raise FileNotFoundError('No se pudo abrir el archivo.'.upper())

# Solución del problema 5.8
def cuenta_y_suma(arch):
```

```
    """ Regresa total de números guardados en un archivo y la suma de estos.

    Parámetro:
      arch: de tipo str. Nombre del archivo que debe leerse.
    Regresa:
      El total de números leídos y su suma. Es de tipo tuple.
    Lanza:
      FileNotFoundError: cuando no se pudo abrir el archivo.
    """
    try:
      lee = open(arch, 'r')
      suma = 0
      cuenta = 0
      for val in lee:  # Itera sobre el archivo.
        try:
          suma += float(val)  # El dato es un número: se +.
          cuenta += 1
        except:  # No es número: se pasa al siguiente dato.
          continue
      lee.close()
      return (cuenta, suma)
    except FileNotFoundError:
      raise FileNotFoundError('No se pudo abrir el archivo.'.upper())
```

En el programa 5_5 se incluyeron algunas pruebas para los tres problemas previos.

Programa 5_5.py

```
import archivos

# CP1: escritura en archivo de varios números (problema 5.6).
archivos.escribe_archivo('precios', 12.5, 8.3, 98.45, 10.45, 11, 24.30)

# CP2: se usa el archivo creado para probar las 2 versiones de la
# función de lectura de un archivo (problema 5.7). Se espera el mismo resultado.
leido1 = archivos.lee1_archivo('precios')
leido2 = archivos.lee2_archivo('precios')
```

```
print(f'\nDatos leídos con la solución 1\n{leido1}')
print(f'\nDatos leídos con la solución 2\n{leido2}')

# CP3: se usa un archivo que contiene solo números.
archivos.escribe_archivo('archivo1', 12.5, 5, 4, 0, 8.7, -2)
print('Resultado de contar y sumar:', archivos.cuenta_y_suma('archivo1'))

# CP4: se usa un archivo que contiene distintos tipos de datos (problema 5.8).
archivos.escribe_archivo('archivo2', 12.5, 5, 'hola', 0, 8.7, -2, True)
resultado = archivos.cuenta_y_suma('archivo2')
print(f'\nHay {resultado[0]} números y su suma es {resultado[1]}')

# CP5: se proporciona el nombre de un archivo que no existe (problema 5.8).
try:
    print(archivos.cuenta_y_suma('archivo3'))
except FileNotFoundError as error:
    print(f'\n{error}')
```

Al ejecutar las pruebas que se incluyeron en el programa 5_5 se obtuvieron los siguientes resultados en la terminal. Para revisar los archivos creados a través de la función *escribe_archivo()*, debe ir al directorio donde se están guardando sus programas.

```
Datos leídos con la solución 1
12.5
8.3
98.45
10.45
11
24.3

Datos leídos con la solución 2
12.5
8.3
98.45
10.45
11
24.3

Resultado de contar y sumar: (6, 28.2)

Hay 5 números y su suma es 24.2

NO SE PUDO ABRIR EL ARCHIVO.
```

Observe que las dos soluciones dadas al problema 5.7 producen la misma salida.

Problema 5.9
Se necesita un programa modularizado, es decir organizado en funciones, que pueda:

1. Pedirle al usuario un grupo de calificaciones y que las guarde en un archivo de texto.
2. Calcular el promedio de las calificaciones.
3. Imprimir el promedio o un mensaje si no se pudo calcular.

El programa 5_6 presenta una solución al problema. En el mismo programa se incluyó la llamada a la función de captura de los datos y a la función de procesamiento de los datos ya guardados en el archivo. Podría haberse supuesto que el archivo fue previamente creado por otro programa. Para la lectura de los datos de terminal se usó el módulo *lecturas* previamente definido. Por ello, en el módulo, se comentaron las líneas de código escritas para probar las funciones, para evitar que se ejecuten al importarlo.

Programa 5_6.py

```
import lecturas
def guarda_calificaciones(nom_arch, total):
    """ Almacena las calificaciones leídas por terminal en un archivo de texto.
    En la primera línea guarda el total y cada calificación se escribe en una
    línea diferente.

    Parámetro:
        nom_arch: de tipo str. Indica el nombre del archivo que se creará.
        total: de tipo int. Indica el total de calificaciones a guardar en el archivo.
    """
    arch_calif= open(nom_arch, 'w')  # Se abre para escritura.
    arch_calif.write(str(total) + '\n')
    for i in range(1, total + 1):
        mensaje = 'Ingrese la calificación '+ str(i) + ': '
        cal = lecturas.lee_numero_positivo(float, mensaje)
        # Para que quede una calificación por línea.
        arch_calif.write(str(cal) + '\n')
    arch_calif.close()

def calcula_promedio(nom_arch):
    """ Calcula y regresa el promedio de los valores guardados
```

```
    en un archivo de texto.

    Parámetro:
      nom_arch: de tipo str. Indica el nombre del archivo
      del cual se leerán los datos.
    Regresa:
      El promedio de los datos almacenados en el archivo. De tipo float.
    Lanza:
      FileNotFoundError: cuando no se pudo abrir el archivo.
      ValueError: cuando hubo algún error en los datos.
    """
    try:
        arch_calif = open(nom_arch, 'r')
        suma = 0
        contador = int(arch_calif.readline())
        for _ in range(1, contador + 1):
            cal = float(arch_calif.readline())
            suma += cal
        arch_calif.close()
        return suma / contador
    except FileNotFoundError:
        raise FileNotFoundError('No se pudo abrir el archivo.'.upper())
    except (ValueError, ZeroDivisionError):
        raise ValueError('Error en los datos.'.upper())

#==========================================================================
# Uso de las funciones para resolver el problema.
#==========================================================================
archivo = input('Nombre del archivo donde guardar las calificaciones: ')
total = lecturas.lee_numero_positivo(int, '¿Cuántas calificaciones? ')
guarda_calificaciones(archivo, total)

# Importante si la creación del archivo se hizo en otro programa.
archivo = input('Nombre del archivo de calificaciones: ')
try:
    print(f"\nPromedio = {calcula_promedio(archivo):.2f}")
except Exception as error:
    print(error)
```

Al usar las funciones definidas en el módulo *lecturas.py* tenemos la certeza de que los valores fueron validados, en tipo y signo. A pesar de eso, en la función *calcula_promedio()* se consideraron posibles errores para no depender de si el archivo fue creado correctamente o no. Se pudo validar también el rango de las calificaciones; por ejemplo, que estén comprendidas entre 1 y 10 o entre 1 y 100. Esta validación se pudo haber hecho en cualquiera de las dos funciones o en ambas, y el rango pudo recibirse como parámetro. Queda a cargo del lector esta modificación.

Se muestran algunos resultados de las pruebas realizadas.

CP1: se ingresan datos válidos.

```
Ingrese nombre del archivo donde se guardarán las calificaciones: calificaciones
Ingrese el total de calificaciones: 8

Ingrese la calificación 1: 7.5
Ingrese la calificación 2: 6.2
Ingrese la calificación 3: 9.4
Ingrese la calificación 4: 10
Ingrese la calificación 5: 8.4
Ingrese la calificación 6: 7.3
Ingrese la calificación 7: 6.9
Ingrese la calificación 8: 4.5

Ingrese nombre del archivo donde se guardaron las calificaciones: calificaciones

Promedio = 7.52
```

CP2: se ingresan datos válidos, pero el nombre del archivo donde se guardan las calificaciones no coincide con el nombre del archivo de lectura.

```
Ingrese nombre del archivo donde se guardarán las calificaciones: cal
Ingrese el total de calificaciones: 4

Ingrese la calificación 1: 8.5
Ingrese la calificación 2: 6.2
Ingrese la calificación 3: 3
Ingrese la calificación 4: 7.8

Ingrese nombre del archivo donde se guardaron las calificaciones: calificaciones
NO SE PUDO ABRIR EL ARCHIVO.
```

Problema 5.10

Se tiene un archivo en el cual se guardaron el año y la ciudad en la cual se llevaron a cabo los últimos Juegos Olímpicos. Por un descuido, el año se capturó dos veces. Así, cada línea del archivo tiene la siguiente forma:

dddd nombre_ciudad dddd

- dddd: año en el que se realizaron los juegos olímpicos
- nombre_ciudad: ciudad en la cual se realizaron

Además del descuido ya mencionado, el capturista cometió otro error: el nombre de la ciudad fue escrito con minúsculas. Para corregir estos errores y, aprovechando que se quiere además generar un reporte de las últimas olimpíadas con el formato que se muestra más abajo, se debe escribir una función que deje la información en otro archivo de acuerdo con lo solicitado. La función recibe, como parámetros, el nombre del archivo de entrada y el nombre del archivo de salida (donde guardará la información sin errores y en el formato solicitado). Puede omitir los acentos para evitar posibles problemas. Formato esperado:

Últimos Juegos Olímpicos

1984 ---- Los Ángeles
1988 ---- Seúl
1992 ---- Barcelona
1996 ---- Atlanta
...

Programa 5_7.py

```
def genera_reporte(arch_ent, arch_sal):
    """ Genera un reporte del año y sede de los últimos Juegos
    Olímpicos, de acuerdo con las especificaciones dadas
    (quitar datos duplicados y colocar mayúsculas).

    Parámetro:
        arch_ent: de tipo str. Indica el nombre del archivo que almacena
        los datos de los Juegos Olímpicos, con errores.
        arch_sal: de tipo str. Indica el nombre del archivo donde se
```

```
        guardará el reporte solicitado.
    Lanza:
        FileNotFoundError: si no se pudo abrir el archivo.
    """
    try:
        lee = open(arch_ent, 'r')
        escribe = open(arch_sal, 'w')
        escribe.write('Últimos Juegos Olímpicos\n'.upper())
        for juego in lee:
            posicion = juego.find(' ')
            anio = juego[0: posicion]
            juego = juego[posicion + 1:]
            posicion = juego.rfind(' ')
            ciudad = juego[0: posicion]
            escribe.write(anio + ' ---- ' + ciudad.title() + '\n')
        lee.close()
        escribe.close()
    except FileNotFoundError:
        raise FileNotFoundError('No se pudo abrir el archivo.'.upper())

#==================================================================
# Se prueba la función. En este caso se creó un archivo con los
# datos de las últimas 9 olimpíadas.
#==================================================================
genera_reporte('juegos', 'Reporte_olimpico')
```

A continuación, se muestra el contenido del archivo dado para hacer la prueba y del archivo generado por medio de la función. Estos archivos se encuentran en el repositorio del libro.

Juegos

```
1984 los angeles 1984
1988 seul 1988
1992 barcelona 1992
1996 atlanta 1996
2000 sydney 2000
2004 atenas 2004
2008 beijing 2008
2012 londres 2012
2016 rio de janeiro 2016
```

Reporte_olimpico

```
ÚLTIMOS JUEGOS OLÍMPICOS
1984 ---- Los Angeles
1988 ---- Seul
1992 ---- Barcelona
1996 ---- Atlanta
2000 ---- Sydney
2004 ---- Atenas
2008 ---- Beijing
2012 ---- Londres
2016 ---- Rio De Janeiro
```

5.4.1 La instrucción with

La instrucción *with* se puede usar para el manejo de archivos. Permite agrupar en su bloque las operaciones de abrir el archivo, usarlo y, por último, cerrarlo, esta última se lleva a cabo automáticamente. La sintaxis es:

```
with open('xxxxx', 'operación') as arch:
    # Instrucciones requeridas
```

En el ejemplo 5_9 se retoma una de las funciones del programa 5_5 para mostrar el uso del *with*.

Ejemplo 5_9.py

```
def escribe_archivo(archivo, *args):
    """ Crea un archivo y guarda en líneas diferentes cada uno
    de los valores recibidos por medio del parámetro args.

    Parámetro:
        archivo: de tipo str. Nombre con el que se creará el archivo.
        *args: parámetro de longitud variable.
    """
    with open(archivo, 'w') as arch:
        for val in args:
            arch.write(str(val))
            arch.write('\n')

# Se prueba la función que utiliza el with.
escribe_archivo('prueba_with', 'a', 'b', 'c', 'd', 'e', 'f', 'g')
```

En el repositorio se puede consultar el archivo creado, llamado prueba_with, en el cual se guardaron algunas letras del abecedario.

Problema 5.11

Escriba un programa que determine cuántas palabras de un archivo tienen la característica de que todas sus letras están en orden alfabético. Por ejemplo, la palabra *hola* no tiene todas sus letras en orden alfabético, pero la palabra *amor* sí. El programa debe pedir el nombre del archivo, luego leer su contenido y analizarlo y, por último, imprimir el total de palabras con esa característica. Utilice funciones para organizar su solución.

El programa 5_8 presenta una posible solución. Esta se dividió en dos funciones, una para analizar la palabra, letra por letra, y determinar si están o no ordenadas y la otra encargada de leer las palabras del archivo, llamar a la primera función y, si corresponde, contar la palabra.

Programa 5_8.py

```
def estan_ordenadas(palabra):
    """ Determina si las letras de la palabra están ordenadas alfabéticamente.
    Parámetro:
        palabra: de tipo str.
    Regresa:
        True/False si las letras de la palabra tienen/o no orden alfabético
    """
    n = len(palabra)
    i = 0
    while i < n - 1 and palabra[i] <= palabra[i + 1]:
        i += 1
    return i == n - 1

def cuenta_palabras(nombre):
    """ Cuenta y regresa el total de palabras que tienen las letras
    ordenadas alfabéticamente. Las palabras se leen de un archivo.
    Parámetro:
        nombre: de tipo str. Nombre del archivo.
    Regresa:
        El total de palabras que cumple con la condición.
    """
    with open(nombre, 'r') as arch:
        contador = 0
        for pal in arch:
            pal = pal.strip()
            if estan_ordenadas(pal):
                contador += 1
        return contador

# -----------------------------------------------------------------------
nombre = input('\nNombre del archivo que quiere analizar: ')
try:
    print('\nCantidad de palabras con letras ordenadas:', cuenta_palabras(nombre))
except Exception:
    print('Problemas con el archivo.')
```

El programa se probó con el archivo llamado *palabras* que se encuentra en el repositorio. Por razones de espacio no se listan acá las palabras que almacena. Al ejecutar el programa se obtuvo la siguiente salida en terminal:

```
Nombre del archivo que quiere analizar: palabras
Total de palabras con letras ordenadas: 7
```

Problema 5.12

Escriba una función que determine si la secuencia que recibe como parámetro es o no palíndromo. Una secuencia es palíndromo cuando se lee lo mismo si se hace de izquierda a derecha que de derecha a izquierda. Algunos ejemplos en los cuales se omiten acentos y mayúsculas en las palabras y, en el caso de frases, se omiten signos de puntuación y, al leerlas de derecha a izquierda, tiene que "olvidarse" de algunos espacios en blanco:

12321
neuquen
1001001
anita lava la tina
amigo no gima
yo dono rosas oro no doy

Se presenta en el programa 5_9 una propuesta de solución. Incluye una función y algunas pruebas con cadenas de caracteres y con números.

Programa 5_9.py

```
def es_palindromo(secuencia):
    """ Determina si la secuencia es palíndromo.

    Parámetro:
        secuencia: cualquier tipo iterable
    Regresa:
        True si la secuencia es palíndromo, False en caso contrario.
    """

    # Se convierte a str para usar el método replace y quitar
```

```
    # los posibles espacios en blanco de la secuencia.
    secuencia = str(secuencia)
    secuencia = secuencia.replace(' ', '')
    n = len(secuencia)
    izq = 0
    der = n - 1
    while izq <= der and secuencia[izq] == secuencia[der]:
        izq += 1
        der -= 1
    return izq > der

# CP1: se proporcionan secuencias que son palíndromos.
print('\nEvaluando palíndromos...')
print(es_palindromo('neuquen'))
print(es_palindromo('anita lava la tina'))
print(es_palindromo('amigo no gima'))
print(es_palindromo(1001001))
print(es_palindromo('yo dono rosas oro no doy'))
print(es_palindromo(3526253))
# CP2: se proporcionan secuencias que no son palíndromos.
print('\nEvaluando no palíndromos...')
print(es_palindromo('el perro ladra toda la tarde'))
print(es_palindromo('amigo no gima de esa manera'))
print(es_palindromo(1101001))
print(es_palindromo(35248))
```

Al ejecutar todas las impresiones del CP1 dan el valor True, mientras que las del CP2 dan False.

Problema 5.13

Escriba una función que reciba un número entero positivo y que obtenga y regrese su representación binaria. Recuerde que, para convertir un número escrito en base decimal a base binaria, es necesario dividirlo sucesivamente por 2. Por ejemplo:

$$(25)_{10} = (11001)_2 = 2^0 + 2^3 + 2^4 = 1 + 8 + 16 = 25$$

porque:

25 / 2 = 12 y sobra: 1
12 / 2 = 6 y sobra: 0
6 / 2 = 3 y sobra: 0
3 / 2 = 1 y sobra: 1

Se forma a partir del resultado final (1) y los residuos obtenidos, del último al primero. El programa 5_10 ofrece una alternativa de solución a este problema.

Programa 5_10.py

```
def convierte_a_binario(numero):
    """ Convierte un número entero positivo a binario.

    Parámetro:
      numero: de tipo int, > 0.
    Regresa:
      La notación binaria del número recibido. Es de tipo int.
    Lanza:
      ValueError: cuando el dato no es entero o > 0.
    """
    if type(numero) == int and numero > 0:
      binario = 0
      potencia = 1
      while numero >= 2:
        digito = numero % 2
        numero = numero // 2
        binario = binario + digito * potencia
        potencia = potencia * 10
      binario = binario + numero * potencia
      return binario
    raise ValueError('El dato no es un número entero o no es positivo.')

# CP1: se proporciona un número entero positivo.
print('\nCP1 --> Notación binaria de 2:', convierte_a_binario(2))
```

```
# CP2: se proporciona un número entero positivo.
print('CP2 --> Notación binaria de 254897:', convierte_a_binario(254897))
# CP3: se proporciona un número real.
try:
    print('CP3 --> Notación binaria de 6.5:', convierte_a_binario(6.5))
except ValueError as error:
    print('CP3 -->', error)
# CP4: se proporciona un número entero negativo.
try:
    print('CP4 --> Notación binaria de -8:', convierte_a_binario(-8))
except ValueError as error:
    print('CP4 -->', error)
```

Además de la función, se incluyeron algunas pruebas. A continuación, se muestran los resultados obtenidos al ejecutar el código.

```
CP1 --> Notación binaria de 2: 10
CP2 --> Notación binaria de 254897: 111110001110110001
CP3 --> El dato no es un número entero o no es positivo.
CP4 --> El dato no es un número entero o no es positivo.
```

Problema 5.14

Escriba un programa que encuentre e imprima los primeros n (n > 0) números primos cuya representación binaria es un palíndromo. Por ejemplo, algunos números que cumplen con estas características:

3 es primo, en binario: 11 → es palíndromo
5 es primo, en binario:101 → es palíndromo

Seguramente ya pensó que puede reusar las soluciones desarrolladas para algunos de los problemas anteriores ya que se necesita encontrar primos, convertirlos a binarios y verificar si son palíndromos. Tenemos todas las piezas, solo hay que armarlas de la manera adecuada. Para no volver a escribir las funciones involucradas ni importarlas de los programas en las cuales fueron incluidas (que tienen nombres incómodos), vamos a definir un módulo, llamémosle *auxiliar.py*, que va a estar formado por estas tres funciones. No vamos a incluir el módulo porque estaríamos repitiendo código. Ante cualquier duda, se puede consultar en el repositorio. A continuación, presentamos el programa 5_11 con una posible solución.

Programa 5_11.py

```
import auxiliar

n = int(input('\n¿Cuántos primos con notación binaria palíndroma quiere calcular?'))
contador = 0
numero = 3  # Se descartan los números pares.
while contador < n:
    if auxiliar.es_primo(numero):
        binario = auxiliar.convierte_a_binario(numero)
        if auxiliar.es_palindromo(binario):
            print(numero, '-', binario)
            contador += 1
    numero += 2
```

En la solución se pide que se imprima el número primo y su notación en binario. Se muestran los resultados de algunas de las pruebas realizadas:

CP1: se piden los primeros 5 números que cumplan con la condición.

```
¿Cuántos primos con notación binaria palíndroma quiere calcular? 5
3 – 11
5 – 101
7 – 111
17 – 10001
31 – 11111
```

CP2: se piden los primeros 12 números que cumplan con la condición.

```
¿Cuántos primos con notación binaria palíndroma quiere calcular? 12
3 – 11
5 – 101
```

```
7 – 111
17 – 10001
31 – 11111
73 – 1001001
107 – 1101011
127 – 1111111
257 – 100000001
313 – 100111001
443 – 110111011
1193 – 10010101001
```

Problema 5.15

Dos números son amigos si la suma de los divisores del primero (sin incluirlo) es igual al segundo y, a su vez, la suma de los divisores del segundo (sin incluirlo) es igual al primero. Un par conocido de números amistosos es 220 y 284.

Divisores de **220**: 1 + 2 + 4 + 5 + 10 + 11 + 20 + 22 + 44 + 55 + 110 = **284**
Divisores de **284**: 1 + 2 + 4 + 71 + 142 = **220**

Se sabe que hay otros pares en rangos de números más grandes. Escriba un programa que pida dos números enteros positivos, que representan los límites del intervalo en el que se buscará, e imprima todos los pares de números amigos que encuentre.

Primero se presenta la función que calcula la suma de los divisores. Esta función se incluyó en el módulo *auxiliar*.

Módulo: auxiliar.py (cont.)

```
def suma_divisores(numero):
    """ Calcula la suma de los divisores de un número, sin incluir al mismo número.

    Parámetro:
       numero: de tipo int, > 0.
    Regresa:
       La suma de los divisores del número. Es de tipo int.
    Lanza:
       ValueError: cuando el dato no es entero o > 0.
    """
```

```
    if type(numero) == int and numero > 0:
        suma = 0
        limite = numero // 2
        for num in range(1, limite + 1):
            if numero % num == 0:
                suma += num
        return suma
    raise ValueError('El dato no es un número entero o no es positivo.')
```

El programa 5_12 ofrece una posible solución al problema usando la función mostrada más arriba.

Programa 5_12.py

```
import auxiliar

liminf = int(input('\nIngrese límite inferior: '))
limsup = int(input('Ingrese límite superior: '))
if liminf > 0 and liminf < limsup:
    print(f'\nNúmeros amigos en el rango: {liminf} - {limsup}'.upper())
    for num1 in range(liminf, limsup):
        for num2 in range(num1 + 1, limsup + 1):
            suma1 = auxiliar.suma_divisores(num1)
            suma2 = auxiliar.suma_divisores(num2)
            if suma1 == num2 and suma2 == num1:
                print(num1, '-', num2)
else:
    print('\n¡Intervalo incorrecto!'.upper())
```

A continuación, algunas pruebas realizadas y los resultados obtenidos.

CP1: se ingresa un intervalo válido.

```
Ingrese límite inferior: 100
Ingrese límite superior: 500
```

NÚMEROS AMIGOS EN EL RANGO: 100 – 500
220 – 284

CP2: se ingresa un intervalo válido.

Ingrese límite inferior: 1000
Ingrese límite superior: 2000

NÚMEROS AMIGOS EN EL RANGO: 1000 – 2000
1184 – 1210

CP3: se ingresa un intervalo válido.

Ingrese límite inferior: 2500
Ingrese límite superior: 3000

NÚMEROS AMIGOS EN EL RANGO: 2500 – 3000
2620 – 2924

CP4: se ingresa un intervalo válido.

Ingrese límite inferior: 3000
Ingrese límite superior: 3500

NÚMEROS AMIGOS EN EL RANGO: 3000 – 3500

CP5: se ingresa un intervalo con un límite inferior > al superior.

Ingrese límite inferior: 3500
Ingrese límite superior: 3200

¡INTERVALO INCORRECTO!

En el intervalo dado en el CP4 no se encontraron pares de números amigos.

Problema 5.16

Se dice que un número es el espejo de otro cuando está formado por los mismos dígitos, pero en orden inverso. Escriba un programa que, dado un intervalo de números enteros, busque en dicho intervalo todos los números primos de, al menos, 2 dígitos cuyos espejos también sean números primos. Por ejemplo, el 17 y el 71 cumplen con esta característica. En el capítulo anterior, el problema 4.11 plantea obtener el espejo de un número de 5 dígitos. Tenga en cuenta que, en este problema, el número puede tener una cantidad de dígitos mayor o igual a 2.

Como en el problema anterior, se decidió escribir una función en el módulo *auxiliar* para generar el número espejo del número dado como parámetro. Se muestra el código de esta función.

Módulo: auxiliar.py (cont.)

```
def genera_espejo(numero):
    """ Genera el número espejo del número recibido.

    Parámetro:
        numero: de tipo int, > 0.
    Regresa:
        Un número de tipo int que es el espejo del número recibido.
    Lanza:
        ValueError: cuando el dato no es entero o no es > 0.
    """
    if type(numero) == int and numero > 9:
        espejo = 0
        temporal = numero
        while temporal > 0:
            digito = temporal % 10
            espejo = espejo * 10 + digito
            temporal = temporal // 10
        return espejo
    raise ValueError('El dato no es un número entero o no es positivo.')
```

A continuación, se presenta el programa con la solución a este problema.

Programa 5_13.py

```
import auxiliar

liminf = int(input('\nIngrese límite inferior: '))
limsup = int(input('Ingrese límite superior: '))
if liminf > 9 and liminf < limsup:
    print(f'\nNúmeros primos y sus espejos primos: '.upper())
    if liminf % 2 == 0:
        liminf += 1
    for num in range(liminf, limsup + 1, 2):
        if auxiliar.es_primo(num):
            espejo = auxiliar.genera_espejo(num)
            if auxiliar.es_primo(espejo):
                print(num, '-', espejo)
else:
    print('\n¡Intervalo incorrecto!'.upper())
```

Observe que, si el límite inferior es un número par, se le suma uno, logrando así un número impar. Por lo tanto, en el ciclo *for* se incluyó un incremento de 2 y así se evalúan solo los impares para determinar si son primos o no. Los resultados de algunas de las pruebas realizadas se muestran más abajo.

CP1: se ingresa un intervalo correcto.

```
Ingrese límite inferior: 10
Ingrese límite superior: 50

NÚMEROS PRIMOS Y SUS ESPEJOS PRIMOS:
11 - 11
13 - 31
17 - 71
31 - 13
37 - 73
```

CP2: se ingresa un intervalo incorrecto.

Ingrese límite inferior: 5
Ingrese límite superior: 40

¡INTERVALO INCORRECTO!

Problema 5.17

Escriba en el módulo *auxiliar* una función que reciba como parámetro una tupla que almacena la fecha de nacimiento de una persona; por lo tanto, la tupla tendrá 3 elementos de tipo *int* para guardar: (día, mes, año). La función debe calcular y regresar la edad en años cumplidos de la persona. A continuación, se presenta el código de la función.

Módulo: auxiliar.py (cont.)

```
import time
def calcula_edad(fecha_nac):
    """ Calcula la edad, en años cumplidos, dada la fecha
    de nacimiento.

    Parámetro:
        fecha_nac: de tipo tuple, almacena la fecha de
        nacimiento con el formato (dd, mm, aaaa).
    Regresa:
        La edad que es de tipo int.
    """
    dia_nac = fecha_nac[0]
    mes_nac = fecha_nac[1]
    anio_nac = fecha_nac[2]
    fecha_act = time.localtime()
    dia_act = fecha_act[2]
    mes_act = fecha_act[1]
    anio_act = fecha_act[0]
    edad = 0
    if anio_act > anio_nac:
        edad = anio_act - anio_nac - 1
        if mes_act >= mes_nac and dia_act >= dia_nac:
            edad += 1
    return edad
```

En la solución se importó el módulo *time* de Python y de este módulo se utilizó la función *localtime()* que proporciona la fecha actual, expresada como año, mes, día además de otros datos relacionados al tiempo. Para mayor información sobre este módulo se sugiere consultar: https://docs.python.org/3/library/time.html

En el programa 5_14.py contiene algunas pruebas de esta función, cuyos resultados se muestran más abajo.

Programa 5_14.py

```
import auxiliar

fecha_nac = input('\nIngrese fecha de nacimiento (dd/mm/aaaa): ')
pos = fecha_nac.index('/')
dia = int(fecha_nac[0:pos])
fecha_nac = fecha_nac[pos + 1:]
pos = fecha_nac.index('/')
mes = int(fecha_nac[0:pos])
anio = int(fecha_nac[pos + 1:])
edad = auxiliar.calcula_edad((dia, mes, anio))
print('\nAños cumplidos al día de hoy:', edad)
```

Algunas pruebas realizadas:

CP1: los datos proporcionados corresponden a una persona que aún no cumple sus años.

```
Ingrese fecha de nacimiento (dd/mm/aaaa): 20/12/1999

Años cumplidos al día de hoy: 20
```

CP2: los datos proporcionados corresponden a una persona que ya cumplió sus años.

```
Ingrese fecha de nacimiento (dd/mm/aaaa): 17/03/1996
Años cumplidos al día de hoy: 24
```

Problema 5.18

Escriba una función que reciba dos cadenas de caracteres (palabras) y determine si son anagramas. Dos palabras son anagramas si tienen las mismas letras, pero en distinto orden. Por ejemplo: lastre y letras, frase y fresa son parejas de palabras anagramas. En cambio, las palabras aparta y raptar no son anagramas. Una vez analizado el problema y desarrollada la solución, compárela con la que se proporciona a continuación.

Programa 5_15.py

```
def es_anagrama(pal1, pal2):
    """ Determina si dos palabras son anagramas.
    Parámetros:
        pal1: de tipo str.
        pal2: de tipo str.
    Regresa:
        True si son anagramas, False en caso contrario.
    """
    n = len(pal1)
    if n == len(pal2):
        indice = 0
        anagrama = True
        while indice < n and anagrama:
            try:
                pos = pal2.index(pal1[indice])
                pal2 = pal2[0: pos] + pal2[pos+1:]
            except:
                anagrama = False
            indice += 1
    else:
        anagrama = False
    return anagrama and len(pal2) == 0

#==========================================================================
# Algunas pruebas de la función es_anagrama
#==========================================================================
# CP1: se dan dos palabras que son anagramas.
if es_anagrama('frase', 'fresa'):
```

```
    print('\nCP1: "frase y fresa" son anagramas.')
else:
    print('\nCP1: "frase y fresa" no son anagramas.')
# CP2: se dan dos palabras que no son anagramas.
if es_anagrama('mar', 'arena'):
    print('CP2: "mar y arena" son anagramas.')
else:
    print('CP2: "mar y arena" no son anagramas.')
# CP3: se dan dos palabras que no son anagramas.
if es_anagrama('aparta', 'raptar'):
    print('CP3: "aparta y raptar" son anagramas.')
else:
    print('CP3: "aparta y raptar" no son anagramas.')
# CP4: se dan dos cadenas vacías.
if es_anagrama('', ''):
    print('CP4: dos cadenas vacías son anagramas.')
else:
    print('CP4: dos cadenas vacías no son anagramas.')
```

Como se puede ver en la solución presentada, no alcanza con asegurarse que las letras de una palabra estén en la otra. Hay que comprobar que son las mismas letras y en la misma cantidad. En el caso del CP3, las palabras tienen las mismas letras, pero no coincide la cantidad. Una vez ejecutado el programa, en la terminal se pueden observar los siguientes resultados:

```
CP1: "frase y fresa" son anagramas.
CP2: "mar y arena" no son anagramas.
CP3: "aparta y raptar" no son anagramas.
CP4: dos cadenas vacías son anagramas.
```

ÍNDICE TEMÁTICO

Símbolos

C

D

E

F

Made in United States
Orlando, FL
26 September 2026

88232618R10184